古典文獻研究輯刊

三七編

潘美月・杜潔祥 主編

第 15 冊

《日知錄》導讀（下）

司馬朝軍 著

國家圖書館出版品預行編目資料

《日知錄》導讀（下）／司馬朝軍 著 -- 初版 -- 新北市：花
木蘭文化事業有限公司，2023〔民 112〕
目 8+194 面；19×26 公分
（古典文獻研究輯刊 三七編；第 15 冊）
ISBN 978-626-344-478-2（精裝）
1.CST：（清）顧炎武 2.CST：日知錄 3.CST：注釋
011.08   112010519

ISBN-978-626-344-478-2

9 786263 444782

古典文獻研究輯刊
三七編 第十五冊   ISBN：978-626-344-478-2

《日知錄》導讀（下）

作　　者　司馬朝軍
主　　編　潘美月、杜潔祥
總 編 輯　杜潔祥
副總編輯　楊嘉樂
編輯主任　許郁翎
編　　輯　張雅淋、潘玟靜　美術編輯　陳逸婷
出　　版　花木蘭文化事業有限公司
發 行 人　高小娟
聯絡地址　235 新北市中和區中安街七二號十三樓
　　　　　電話：02-2923-1455／傳真：02-2923-1452
網　　址　http://www.huamulan.tw 信箱 service@huamulans.com
印　　刷　普羅文化出版廣告事業
初　　版　2023 年 9 月
定　　價　三七編 58 冊（精裝）新台幣 150,000 元　　版權所有・請勿翻印

《日知錄》導讀(下)

司馬朝軍　著

目

次

《日知錄》卷十二

財用

　　古人制幣 [1]，以權百貨之輕重。錢者，幣之一也。將以導利而布之上下，非以為人主之私藏也。《食貨志》言：「民有餘則輕之，故人君斂之以輕；民不足則重之，故人君散之以重。凡輕重斂散之以時，則準平。使萬室之邑必有萬鍾之臧，臧縆千萬；千室之邑必有千鍾之臧，臧縆百萬。」[2] 孟康曰：「縆，錢貫也。」[3] 齊武帝永明五年九月丙午，詔：「以粟帛輕賤，工商失業，良由圜法久廢，上幣稍寡 [4]，可令京師及四方出錢億萬，糴米穀、絲綿之屬，其和價以優黔首。」[5]「南齊豫章王嶷鎮荊州，以穀過賤，聽民以米當口錢，優評斛一百。」[6] 優評者，增價而取之。唐憲宗時，白居易《策》言：「今天下之錢日以減耗，或積於內府，或滯於私家。若復日月徵收，歲時輸納，臣恐穀帛之價轉賤，農桑之業益傷，十年以後，其弊必更甚於今日。」[7] 而元和八年四月敕：「以錢重貨輕，出內庫錢五十萬貫，令兩市收買布帛，每端匹視舊估加十之一。」十二年正月又敕：「出內庫錢五十萬貫，令京兆府揀擇要便處開場，依市價交易。」[8] 今日之銀猶夫前代之錢也。乃歲歲徵數百萬貯之京庫，而不知所以流通之術，於是銀之在下者至於竭涸，而無以繼上之求，然後民窮而盜起矣。單穆公有言：「絕民用以實王府，猶塞川原而有潢污也。」[9] 自古以來，有民窮財盡，而人主獨擁多藏於上者乎？此無他，不知錢幣之本為上下通共之財，而以為一家之物也。《詩》曰：「不弔昊天，不宜空我師。」[10] 有子曰：「百姓不足，君孰與足？」[11] 古人其知之矣。

　　財聚於上，是謂國之不祥。不幸而有此，與其聚於人主，無寧聚於大臣。

昔殷之中年,「有亂政,同位,具乃貝玉」[12]。總於貨寶,貪濁之風亦已甚矣。有一盤庚出焉,遂變而成中興之治。及紂之身,用義斂斂,鹿臺之錢、鉅橋之粟聚於人主 [13],而前徒倒戈,自燔之禍至矣。故堯之禪舜,猶曰:「四海困窮,天祿永終。」[14] 而周公之繫《易》,曰:「渙王居,无咎。」[15]《管子》曰:「與天下同利者,天下持之;擅天下之利者,天下謀之。」[16] 嗚呼!崇禎末年之事,可為永鑒也已。後之有天下者,其念之哉!

唐自行兩稅法以後,天下百姓輸賦於州府,一曰上供,二曰送使,三曰留州 [17]。《舊唐書・裴垍傳》。《新唐書・食貨志》同。元稹狀言:「臣伏準前後制敕,及每歲旨條,兩稅留州、留使錢外,加率一錢一物,州府長吏並同枉法計贓,仍令出使御史訪察聞奏。」及宋太祖乾德三年詔:「諸州支度經費外,凡金帛悉送闕下,無得占留。」[18] 自此一錢以上皆歸之朝廷,而簿領纖悉特甚於唐時矣。然宋之所以愈弱而不可振者實在此。昔人謂古者藏富於民,自漢以後,財已不在民矣,而猶在郡國,不至盡輦京師,是亦漢人之良法也。後之人君知此意者鮮矣。

自唐開成初,歸融為戶部侍郎兼御史中丞,奏言:「天下一家,何非君土?中外之財,皆陛下府庫。」[19] 而宋元祐中,蘇轍為戶部侍郎,則言:「善為國者,藏之於民;其次藏之州郡。州郡有餘,則轉運司常足。猶今之布政司。轉運司既足,則戶部不困。自熙寧以來,言利之臣不知本末,欲求富國,而先困轉運司。轉運司既困,則上供不繼。上供不繼,而戶部亦憊矣。兩司既困,雖內帑別藏積如丘山,而委為朽壤,無益於算也。」[20] 是以仁宗時富弼知青州,朝廷欲輦青州之財入京師,弼上疏諫。金世宗欲運郡縣之錢入京師,徒單克寧以為如此則民間之錢益少,亦諫而止之 [21]。以余所見,有明之事 [22],盡外庫之銀以解戶部,蓋起於末造 [23],而非祖宗之制也。王士性《廣志繹》言:「天下府庫莫盛於川中。余以戊子典試於川,詢之藩司,庫儲八百萬。銀兩之數。即成都、重慶等府俱不下二十萬,順慶亦十萬。蓋川中無起運之糧,而專備西南用兵故也。兩浙賦甲天下。餘丁亥北上,滕師少松為余言,癸酉督學浙中,藩司儲八十萬;後為方伯,止四十萬;今為中丞,藩司言不及二十萬矣。十年之間,積貯一空如此。及余己丑參政廣西,顧橐使問自浙糧儲來,詢之,則云浙藩亦不滿十萬,廣西老庫儲銀十五萬不啟,每歲以入為出耳。余甲午參政山東,藩司亦不及二十萬之儲。庚辰入滇,滇藩亦不滿十萬,與浙同,每歲取礦課五六萬用之。今太倉所蓄亦止老庫四百餘萬,有事則取諸太僕寺。余乙未貳卿太僕時,亦止老庫四百萬,每歲馬價不足用,則取之草料。蓋十年間東

倭西哮，所用於二虜者逾二百萬故也。」[24] 其所記萬曆時事如此。至天啟中，
用操江范濟世之奏，一切外儲盡令解京，而搜括之令自此始矣。今錄上諭全文
於此，俾後之考世變者得以覽焉。天啟六年四月七日上諭：「工部、都察院：
朕思殿工肇興，所費宏鉅，今雖不日告成，但所欠各項價銀已幾至二十萬。況
遼東未復，兵餉浩繁，若不盡力鉤稽，多方清察，則大工必至乏誤，而邊疆何
日粹寧。殊非朕仰補三朝闕典之懷，亦非臣下子來奉上之誼也。朕覽南京操江
憲臣范濟世兩疏所陳，鑿鑿可據。其所管應天、揚州府等處庫貯銀兩，前已有
旨盡行起解，到京之日，照數察收。似此急公徇上之誠，足為大小臣工模範。
使天下有司皆同此心，朕何憂乎鼎建之殷繁、軍餉之難措哉！范濟世所奏，奉
旨已久，其銀兩何尚未解到？爾工部、都察院即行文速催，以濟急用。且天之
生財止有此數，既上不在官，又下不在民，豈可目擊時艱，忍置之無用之地？
朕聞得鹽運司每年募兵銀六千兩，實收在庫約有二十餘萬兩，又鹽院康丕揚在
任，一文未取，每年加派銀一萬，約有二十餘萬兩。又故監魯保遺下每年餘銀
四萬兩，約有四十餘萬兩；連前院除支銷費過，餘銀約有八十餘萬兩，刷卷察
盤可據。又南太僕寺解過馬價餘銀二十六萬兩，見寄在應天等府貯庫；又戶科
貯庫餘銀約有七萬兩，寄收應天府；又操江寄十四府餘銀約有十萬兩；又操江
寄貯揚州、鎮江、安慶三府備倭餘銀約有三十餘萬兩。北道刷卷御史可據已上
七宗，俱當遵照范濟世所奏事例，徹底清察，就著南京守備內臣劉敬、楊國瑞
亟委廉幹官胡良輔、劉文耀，會同該部院撫按官，著落經管衙門察核的確，速
行起解。有敢推避嫌怨，隱匿稽遲，懷私抗阻者，必罪有所歸。如起解不完，
則撫按等官都不許考滿遷轉。劉敬等亦不許扶同蒙蔽，委法徇私，必須殫力急
公，盡心搜括，庶大工、邊務均有攸賴，國家有用之物不至為貪吏侵漁，昭朕
裕國恤民德意。」[25] 又聞南京內庫，祖宗時所藏金銀珍寶皆為魏忠賢矯旨取
進。先帝諭中所云：「將我祖宗庫貯，傳國奇珍異寶，盜竊幾至一空者，不知
其歸之何所。」[26] 自此搜括不已，至於加派；加派不已，至於捐助，以訖於
亡。由此言之，則搜括之令開於范濟世，成於魏忠賢，而外庫之虛，民力之匱
所由來矣。崇禎元年六月奉旨：范濟世阿逢逆璫，妄報操銀，貽害地方，著冠帶閒住。以
英明之主繼之，而猶不免乎與亂同事，然則知上下之為一身，中外之為一體
者，非聖王莫之能也。傳曰：「長國家而務財用者，必自小人矣。」[27] 豈不
信夫！

　　開科取士，則天下之人日愚一日；立限徵糧，則天下之財日窘一日。吾未

見無人與財而能國者也。然則如之何？必有作人之法，而後科目可得而設也；必有生財之方，而後賦稅可得而收也。

【注釋】

[1] 幣：繒帛，古代常用作祭祀或饋贈的禮品，後來成為貨幣。《管子‧國蓄》：「先王為其途之遠，其至之難，故託用於其重，以珠玉為上幣，以黃金為中幣，以刀布為下幣。」《漢書‧食貨志下》：「於是乎量資幣，權輕重，以救民。」顏師古注：「凡言幣者，皆所以通貨物、易有無也，故金之與錢，皆名為幣也。」

[2] 見《漢書‧食貨志下》。緡：繩索，此處特指穿錢的繩索。

[3] 見《漢書‧食貨志下》顏師古注引。

[4] 上幣：上等的貨幣。古以珠玉為上幣，秦以黃金為上幣。《管子‧國蓄》：「以珠玉為上幣，以黃金為中幣，以刀布為下幣。」《漢書‧食貨志下》：「秦兼天下，幣為二等：黃金以溢為名，上幣。」顏師古注：「上幣者，六等之中，黃金為上，而錢為下也。」

[5] 見《南齊書》卷三，與原文稍有出入，有所刪改。

[6] 見《南齊書》卷二二。

[7] 見《白氏長慶集》卷四六《息遊墮策》。

[8] 見《舊唐書‧食貨志》。

[9] 見《漢書‧食貨志下》。

[10] 見《詩經‧小雅‧節南山》。

[11] 見《論語‧顏淵》。

[12] 《書‧盤庚中》：「茲予有亂政，同位，具乃貝玉。」孔穎達疏：「貝、玉是物之最貴者，責其貪財，故舉二物以言之。當時之臣，不念盡忠於君，但念具貝玉而已，言其貪也。」貝玉：貝和玉。泛指珍寶財貨。

[13] 《書‧武成》：「散鹿臺之財，發巨橋之粟。」孔穎達疏：「《新序》云：鹿臺，其大三里，其高千尺。」鹿臺：古臺名。別稱南單之臺。殷紂王貯藏珠玉錢帛的地方。故址在今河南省湯陰縣朝歌鎮南。巨橋：商紂王時之糧倉名。倉址在今河北省曲周縣東北。

[14] 見《尚書‧大禹謨》。天祿：天賜的福祿。

[15] 見《易‧渙卦》九五。渙為洪水。渙王居，指洪水沖進王宮。

[16] 見《管子‧版法解》。

[17] 上供：唐宋時所徵賦稅中解交朝廷的部分。《新唐書‧食貨志三》：「（憲宗）分

天下之賦以為三，一曰上供，二曰送使（節度使），三曰留州。」

[18] 見《文獻通考・國用考一・歷代國用》，轉引自李燾《續通鑑》、熊克《九朝要略》。

[19] 見《舊唐書》卷一四九、《新唐書》卷一六四。

[20] 見蘇轍《欒城集》卷四十《轉對狀》。

[21] 見《金史》卷九二。

[22] 「有明」，原作「本朝」。

[23] 「末造」，原作「近日」。

[24] 見王士性《廣志繹》卷一。

[25] 見《熹宗實錄》卷六五。

[26] 談遷《國榷》卷八八：「朕思忠賢等不止窺攘名器。紊亂刑章。將我祖宗蓄積貯庫傳國奇珍異寶金銀等，朋比侵盜幾空。」

[27] 見《禮記・大傳二》。

【點評】

顧炎武把唐朝的兩稅法與宋朝的財政政策加以對比，認為宋朝之所以積弱而不可復振，就在於從宋太祖時就開始實行「一錢以上皆歸之朝廷」的政策。他說古人治國，「藏富於民」；但自從漢朝以後，「財已不在民矣，而猶在郡國，不至盡輦京師，是亦漢人之良法也」。漢朝藏富於郡國，使得地方政府可以有足夠的財力應對內憂外患，但後來的君主知道此意的就很少了，真可謂「治道日下」矣！〔註1〕顧炎武認為，歷代王朝所實行的超經濟掠奪的政策措施，其實都是那些迎合君主的貪欲的士大夫們想出來的。唐玄宗時期的宇文融、韋堅、楊慎矜、王鉷、楊國忠之流是如此，晚明的范濟世之流也是如此，不過楊國忠之流的倒行逆施僅僅導致了安史之亂，而晚明范濟世之流的倒行逆施則導致了明朝的滅亡。〔註2〕

藏富於民還是藏富於國，這是一個大問題。顧炎武主張藏富於民，反對藏富於國。這是他從漢唐宋明的歷史經驗教訓中總結出來的，應該值得借鑒。

「崇禎末年之事，可為永鑒也已。後之有天下者，其念之哉！」由此可見，一部《日知錄》就是半部《通典》加上半部《資治通鑑》。易言之，《日知錄》本屬經世之學，黃汝成取《清經世文編》以箋證之，相得益彰，庶幾近之。

〔註1〕許蘇民：《顧炎武評傳》，南京大學出版社2006年版，第465～466頁。
〔註2〕許蘇民：《顧炎武評傳》，南京大學出版社2006年版，第468頁。

言利之臣

　　《孟子》曰：「無政事則財用不足。」[1] 古之人君未嘗諱言財也。所惡於興利者，為其必至於害民也。昔明太祖嘗黜言利之御史 [2]，而謂侍臣曰：「君子得位，欲行其道；小人得位，欲濟其私。欲行道者，心存於天下國家；欲濟私者，心存於傷人害物。」[3] 洪武十三年五月。御史周姓，《實錄》不載其名。此則唐太宗責權萬紀之遺意也 [4]。又廣平府吏王允道言：「磁州臨水鎮產鐵，請置爐冶。」上曰：「朕聞治世，天下無遺賢，不聞天下無遺利。且利不在官則在民，民得其利則財源通，而有益於官，官專其利則利源塞，而必損於民。今各冶數多，軍需不乏，而民生業已定，若復設此，必重擾之矣。」杖之流海外。[5] 十五年五月。聖祖不肩好貨之意，可謂至深切矣。自萬曆中礦稅以來，求利之方紛紛，且數十年，而民生愈貧，國計亦愈窘。然則治亂盈虛之數從可知矣。為人上者可徒求利而不以斯民為意與？

　　《新唐書・宇文韋楊王列傳》贊曰：「開元中，宇文融始以言利得幸。於時天子見海內完治，偃然有攘卻四裔之心 [6]。融度帝方調兵食，故議取隱戶剩田以中主欲。利說一開，天子恨得之晚，不十年而取宰相。雖後得罪，而追恨融才猶所未盡也。天寶以來，外奉軍興，內蠱豔妃，所費愈不貲計。於是韋堅、楊慎矜、王鉷、楊國忠各以哀刻進，剝下益上，歲進羨縑百億萬，為天子私藏，以濟橫賜，而天下經費自如。帝以為能，故重官累使，尊顯烜赫然。天下流亡日多於前，有司備員不復事。而堅等所欲既充，還用權娼，以想屠滅，四族皆覆，為天下笑。孟子所謂上下交征利而國危者，可不信哉？」[7] 嗚呼，芮良夫之刺厲王也曰：「所怒甚多，而不備大難！」[8] 三季之君莫不皆然。前車覆而後不知誡，人臣以喪其軀，人主以忘其國，悲夫！

　　讀孔、孟之書，而進管、商之術，此四十年前士大夫所不肯為，而今則滔滔皆是也。有一人焉，可以言而不言，則群推之以為有恥之士矣。上行之則下效之，於是錢穀之任，權課之司，昔人所避而不居，今且攘臂而爭之。禮義淪亡，盜竊競作，苟為後義而先利，不奪不饜。後之興王所宜重為懲創，以變天下之貪邪者，莫先乎此。

【注釋】

　　[1] 見《孟子・盡心下》。

　　[2]「明」，原作「我」。

　　[3] 見《太祖實錄》卷一三一。

[4] 見《新唐書》卷一〇〇。

[5] 見《太祖實錄》卷一四五。

[6]「裔」，原作「夷」。「四夷」為古代華夏族對四方少數民族的統稱，含有輕蔑之意。而「四裔」指幽州、崇山、三危、羽山四個邊遠地區。因在四方邊裔，故稱。

[7] 見《新唐書》卷一三四。

[8] 見《國語·周語上》。

【點評】

顧炎武認為明朝的滅亡也與宋朝滅亡的原因大致相同。明朝之所以滅亡，在於萬曆年間向各地派遣礦監稅使、天啟年間又實行了「一切外儲盡令解京」的政策，以及變本加厲地對人民實行超經濟掠奪的「搜括之令」。他認為正是由於萬曆皇帝「徒求利而不以斯民為意」，造成了延續二十年之久的礦監稅使之禍；而後來的幾個皇帝並不吸取萬曆皇帝的教訓，他們依然像萬曆皇帝一樣，更能接受那些迎合其貪欲的「求利之方」。〔註3〕正是由於一些無恥的士大夫迎合皇帝的貪欲，教給萬曆、天啟兩朝的皇啼以求利之方，方才導致了「上下交征利而國危」的情況發生，而晚明社會風氣的敗壞，乃是「上行之則下效之」的結果，最終的根源還在於皇帝的貪欲不受任何制約。〔註4〕

這是顧炎武的義利觀。顧炎武並不諱言利，而是反對「後義而先利」。他主張行己有恥，反對外儒內法。他借明太祖之口以闡明己見：「君子得位，欲行其道；小人得位，欲濟其私。欲行道者，心存於天下國家；欲濟私者，心存於傷人害物。」

此條劄記至今仍然具有現實意義。曾幾何時，舉國上下，一切向錢看，熙熙攘攘，皆為利往，唯利是圖，禮義淪亡，盜竊競作，賄賂公行，貪腐成風，天下之貪官已經毫無廉恥之心，「前腐後繼」，「死而後已」，「前車覆而後不知誡」，有識之士無不憂心忡忡。今後如何擺正義與利的關係，這是關係到國家生死存亡的大事。

俸祿

今日貪取之風，所以膠固於人心而不可去者，以俸給之薄而無以贍其家也。昔者武王克殷，庶士倍祿 [1]。《王制》：「諸侯之下士視上農夫，中士倍下士，上士倍中士，下大夫倍上士。」[2] 漢宣帝神爵三年詔曰：「吏不廉平則治

〔註3〕許蘇民：《顧炎武評傳》，南京大學出版社 2006 年版，第 466～467 頁。

〔註4〕許蘇民：《顧炎武評傳》，南京大學出版社 2006 年版，第 469 頁。

道衰 [3]。今小吏皆勤事而俸祿薄，欲其毋侵漁百姓 [4]，難矣。其益吏百石已下俸十五。」[5] 如淳曰：「律：百石俸月六百。」韋昭曰：「若食一斛，則益五斗。」光武建武二十六年，「詔有司增百官俸，其千石以上減於西京舊制，六百石已下增於舊秩」[6]。晉武帝泰始三年，詔曰：「古者以德詔爵，以庸制祿，雖下士猶食上農，外足以奉公忘私，內足以養親施惠。今在位者祿不代耕，非所以崇化本也。其議增吏俸。」[7] 唐時俸錢，上州刺史八萬，中下州七萬；赤縣令四萬五千，畿縣、上縣令四萬；赤縣丞三萬五千，上縣丞三萬；赤縣簿尉三萬，畿縣、上縣薄尉二萬 [8]。玄宗天寶十四載制曰：「衣食既足，廉恥乃知。至如資用靡充，或貪求不已，敗名冒法，實此之由。輦轂之下尤難取給，其在西京文武九品已上正員官，今後每月給俸食、雜用、防閤、庶僕等宜十分率加二分；其同正員官加一分。仍為常式。」[9] 而白居易為盩厔尉詩云：「吏祿三百石，歲晏有餘糧。」[10] 其《江州司馬廳記》曰：「唐興，上州司馬秩五品，歲廩數百石，月俸六七萬，官足以庇身，食足以給家。」[11] 今之制，祿不過唐人之什二三，彼無以自贍，焉得而不取諸民乎？昔楊綰為相，承元載汰侈之後 [12]，欲變之以節儉，而先益百官之俸，皇甫鏄以宰相判度支，請減內外官俸祿，給事中崔植封還詔書，可謂達化理之原者矣 [13]。

《漢書》言王莽時，天下吏以不得俸祿，各因官職為奸，受取賕賂 [14]，以自共給 [15]。《五代史》言：「北漢國小民貧，宰相月俸止百緡，節度使止三十緡，自餘薄有資給而已，故其國中少廉吏。」[16]《穆王之書》曰：「爵重祿輕，群臣比而戾民，畢程氏以亡。」[17] 此之謂矣。

前代官吏皆有職田 [18]，故其祿重；祿重則吏多勉而為廉。如陶潛之種秫 [19]。阮長之之芒種前一日去官，皆公田之證也。《元史》：「世祖至元元年八月乙巳，詔定官吏員數，分品從官職，給俸祿，頒公田。」[20]《太祖實錄》：「洪武十年十月辛酉，制賜百官公田，以其租入充俸祿之數。」[21] 是國初此制未廢，不知何年收職田以歸之上，而但折俸鈔，其數年收職田以歸之上，而但折俸鈔 [22]，其數復視前代為輕，始無以責吏之廉矣。

《宣宗實錄》：「宣德八年三月庚辰，兼掌行在戶部事禮部尚書胡濙，奏請文武官七年分俸鈔，每石減舊數，折鈔一十五貫。以十分為率，七分折與官絹，每匹准鈔四百貫；三分折與官綿布，每匹准鈔二百貫。從之。濙初建議，與少師蹇義等謀，義等力言不可，曰：『仁宗皇帝在春宮久，深知官員折俸之薄，故即位特增數倍，此仁政也，豈可違之。』永樂二十二年十月庚申，月增給在京

文武官及錦衣衛將軍總小旗，米各五斗，雜職及吏並各衛總小旗軍力士校尉人等有家屬者，米各四斗，無家屬者，各斗五升。並准俸糧之支抄也。濚初欲每石減作十貫，聞義等言，乃作十五貫。按洪熙元年閏七月尹松言：「官員俸祿以鈔折米，四方米價貴賤不同，每石四五十貫者有之，六七十貫者有之。」則是時折鈔猶准米價。白而行之，而小官不足者多矣。」[23]

《大明會典·官員俸給條》云：「每俸一石該鈔二十貫，每鈔二百貫折布一匹。」後雙定布一匹折銀三錢，是十石之米折銀僅三錢也。正統六年十一月丙辰，「增給在外文武官吏軍士俸糧，原定糧一石給鈔十五貫，今增十貫為二十五貫。」[24] 十二年四月丙辰，「仍減為十五貫」[25]。景泰七年二月甲辰，令折俸鈔，每七百貫與白金一兩 [26]。天順元年正月壬辰，詔「京官景泰七年折俸鈔，俱准給銀。從戶部奏請，以官庫鈔少故也」[27]。成化二年三月辛亥，減在京文武官員折俸鈔。先是米一石折鈔二十五貫，後因戶部裁省定為十五貫。至是尚書馬昂又奏，每石再省五貫。從之。時鈔法久不行，新鈔一貫，時俗不過十錢，舊鈔僅一二錢，甚至積之市肆，過者不顧。以十貫鈔折俸一石，則是斗米一錢也。小吏俸薄，無以養廉，莫甚於此 [28]。成化七年十月丁丑，戶部請以布一匹，准折文武官員俸糧二十石。舊例：兩京文武官員折色俸糧，上半年給鈔，下半年給蘇木、胡椒。至是戶部尚書楊鼎奏：京庫椒、木不足，甲字庫多積綿布，以時估計之，闊白布一匹可准鈔二百貫。請以布折米。仍視折鈔例，每十貫一石。先是折俸鈔米一石，鈔二十五貫，漸減至十貫。是時鈔法不行，鈔一貫直二三錢。是米一石僅值錢二三十文。至是又折以布，布一匹，時估不過二三百錢，而折米二十石。則是米一石僅值十四五錢也。自古百官俸祿之薄，未有如此者。後遂以為常例 [29]。

蓋國初民間所納官糧皆米麥也，或折以鈔布。百官所受俸亦米也，或折以鈔。其後鈔不行，而代以銀。於是糧之重者愈重，而俸之輕者愈輕，其弊在於以鈔折米，以布折鈔，以銀折布，而世莫究其源流也。

正統六年二月戊辰，「巡按山東監察御史曹泰奏：臣聞之《書》曰：『凡厥正人，既富方穀。』今在外諸司文臣去家遠任，妻子隨行，祿厚者月給米不過三石，薄者一石、二石，又多折鈔。九載之間，仰事俯育之資，道路往來之費，親故問遺之需，滿罷閒居之用，其祿不贍，則不免失其所守，而陷於罪者多矣。乞敕廷臣會議，量為增益，俾足養廉。如是而仍有貪污，懲之無赦。事下行在戶部，格以定制，不行。」[30]

《北夢瑣言》：「唐畢相諴家本寒微。其舅為太湖縣伍伯，相國恥之，俾罷此役，為除一官。累遣致意，竟不承命。特除選人楊載宰此邑，參辭日，於私第延坐，與語期為落籍，津送入京。楊令到任，具達臺旨。伍伯曰：『某下賤，

豈有外甥為宰相邪？」楊令堅勉之，乃曰：『某每歲公稅享六十緡事例錢，苟無敗闕，終身優渥，不審相公俗為致何官職？』楊令具以聞，相國歎賞，亦然其說，竟不奪其志也。」[31] 夫以伍伯之役而歲六十緡 [32]，宜乎臺皂之微皆知自重 [33]。乃信《漢書》言：「趙廣漢奏請令長安游徼獄吏秩百石，其後百石吏皆差自重，不敢枉法，妄係留人。」[34] 誠清吏之本務。謂貪澆之積習不可反而廉靜者，真不知治體之言矣。

【注釋】

[1] 見《禮記・樂記》。

[2] 見《禮記・王制》。周王室及諸侯各國卿以下有上大夫、中大夫、下大夫。古代天子、諸侯都設有士，分上士、中士、下士。農夫：古代田官名。

[3] 廉平：清廉公平。

[4] 侵漁：侵奪，從中侵吞牟利。

[5] 見《漢書・宣帝紀》。神爵三年，公元前 59 年。

[6] 見《後漢書・光武紀》。光武建武二十六年，公元 50 年。

[7] 見《晉書・帝紀三》。

[8] 見《新唐書・食貨志》。

[9] 見《冊府元龜》卷五〇六《俸祿二》。

[10] 見《全唐詩》卷四二四，白居易詩《觀刈麥》。

[11] 見《全唐文》卷六七六，源自《唐六典》。《文獻通考・職官考十七》同。

[12] 汰侈：驕奢。

[13] 化理：教化治理。

[14] 賕賂：賄賂。

[15] 見《漢書・王莽傳中》，又見《漢書・食貨志》。

[16] 見《資治通鑑・後周紀》廣順元年正月條。

[17] 見《逸周書・史記解》。

[18] 職田：即「職分田」，古代按品級授予官吏作俸祿的公田。北魏太和九年（公元 485 年）均田，地方官吏也按級分給公田，為授職分田之始。隋時已有職分田之稱，以後歷代相沿，唯授田數量各有增減。職分田於解任時移交後任，不得買賣。官吏受田佃給農民耕種，收取地租。明代以後廢除，但仍有養廉田、莊田等名目。《隋書・食貨志》：「京官又給職分田，一品者給田五頃，每品以五十畝為差，至五品，則為田三頃，六品二頃五十畝。其下每品以五十畝為差，至

九品為一頃。外官亦各有職分田。又給公廨田，以供公用。」

[19] 秫：粱米、粟米之黏者。多用以釀酒。陶潛《和郭主簿》：「春秫作美酒，酒熟吾自斟。」李時珍《本草綱目·谷二·秫》：「秫即粱米、粟米之黏者。有赤白黃三色，皆可釀酒熬糖作餈糕食之。」

[20] 見《元史·世祖本紀》。

[21] 見《太祖實錄》卷一一五。

[22] 俸鈔：元、明時官吏俸金或以錢幣支付，稱俸鈔。元初官吏均無俸祿，中統三年定百官俸，並另向民戶徵收。《元史·食貨志四》：「至武宗至大二年……俸鈔改支至元鈔。」《明史·食貨志六》：「（洪武）十三年復位內外文武官歲給祿米、俸鈔之制，而雜流吏典附焉。」

[23] 見《宣宗實錄》卷一〇〇。

[24] 見《英宗實錄》卷八五。

[25] 見《英宗實錄》卷一五二。

[26] 見《英宗實錄》卷一六三。

[27] 見《英宗實錄》卷二七四。

[28] 見《憲宗實錄》卷二七。

[29] 見《憲宗實錄》卷九七。

[30] 見《英宗實錄》卷七六。

[31] 見《北夢瑣言》卷四「畢舅知分」條。

[32] 伍伯：役卒。多為輿衛前導或執杖行刑。

[33] 臺皂：賤役；賤吏。

[34] 見《漢書》卷七六。

【點評】

顧炎武還認為，明朝對官員實行的低薪制，也是官場上盛行貪取之風的一個重要原因。明朝官員的俸祿只相當於唐朝官員的十分之二至十分之三。明太祖朱元璋似乎以為，只要以程朱理學教育官員，再輔以懲治貪污的嚴刑峻法，縱然官員們的薪水再低，一般也不會走上貪污受賄之路。但顧炎武認為，明朝官場上的貪取之風之所以特別盛行，正是由於對官員實行低薪制的結果。官員們也和普通人一樣，需要養家糊口，如果他們的俸祿不能自給，那麼，任何破私立公的道德教訓，任何嚴酷的刑法，都不可能使他們不貪污。所以，顧炎武在揭露腐敗的制度性根源的同時，也主張朝廷要體恤官員們的疾苦，適當提高他們的俸祿，提出了「愛民之仁先於恤吏」之說，所

謂「愛民之仁先於恤吏」，是說統治者如果真正愛民的話，就要先體恤地方官員的疾苦，不要使他們因為窮困而走上殘害民眾的貪贓枉法之路。〔註5〕

官員的俸祿是個重大問題，顧炎武主張「高薪養廉」。他以為「今日貪取之風，所以膠固於人心而不可去者，以俸給之薄而無以贍其家」。在傳統社會，有儒家禮儀約束，「祿重則吏多勉而為廉」。而在現代社會，儒家道德禮儀已經失去了約束力，而法制又不健全，監管不力，「高薪養廉」已經起不到什麼效果，因為整個社會生態已經被嚴重毒化。大老虎們的薪不高嗎？他們養出了什麼廉！貪污之數動輒以億萬計！全國還有幾千萬人口處於貧困線以下，而大老虎們個個富可敵國，窮奢極欲，民何以堪？吏治與俸祿的關係究竟如何？今日貪腐之風的原因何在？如何扭轉貪腐之風？有人主張從源頭上堵住貪腐之風，嚴格履行幹部任用問責制。善哉善哉！

助餉

人主之道，在乎不利群臣百姓之有。夫能不利群臣百姓之有，然後群臣百姓亦不利君之有，而府庫之財可長保矣。《舊唐書·柳渾傳》：「渾為宰相，奏故尚書左丞田季羔公忠正直，先朝名臣，其祖父皆以孝行旌表門閭，京城隋朝舊第，季羔一家而已。今被堂侄伯強進狀請貨宅，召市人馬，以討吐蕃。一開此門，恐滋不逞。討賊自有國計，豈資僥倖之徒，且毀棄義門，虧損風教。望少責罰，亦可懲勸。上可其奏。」[1] 夫以德宗好貨之主，而猶能聽宰相之方，不受伯強之獻，後之人群可以思矣。王明清記高宗建炎二年，有湖州民王永從獻錢五十萬緡，上以國用稍集，卻之，仍詔：「今後富民不許陳獻。」[2] 嗟夫，此宋之所以復存於南渡也與？

漢武尊卜式，以風天下，猶是勸之以爵 [3]。今乃怵之以威，戚畹之家常惴惴不自保 [4]，而署其門曰「此房實賣」。都城之中十室而五，其不祥孰甚焉。《南唐書》言：後主之世，以鐵錢六權銅錢四而行。至其末年，銅錢一直鐵錢十。比國亡，諸郡所積銅錢六十七萬緡 [5]。嗚呼！此所謂「府庫財非其財」者矣 [6]。賊犯京師，史公可法為南京兵部尚書，軍餉告絀，乃傳檄募富人出財助國。其略曰：「親郊乃雍容之事，唐宗有崇韜；出塞本徼幸之圖，漢武尚逢卜式。」[7] 桐城諸生姚士晉之辭也 [8]。然百姓終莫肯輸財佐縣官，而神京淪喪，殆於孟子所謂「委而去之」者 [9]，雖多財奚益哉！

洪武十五年七月，堂邑民有掘得黃金者，有司以進於朝。上曰：「民得金，

〔註5〕許蘇民：《顧炎武評傳》，南京大學出版社 2006 年版，第 477～478 頁。

而朕有之，甚無謂也。」命歸之民。[10] 天啟初，「遼事告急，有議及捐助者，朝論以為教猱升木。而六年十二月，兵部主事詹以晉請靈鷲廢寺所存男畝變價助工。奉旨：『詹以晉垂涎賤價，規奪寺業，可削籍為民，仍令自行修理寺宇，男有變佃為民業者，責令贖還本寺，以為言利錙銖之戒。』」[11] 以權奄 [12] 之世，而下有此論，上有此旨，亦三代直道之猶存矣。

【注釋】

[1] 見《舊唐書》卷一二五。

[2] 見《揮塵餘話》卷一。

[3] 《史記·平準書》：卜式者，河南人也，以田畜為事。親死，式有少弟，弟壯，式脫身出分，獨取畜羊百餘，田宅財物盡予弟。式入山牧十餘歲，羊致千餘頭，買田宅。而其弟盡破其業，式輒復分予弟者數矣。是時漢方數使將擊匈奴，卜式上書，願輸家之半縣官助邊。天子使使問式：「欲官乎？」式曰：「臣少牧，不習仕宦，不願也。」使問曰：「家豈有冤，欲言事乎？」式曰：「臣生與人無分爭。式邑人貧者貸之，不善者教順之，所居人皆從式，式何故見冤於人！無所欲言也。」使者曰：「苟如此，子何欲而然？」式曰：「天子誅匈奴，愚以為賢者宜死節於邊，有財者宜輸委，如此而匈奴可滅也。」使者具其言入以聞。天子以語丞相弘。弘曰：「此非人情。不軌之臣，不可以為化而亂法，願陛下勿許。」於是上久不報式，數歲，乃罷式。式歸，復田牧。歲餘，會軍數出，渾邪王等降，縣官費眾，倉府空。其明年，貧民大徙，皆仰給縣官，無以盡贍。卜式持錢二十萬予河南守，以給徙民。河南上富人助貧人者籍，天子見卜式名，識之，曰「是固前而欲輸其家半助邊」，乃賜式外由四百人。式又盡復予縣官。是時富豪皆爭匿財，唯式尤欲輸之助費。天子於是以式終長者，故尊顯以風百姓。初，式不願為郎。上曰：「吾有羊上林中，欲令子牧之。」式乃拜為郎，布衣屩而牧羊。歲餘，羊肥息。上過見其羊，善之。式曰：「非獨羊也，治民亦猶是也。以時起居；惡者輒斥去，毋令敗群。」上以式為奇，拜為緱氏令試之，緱氏便之。遷為成皋令，將漕最。上以為式樸忠，拜為齊王太傅。

[4] 戚畹：猶戚里，指帝王外戚聚居的地方。

[5] 見馬令《南唐書》卷五。

[6] 見《禮記·大學》。

[7] 見《明季南略》卷一《南都公檄》。

[8] 姚士晉：字伯康，更名康，安徽桐城人。明萬曆間諸生。崇禎時為史可法幕

佐,揚州陷,適先期歸,得不與難。順治十年卒,年七十六。歿後百五十年,同里姚鼐為撰《休那先生墓表》。光緒十四年,裔孫灼編刻《休那遺稿》,內詩一卷,凡五言五十八首,七言一百六十八首。詳見《清人詩集敘錄》卷一。

[9]《孟子·公孫丑下》:「城非不高也,池非不深也,兵革非不堅利也,米粟非不多也;委而去之,是地利不如人和也。」

[10] 見《太祖實錄》卷一四六。

[11] 見《熹宗實錄》卷七四。教猱升木:《詩·小雅·角弓》:「毋教猱升木。」鄭玄箋:「猱之性善登木,若教使,其為之必也。」後用以比喻教唆壞人為惡。

[12] 權奄:即權閹,有權勢的宦官。權奄之世指魏忠賢當道之世。

【點評】

「天下興亡,匹夫有責」,顧炎武以此倡導天下。大明存亡繼絕之時,史可法傳檄募富人出財助國,而無人助之。天時、地利、人和三者皆無,國家必然滅亡。現在已經有相當一部分人沒有了國家觀念,沒有了「天下興亡,匹夫有責」的擔當,先富起來的那部分人只知道資本擴張,絕對沒有「共同富裕」的理念,轉移財富,藏富於海外;在下者對天下大事充耳不聞,漠不關心。現在教育出了大問題,愧對顧炎武啊!

助餉,特指明末為籌措軍費而加派的賦銀。《明史·食貨志二》:「崇禎三年,軍興,兵部尚書梁廷棟請增田賦……後五年,總督盧象升請加宦戶田賦十之一,民糧十兩以上同之。既而概徵每兩一錢,名曰助餉。」

館舍

讀孫樵《書襄城驛壁》[1],乃知其有沼、有魚、有舟;讀杜子美《秦州雜詩》[2],又知其驛之有池、有林、有竹。今之驛舍殆於隸人之垣矣 [3]。予見天下州之為唐舊治者,其城郭必皆寬廣,街道必皆正直;廨舍之為唐舊創者 [4],其基址必皆宏敞。宋以下所置,時彌近者,制彌陋。此又樵《記》所謂州縣皆驛,而人情之苟且十百於前代矣。

今日所以百事皆廢者,正緣國家取州縣之財,纖毫盡歸之於上,而吏與民交困,遂無以為修舉之資。延陵季子游於晉,曰:「吾入其都,新室惡而故室美,新牆卑而故牆高,吾是以知其民力之屈也。」[5] 又不獨人情之苟且也。

漢制,官寺鄉亭漏敗 [6],牆垣陁壞不治者 [7],不勝任,先自劾。古人所以百廢俱舉 [8] 者以此。

【注釋】

[1] 孫樵，字可之，關東人。大中九年登進士第，官至中書舍人。自稱韓愈四傳弟子。其《書褒城驛壁》是一篇諷刺晚唐吏治敗壞的散文。文章借褒城驛荒涼衰敗的景象，對地方官吏「囊帛櫝金」，殘害人民的行為加以盡情地揭露，並抨擊了吏治的腐敗——「墾田日益寡，生民日益困，財力日益竭」。

[2] 《秦州雜詩》：唐肅宗乾元二年（759）秋天，杜甫拋棄華州司功參軍的職務，開始了「因人作遠遊」的艱苦歷程。他從長安出發，首先到了秦州（今甘肅天水）。在秦州期間，他先後用五律形式寫了二十首歌詠當地山川風物，抒寫傷時感亂之情和個人身世遭遇之悲的詩篇，統題為《秦州雜詩》。

[3] 驛舍：傳舍，旅店。隸人：古代稱因罪沒入官為奴隸、從事勞役的人。《儀禮·既夕禮》：「隸人涅廁。」鄭玄注：「隸人，罪人也，今之徒役作者也。」

[4] 廨舍：官署。

[5] 見《說苑》卷七《政理》。

[6] 漏敗：簡陋破敗。俞正燮《癸巳類稿·少吏論》：「守寺鄉亭漏敗、垣牆陁壞，所治無辦護者，不稱任。」

[7] 陁壞：倒塌損壞。

[8] 百廢俱舉：同「百廢俱興」，謂一切廢置的事都興辦起來。

【點評】

顧炎武以孫樵、杜甫之詩文證史，他發現唐代的城郭寬廣、街道正直、廨舍宏敞，而宋以下所置，時代越近，形制越陋，從這些細節證實了「唐宋變革論」。唐宋之際是中國歷史上的一個大變動時期，雖然從宋以降至近代已多有學者認識到這種變化，但是從分期的角度提出「唐宋變革」當首推日人內藤湖南。內藤湖南於 1910 年在日本《歷史與地理》第 9 卷第 5 號上發表了《概括的唐宋時代觀》，指出唐和宋在文化性質上具有顯著差異。唐代是中世紀的結束，而宋代則是近世的開始。他的這種觀點是建立在新的歷史分期方法基礎之上的。他說：「由於過去的歷史家大多以朝代區劃時代，所以唐宋和元明清等都成為通用語，但從學術上來說這樣的區劃法有更改的必要。不過，為了便於討論，在這裡暫且按照普通的歷史區劃法，使用唐宋時代一詞，嘗試綜合說明從中世轉移到近世的變化情形。」

「今日所以百事皆廢者，正緣國家取州縣之財，纖毫盡歸之於上，而吏與民交困，遂無以為修舉之資。」顧炎武的這種觀點與前面有關條目的論述合拍。

顧炎武由館舍而推測「人情之苟且」、「民力之屈」，可謂因小見大。

人聚

太史公言：「漢文帝時，人民樂業，因其欲，然能不擾亂，故百姓遂安，自六七十翁亦未嘗至市井。」《史記·律書》。劉寵為會稽太守 [1]，狗不夜吠，民不見吏，龐眉皓髮之老未嘗識郡朝 [2]。史之所稱，其遺風猶可想見。唐自開元全盛之日，姚、宋作相 [3]，海內升平。元稹詩云：「戍煙生不見，村豎老猶純。」[4] 此唐之所以盛也。至大歷以後，四方多事，賦役繁興，而小民奔走，官府日不暇給 [5]。元結作《時化》之篇，謂「人民為徵賦所傷，州里化為禍邸」[6]。此唐之所以衰也。宋熙寧中行新法，蘇軾在杭州作詩曰：「贏得兒童語音好，一年強半在城中。」衰敝之政，自古一轍。予少時見山野之氓，有白首不見官長，安於畎畝，不至城中者。泊於末造 [7]，役繁訟多，終歲之功半在官府，而小民有「家有二頃田，頭枕衙門眠」之諺 [8]，已而山有負隅 [9]，林多伏莽 [10]，遂捨其田園，徙於城郭。又一變而求名之士，訴枉之人，悉至京師，輦轂之間 [11]，易於郊坰之路矣 [12]，錐刀之末將盡爭之，五十年來，風俗遂至於此，今將靜百姓之心，而改其行，必在制民之產，使之甘其食，美其服，而後教化可行，風俗可善乎？

人聚於鄉而治，聚於城而亂。聚於鄉，則土地闢，田野治，欲民之無恒心，不可得也。聚於城，則徭役繁，獄訟多，欲民之有恒心，不可得也。

昔在神宗之世，一人無為，四海少事。郡縣之人，其至京師者，大抵通籍之官 [13]，其僕從亦不過三四，下此即一二舉貢與白糧解戶而已 [14]。蓋幾於古之所謂「道路罕行，市朝生草」[15]。彼其時豈無山人遊客於諸公卿，而各挾一藝，未至多人，衣食所須，其求易給。自東事既興 [16]，廣行召募，雜流之士哆口談兵 [17]，九門之中填馗溢巷，至於封章自薦 [18]，投匭告密 [19]，甚者內結貂璫 [20]，上窺顰笑，而人主之威福且有不行者矣。《詩》曰：「我生之初，尚無為；我生之後，逢此百罹。」[21] 興言及此，每輒為之流涕。

欲清輦轂之道，在使民各聚於其鄉始。

【注釋】

[1] 劉寵（？～197年），漢明帝玄孫，陳敬王曾孫，陳頃王之孫，陳孝王之子，東漢宗室、諸侯王。劉寵勇猛過人，善使弓弩，箭法高超。在其父劉承死後，繼承爵位。中平年間，黃巾軍起義，郡縣官兵都棄城逃走，劉寵於是徵兵自守衛。當時天下饑荒，諸王侯都已不再享有租賦，反屢遭搶掠，有的甚至流離在外，死於荒野。只有陳國仍很富強，鄰郡百姓紛紛前去投靠，陳國擁有部眾達

十餘萬人。初平元年（190年），各州郡起兵討伐董卓，劉寵率軍屯駐陽夏，自稱輔漢大將軍。建安二年（197年），袁術向陳國求取糧草，遭陳國國相駱俊拒絕，袁術大為生氣，便派刺客假裝路過陳國，乘機殺死駱俊和劉寵。

[2] 龐眉：眉毛黑白雜色。形容老貌。皓髮：白髮。

[3] 姚、宋：指姚崇、宋璟。姚崇（651～721），本名元崇，字元之，陝州硤石（今河南陝縣）人。他提出十事要說，實行新政，革故鼎新，大力推行社會改革，興利除弊。從整傷制度入手，罷去冗職，選用官吏，各當其才；並抑制皇親國戚和功臣的權勢，注意發展生產，為「開元盛世」奠定了基礎，被稱為救時宰相。宋璟（663～737），邢州南和（今河北邢臺）人。歷仕五朝，一生為振興大唐勵精圖治，與姚崇同心協力，輔佐唐玄宗開創開元盛世。與房玄齡、杜如晦、姚崇並稱唐朝四大賢相。

[4] 見《元氏長慶集》卷四《代曲江老人百韻》。

[5] 日不暇給：形容事務繁忙，沒有空閒。語本《史記·封禪書》：「雖受命而功不至，至梁父矣而德不洽，洽矣而日有不暇給，是以即事用希」。《漢書·禮樂志》：「漢興，撥亂反正，日不暇給。」顏師古注：「給，足也。言事務殷多，日日修造，尚不能足，故無暇也。」

[6] 元結《時化》曰：「於戲！時之化也，道德為嗜欲化為險薄，仁義為貪暴化為凶亂，禮樂為耽淫化為侈靡，政教為煩急化為苛酷，翁能記於此乎？時之化也，夫婦為溺惑所化，化為犬豕；父子為惜欲所化，化為禽獸；兄弟為猜忌所化，化為讎敵；宗戚為財利所化，化為行路；朋友為世利所化，化為市兒，翁能記於此乎？時之化也，大臣為威權所恣，忠信化為奸謀，庶官為禁忌所拘，公正化為邪佞，公族為猜忌所限，賢哲化為庸愚，人民為徵賦所傷，州里化為禍邸，奸凶為恩倖所迫，廝卒化為將相，翁能記於此乎？時之化也，山澤化為井陌，或曰盡於草木，原野化為狴犴，或曰殫於鳥獸，江湖化為鼎鑊，或曰暴於魚鱉，祠廟化為宮寢，或曰數於祀禱，翁能記於此乎？時之化也，情性為風俗所化，無不作狙狡詐誑之心，聲呼為風俗所化，無不作諂媚僻淫之辭，顏容為風俗所化，無不作姦邪蹙促之色，翁能記於此乎？」見《全唐文》卷三八三。

[7] 末造：猶末世。指朝代末期。

[8] 原注：「見《曹縣志》。」顧炎武《天下郡國利病書》卷三十九山東五亦云：「曹縣賦役，原額均徭應設官吏坐理，治法甚善。行之既久，寖失初意。每一役出，輒下鄉索括金錢，謂之攢回流。小民不勝其擾，故有『家有二頃田，頭枕衙門

眠』之謠。至萬曆三年，知縣王圻蒞任，思為一條鞭法，即古免役，一切照地丁徵銀，官為雇役，民甚便之。」

[9] 負隅：憑依山曲；依恃險要的地勢。

[10] 伏莽：《同人》九三：「伏戎於莽。」莽，叢生的草木。後以「伏莽」指軍隊埋伏在草莽中。亦指潛藏的寇盜。

[11] 輦轂：皇帝的車輿。代指京城。

[12] 郊坰：泛指郊外。

[13] 通籍：指初作官。意謂朝中已有了名籍。

[14] 舉貢：清制，每三年各省學政於府、州、縣在學生員中選拔文行俱優者，與督撫會考核定數名，貢入京師國子監，稱為優貢生。經朝考合格後可任職。與歲貢、恩貢、拔貢、副貢合稱「五貢」。《清史稿·選舉志一》：「貢生凡六，曰歲貢、恩貢、拔貢、優貢、副貢、例貢。」白糧：明清時在江南五府所徵供宮廷和京師官員用的漕糧。解戶：解納錢糧的差役。

[15] 見《鹽鐵論·力耕篇》。

[16] 東事：東方的事務。《晉書·宣帝紀》：「天子自廣陵還洛陽，詔帝曰：『吾東，撫軍當總西事；吾西，撫軍當總東事。』於是帝留鎮許昌。」此指東方的軍務。

[17] 雜流：古代指士流之外的人，如工商、醫卜、星相及其他以方技謀生者。哆口：張口。

[18] 封章：言機密事之章奏皆用皂囊重封以進，故名封章。亦稱封事。

[19] 投匭：唐武則天時鑄製銅匭四個，列置於朝堂上，受納上書。見《新唐書·百官志二》。後以「投匭」謂臣民向皇帝上書。

[20] 貂璫：貂尾和金、銀璫，本指古代侍中、常侍的冠飾，借指宦官。

[21] 見《詩經·王風·兔爰》。

【點評】

朱熹之所謂「充饑是天理，要求美味則是人慾」，實際上是把人降低到了動物的最低限度的生存標準；可是，人與動物之所以不同的一個重要方面，恰恰就在於人是要求美味的；顧炎武主張使老百姓甘其食、美其服，然後再對他們講道德，這才是一種合乎人性的理論。[註6]

京城米貴，居大不易。顧炎武認為：「人聚於鄉而治，聚於城而亂。聚於鄉，則

[註6] 許蘇民：《日知錄一百句》，復旦大學出版社 2011 年版，第 90 頁。

土地闢，田野治，欲民之無恒心，不可得也。聚於城，則徭役繁，獄訟多，欲民之有恒心，不可得也。」「欲清釐轂之道，在使民各聚於其鄉始。」他的城鄉分治的建議在當時也許奏效，在今日則行不通了。近來京城有所謂「驅趕低端人口」事件，就引起了較大的爭議。

訪惡

尹翁歸為右扶風 [1]，「縣縣收取黠吏豪民 [2]，案致其罪 [3]，高至於死。收取人必於秋冬課吏大會中 [4]，及出行縣，不以無事時。具有所取也，以一警百 [5]，吏民皆服，恐懼改行自新」[6]。所謂「收取人」，即今巡按御史之訪察惡人也。武斷之豪，舞文之吏，主訟之師，皆得而訪察之。及乎濁亂之時，遂藉此為罔民之事。矯其敝者，乃並訪察而停之，無異因噎而廢食矣。

《傳》曰：「子產問政於然明，對曰：『視民如子，見不仁者誅之，如鷹鸇之逐鳥雀也。』」[7] 是故誅不仁，所以子其民也。

《說苑》：「董安于治晉陽，問政於蹇老。蹇老曰：『曰忠、曰信、曰敢。』董安于曰：『安忠乎？』曰：『忠於主。』曰：『安信乎？』曰：『信於令。』曰：『安敢乎？』曰：『敢於不善人。』董安于曰：『此三者足。』」[8]

《鹽鐵論》曰：「水有猵狙，池魚勞；國有強禦，齊民消。」[9]

【注釋】

[1] 尹翁歸：（公元前？～公元前 62 年），字子兄，河東平陽（今山西臨汾）人。是西漢時代一位幹練而又廉潔的官吏。右扶風：官名。

[2] 黠吏：姦猾之吏。豪民：有財有勢的人。

[3] 案致：審查而確立。

[4] 課吏：考核官吏的政績。

[5] 以一警百：懲罰一人以警戒眾人。

[6] 見《漢書‧尹翁歸傳》。

[7] 見《左傳》襄公二十五年。鷹鸇：鷹與鸇。比喻忠勇的人。語出《左傳‧文公十八年》：「見無禮於其君者，誅之，如鷹鸇之逐鳥雀也。」

[8] 見《說苑》卷七《理政》。

[9] 見《鹽鐵論》卷三《輕重》。猵狙：獸名。《莊子‧齊物論》：「猨，猵狙以為雌。」陸德明《經典釋文》引司馬彪曰：「猵狙，一名獦牂，似猨而狗頭，憙與雌猨交也。」

【點評】

　　武斷之豪，舞文之吏，主訟之師，皆為訪察的對象，也就是所界定的惡人。訪察，指通過訪問和觀察進行調查。所謂「訪惡」，就是通過調查研究，鎖定打擊對象，然後嚴厲打擊，誅殺一批十惡不赦的惡人，從而達到以一警百的目的。

　　顧炎武贊成使用非常手段。他甚至在「盜賊課」條中明確表示：「治天下之道，有不恃法而行者，未可與刀筆筐篋之士議也。」在非常時期使用非常手段，無可厚非。若是太平時期，還是要使用法制手段。

　　「訪惡」類似現代之「嚴打」、「打黃掃黑」。當然，治本之法還是應該完善立法，加強監管。

河渠

　　黃河載之《禹貢》「東過洛汭 [1]，至於大伾 [2]；北過洚水 [3]，至於大陸；又北播為九河 [4]，同為逆河 [5]，入於海」者，其故道也。漢元光中，河決瓠子 [6]，東南注巨野 [7]，通於淮泗 [8]。武帝自臨，發卒數萬人塞之。築宮其上，名曰宣防 [9]。導河北行，復禹舊跡，而梁、楚之地復寧，無水災 [10]。自漢至唐，河不為害幾及千年。《五代史》：「晉開運元年五月丙辰，滑州河決，浸汴、曹、濮、單、鄆五州之境，環梁山，合於汶水。」[11] 與南旺蜀山湖連，彌漫數百里，河乃自北而東。《宋史》：「熙寧八年七月乙丑，河大決於澶州曹村，北流斷絕，河道南徙，東匯於梁山張澤濼。分為二派：一合南清河入於淮，一合北清河入於海。」[12] 河又自東而南矣。元豐以後，又決而北。議者欲復禹跡，而大臣力主回東之議。《宋史·河渠志》序曰：「自滑臺、大伾，嘗兩經汎溢，復禹蹟矣。一時姦臣建議，必欲回之，俾復故流，竭天下之力以塞之，屢塞屢決。自南渡而後，貽其禍於金源氏 [13]。」降及金、元，其勢日趨於南而不可挽。故今之河非古之河矣。自中牟以下奪汴，徐州以下奪泗，清口以下奪淮，凡三奪而後注於海。今歲久，河身日高，淮、泗又不能容矣。廟堂之議既視其奪者以為常，司水之臣又乘其決者以為利，不獨以害民生，妨國計，而於天地之氣運未必不有所關也。

　　邱仲深《大學衍義補》言：「禮曰：『四瀆視諸侯。』謂之瀆者，獨也，以其獨入於海，故江、河、淮、濟謂之四瀆。今以一淮而受黃河之全，蓋合二瀆而為一也。自宋以前，河自入海，尚能為並河州郡之害，況今河、淮合一，而清口又合汴、泗、沂三水以同歸於淮也哉！曩時河水猶有所瀦，如鉅野、梁山

等處；猶有所分，如屯氏、赤河之類，雖以元人排河入淮，而東北之道猶微有存焉者。今則以一淮而受眾水之歸，而無涓滴之滲漏矣。」[14] 邵國賢作《治河論》[15]，以為「禹之治水，至於地平天成，六府三事，允治其功，可謂盛矣。以今觀之，其所空之地甚廣，所處之勢甚易，所求之效甚小。今之治水者其去禹也遠矣，而所空之地乃狹於禹，所處之勢乃難於禹，所求之功乃大於禹。禹之導河自大伾以下，分播合同，隨其所之而疏之，不與爭利，故水得其性，而無沖決之患。今夫一杯之水舉而注之地，必得方尺乃能容之，其勢然也。河自大懷以上，水之在杯者也；大懷以下，水之在地者也。以在地之水而欲拘束周旋如在杯之時，大禹不能，而況他人乎。今河南、山東郡縣棋布星列，官亭民舍相比而居，凡禹之所空以與水者，今人皆為吾有。蓋吾無容水之地，而非水據吾之地也，固宜其有沖決之患也，故曰所空之地狹於禹。禹之治水隨地施功，無所拘礙。今北有臨清，中有濟寧，南有徐州，皆轉漕要路。而大梁在西南，又宗藩所在。左顧右盼，動則掣肘，使水有知，尚不能使之必隨吾意，況水無情物也，其能委蛇曲折以濟吾之事哉！故曰所處之勢難於禹。況禹之治水去其墊溺之害而已，此外無求焉，今則賴之以漕。不及汴矣，又恐壞臨清也；不及臨清矣，又恐壞濟寧也；不及濟寧矣，又恐壞徐州也；使皆無壞也，又恐漕渠不足於運也。了是數者，而後謂之治。故曰所求之功大於禹」[16]。由二文莊之言觀之，則河水南趨之勢已極，而一代之臣不過補苴罅漏，以塞目前之責而已，安望其為斯民計百世之長利哉！至於今日，而決溢之災無歲不告。嗚呼！其信非人力之所能治矣。

　　《禹貢》之言治水也，曰播，曰瀦。水之性合則沖，驟則溢。故別而疏之，所以殺其沖也，「又北播為九河」是也。旁而蓄之，所以節其溢也，「大野既瀦」是也。必使之有所容而不為暴，然後鍾美可以豐物，流惡可以阜民，而百姓之利由是而興矣。今也不然，堤之、障之、逼之、束之，使之無以容其流，而不得不發其怒。則其不由地中，而橫出於原隰之間，固無怪其然也。丘仲深謂以一淮受黃河之全，然考之先朝，徐有貞治河 [17]，猶疏分水之渠於濮、氾之間 [18]，不使之並趨一道。自弘治六年，築黃陵岡以絕其北來之道，而河流總於曹、單之間，乃猶於蘭陽、儀封各開一口而洩之於南，今復塞之。故河之在今日欲北不得，欲南不得，唯以一道入淮，淮狹而不能容，又高而不利下，則瀕歲決於邳、宿以下，以病民而妨運。而邳、宿以下，左右皆有湖陂，河必從而入之。吾見劉貢父所云，別穿一梁山濼者，將在今淮、泗之間，而生民魚鱉之

憂殆未已也。

　　河政之壞也，起於並水之民，貪水退之利，而占佃河旁污澤之地 [19]，不才之吏因而籍之於官，然後水無所容，而橫決為害。賈讓言：「古者立國居民，疆理土地，必遺川澤之分，度水勢所不及。大川無防，小水得人陂障，卑下以為汙澤，使秋水多得有所休息，左右游波寬緩而不迫，故曰：『善為川者決之使道。』又曰內黃界中有澤 [20]，方數十里，環之有堤。往十餘歲，太守以賦民，民今起盧舍其中，此臣親見者也。」[21]《元史・河渠志》謂：「黃河退涸之時，舊水泊於池多為勢家所據。忽遇泛溢，水無所歸，遂致為害。由此觀之，非河犯人，人自犯之。」[22] 予行山東巨野、壽張諸邑，古時瀦水之地，無尺寸不耕，而忘其昔日之為川浸矣。近有一壽張令修志 [23]，乃云：「梁山濼僅可十里，其虛言八百里，乃小說之惑人耳。」此並《五代》、《宋》、《金史》而未之見也。《五代史》：「晉開運元年五月丙辰，滑州河決，浸汴、曹、濮、單、鄆五州之境，環梁山合於汶水，與南旺蜀山湖連，彌漫數百里。」《宋史・宦者傳》：「梁山濼，古鉅野澤，綿互數百里，濟、鄆數州賴其蒲魚之利。」《金史・食貨志》：「黃河已移故道，梁山濼水退地甚廣，遣使安置屯田。」沙灣未築以前，徐有貞疏亦言：「外有八百里梁山濼可以為泄。」書生之論，豈不可笑也哉！

　　陸文裕《續停驂錄》曰：「河患有二，曰決、曰溢。決之害間見，而溢之害頻歲有之。使賈魯之三法遂而有成，亦小補耳。且當歲歲為之，其勞、其費可勝言哉！今欲治之，非大棄數百里之地不可。先作湖陂以瀦漫波；其次則濱河之處，仿江南圩田之法 [24]，多為溝渠，足以容水；然後濬其淤沙，由之地中。而潤下之性、必東之勢得矣。」[25]

　　按文裕之意，即賈讓之上、中二策，而不敢明言。賈讓言：「今行上策，徙冀州之民當水沖者，決黎陽遮害亭，放河使北入海。河西薄大山，東薄金堤，勢不能遠泛濫，期月自定。難者將曰：若如此，敗壞城郭、田盧、冢墓以萬數，百姓怨恨。今瀕河十郡治堤，歲費且萬萬，及其大決，所殘無數。如出數年治河之費以業所徙之民；遵古聖之法，定山川之位。且大漢方制萬里，豈其與水爭咫尺之地哉？此功一立，河定民安，千載無患，故謂之上策。若乃多穿漕渠於冀州地，使民得以漑田，分殺水怒，雖非聖人法，然亦救敗術也。」[26] 嗟夫，非有武帝之雄才大略，其孰能排眾多之口，而創非常之原者哉！

　　平當使領河堤 [27]，奏：「按經義治水，有決河深川，而無堤防壅塞之文。」[28] 宋開寶之詔亦曰：「朕每閱前書，詳究經瀆 [29]。至若夏后所載，但言導

河至海，隨山濬川，未聞力制湍流，廣營高岸。」[30] 今之言治水者，計無出於堤、塞二事。箕子答武王之訪，首言「鯀堙洪水，汩陳其五行，帝乃震怒」[31]。後世治河之臣皆鯀也，非其人之願為鯀，乃國家教之使為鯀也。是以水不治，而彝倫敦也 [32]。崔瑗《河堤謁者箴》：「導非其導，堙非其堙，八野填淤，水高民居。」[33]

因河以為漕者 [34]，禹也。壅河以為漕者，明人也 [35]。故古曰河渠 [36]，今日河防 [37]。

聞之先達言：天啟以前，無人不利於河決者。侵克金錢，則自總河以至於閘官 [38]，無所不利；支領工食，則自執事以至於遊閒無食之人，無所不利。其不利者，獨業主耳。而今年決口，明年退灘，填淤之中，常得倍蓰 [39]，而溺死者特百之一二而已。於是頻年修治，頻年沖決，以馴致今日之害，非一朝一夕之故矣。國家之法使然，彼斗筲之人焉足責哉 [40]！

不獨此也。彼都人士 [41]，為人說一事，置一物，未有不索其酬者。百官有司受朝廷一職事，一差遣，未有不計其獲者，自府史胥徒 [42]，上而至於公卿大夫，真可謂之同心同德者矣。苟非返普天率土之人心，使之先義而後利，終不可以致太平。故愚以為今日之務正人心，急於抑洪水也。

【注釋】

[1] 洛汭：河南省洛水入黃河處。

[2] 大伾：山名。孔穎達疏：「鄭玄云：『大伾在修武、武德之界。』張揖云：『成皋縣山也。』」《史記·夏本紀》作「大邳」。張守節《史記正義》引《括地志》：「大邳山今名黎陽東山，又曰青壇山，在衛州黎陽南七里。」今按：漢魏舊說以今河南滎陽汜水鎮西北成皋故城所在之山為大伾；唐以後以今河南浚縣城東黎陽東山為大伾。

[3] 洚水：或作「降水」，疑即淇水，以出共山，亦名共水。

[4] 九河：禹時黃河的九條支流。近人多認為是古代黃河下游許多支流的總稱。

[5] 逆河：指黃河入海處的一段河流。以迎受海潮而得名。

[6] 瓠子：古堤名。舊址在河南濮陽境。《史記·孝武本紀》：「還至瓠子，自臨塞決河，留二日，沈祠而去。」裴駰《史記集解》：「服虔曰：『瓠子，隄名。』蘇林曰：『在甄城以南，濮陽以北。』」

[7] 巨野：古湖澤名。在今山東省巨野縣北五里。

[8] 淮泗：淮指淮水（古淮河），泗是指古泗水河。淮泗地區大致是指現在的以徐州

（古為彭城）為中心的方圓兩百公里的地方。

[9] 宣防：宮名。西漢元光中，黃河決口於瓠子，二十餘年不能堵塞，漢武帝親臨決口處，發卒數萬人，並命群臣負薪以填，功成之後，築宮其上，名為宣房宮。見《史記・河渠書》。《漢書・溝洫志》作「宣防」。故址在今河南濮陽縣境。

[10] 見《漢書・溝洫志》。

[11] 見《新五代史》卷九。陳垣《日知錄校注》：「五月壬申朔，無丙辰，六月辛丑朔，丙辰十六日也。『五月』應是『六月』，是《日知錄》誤。」《通鑑辨誤》卷十二引史炤釋文曰：「單州因單父縣以名州，單，音善。從去聲者，蜀人土音之訛也。」

[12] 見《宋史・河渠志》。

[13] 金源：金國的別稱。《金史・地理志上》：「上京路即海古之地，金之舊土也。國言『金』曰『按出虎』，以按出虎水源於此，故名金源。建國之號，蓋取諸此。」

[14] 見邱濬《皇明名臣經濟錄》卷十八「除民之害」。

[15] 邵寶（1460～1527），字國賢，號泉齋，別號二泉，無錫人。成化二十年進士，越年任許州知州，凡八載，召為戶部員外郎。後又出任為江西提學，以忤當時權臣劉瑾，勒令致仕，遂講學四方，以文章理學知名。劉瑾誅，起為禮部侍郎，嘉靖初進尚書，卒諡文莊。著有《春容堂全集》、《春容堂後集》、《春容堂續集》等。

[16] 見陳其愫《皇明經濟文輯》卷十七。

[17] 徐有貞（1407～1472），字元玉，晚號天全翁，吳縣人。宣德八年進士。土木堡之變後曾建議南遷，遭到朝野內外的一致譴責。景泰年間擔任僉都御史，到山東治理黃河水患，因功升任副都御史。景泰八年，與石亨、曹吉祥等人策劃發動奪門之變，擁戴明英宗復辟，被拜為華蓋殿大學士、兵部尚書，封爵武功伯。他讒殺于謙、王文，又與石亨、曹吉祥爭權，結果被構陷罪名，貶為廣東參政，後又流徙金齒。石亨敗亡後放歸。

[18] 濮：古水名。《左傳・哀公二十七年》：「（齊師）及濮，雨，不涉。」杜預注：「濮水自陳留酸棗縣傍河，東北經濟陰至高平入濟。」楊伯峻注：「濮水有二，一在今山東菏澤縣北，一在今河南滑縣與延津縣境。此指後者，今皆湮。」氾：水名。發源於河南省鞏縣東南，北流經滎陽縣氾水鎮西，北注入黃河。

[19] 污澤：積水的窪地。

[20] 「曰」,《漢書・溝洫志》原文無,文義不通,顯然為衍文。

[21] 見《漢書・溝洫志》。

[22] 見《元史・河渠志》引仁宗延祐元年八月河南等處行中書省言。

[23] 康熙元年,知縣陳瑻曾纂修《壽張縣志》。

[24] 圩田:低窪地區四周築堤防水的田地。堤上有涵閘,平時閉閘御水,旱時開閘
放水入田,因而旱澇無慮。係由漢以前的圍淤湖為田發展而來,至唐代已相當
發達。

[25] 見陸深《儼山外集》卷二十一。

[26] 見《漢書・溝洫志》。

[27] 平當,見《漢書》卷七一。

[28] 見《漢書・溝洫志》。

[29] 經瀆:主幹河流。《漢書・溝洫志》:「河,中國之經瀆。」

[30] 見《宋史・河渠志》。

[31] 見《尚書・洪範》。

[32] 彝倫:常理;常道。《尚書・洪範》:「王乃言曰:『嗚呼,箕子!惟天陰騭下民,
相協厥居,我不知其彝倫攸敘。』」蔡沈《書集傳》:「彝,常也;倫,理也。」

[33] 見《全後漢文》卷四十五。

[34] 因河以為漕:猶河運。《後漢書・西羌傳・東號子麻奴》:「因渠以溉,水舂河
漕,用功省少,而軍糧饒足。」

[35] 「明人」,原作「本朝」。

[36] 河渠:河流與渠道。泛指水道。

[37] 河防:古時黃河常泛濫成災,歷朝設置機關防禦水患,稱為「河防」。

[38] 總河:明清總理河道的官名。明代設總河侍郎。清初稱河道總督,雍正時改稱
總河。閘官:管理閘門的官吏。

[39] 倍蓰:謂數倍。倍,一倍;蓰,五倍。

[40] 斗筲:喻人的才識短淺,氣量狹窄。《論語・子路》:「噫!斗筲之人,何足算
也?」《資治通鑒・漢靈帝光和元年》:「斗筲小人,依憑世戚,附託權豪,俛眉
承睫,微進明時。」

[41] 都人士:指居於京師有士行的人。

[42] 府史:古時管理財貨文書出納的小吏。胥徒:本為民服徭役者,後泛指官府衙
役。

【點評】

顧炎武認為，專制政治體製造成了社會的普遍性的腐敗。腐敗現象貫穿於全部專制政治史，尤以歷代王朝的中晚期最為盛行。在明代中葉以後商品經濟發展的新形勢下，由於專制政治的體制性腐敗無孔不入的性質，更使腐敗從官場向整個社會迅速蔓延。從達官顯貴到社會底層的「遊閒無食之人」，其心術之敗壞已經到了令人匪夷所思的地步。政治腐敗則以皇城北京為最甚：那裡的官員人人知道索取賄賂，人人都在處心積慮地盤算著從國家的財政撥款中撈一把，「自府吏胥徒上而至於公卿大夫，真可謂之同心同德者矣。」所以顧炎武發出了「今日之務正人心，急於抑洪水也」的吶喊。當然，顧炎武不僅看到了正人心的緊迫性，更看到了政治體制改革的緊迫性。他看到了這種普遍性腐敗的根源乃是「國家之法使然」，是專制政治體製造成的。要反腐敗，就必須從改革政治體制入手。〔註7〕

顧炎武根據歷史事實證明，黃河流域生態環境的破壞並不是由於自然變遷，而是由於人為的因素造成的：「民貪水退之利，而占佃河旁污澤之地，不才之吏因而籍之於官，然後水無所容，而橫決為害。」他以五代、宋、金三史的史料記載說明，山東梁山水泊本有方圓八百里的水面，而到了明末清初，卻只剩下方圓十里的面積了，可見黃河流域自然生態破壞之嚴重，而這種破壞，都是由於人與水爭地所造成：「非河犯人，人自犯之。」這一精闢概括十分深刻地說明了尊重自然規律對於人類生存和發展的重要意義。〔註8〕

「非河犯人，人自犯之」一語，出自元代河南等處行中書省的報告，並非顧炎武的概括。顧炎武認為，黃河「非人力之所能治」，與「人定勝天」的思想背道而馳。

王夫之《讀通鑒論》卷五：「治河之策，賈讓為千古之龜鑑，而平當之數言決矣。當言『經義有決河深川，而無堤防壅塞之文』。此鯀所以殛，禹所以興，而以堯、舜之聖，不能與橫流之水爭勝者也。讓言『古之立國者，必遺川澤之分，度水勢所不及』。殷所以世有河患，而盤庚奮然依山以避災，無他，唯無總於貨寶而已。細人之情，怙田廬之利，貪瀕河之土，動天下以從其欲，貽沉沒於子孫，而偷享其利，既古今之通弊矣。而後世之謀臣，要君勞民以陻塞逆五行之敘者，其不肖之情有二焉：其所謂賢者，竭民力，積一簣以障滔天而暫遏之，瀕河之民，且歌謠而禱祀焉，遂以功顯於廷，名溢於野，故好事者踵起以嘗試而不絕。其不肖者，則公帑之出納，浩煩而無稽，易為侵牟；民夫之賷備，乘威以指使，而乾沒任意；享其利而利其災，河濱之士大夫與

〔註7〕許蘇民：《日知錄一百句》，復旦大學出版社 2011 年版，第 79 頁。
〔註8〕許蘇民：《日知錄一百句》，復旦大學出版社 2011 年版，第 222 頁。

其愚民及其奸胥，交起以贊之，為危詞痛哭以動上聽。宜乎自漢以來，千五百年，奔走天下於河，言滿公車，牘滿故府，疲豫、兗、徐三州之民，供一河之溪壑，而一旦潰敗，胥為魚鱉，而但咎陻塞之不固也。可悲矣夫！」世人皆知顧炎武與黃宗羲論多相通，其實顧炎武與王夫之也有相通之處，此即一例。

　　商品經濟的發展與繁榮所帶來的物質上的刺激與誘惑，以及新生市民價值觀的傳播與擴散所帶來的精神上的衝擊和誘導，深刻地震撼著整個中國社會，它們的交互作用，促使一直以來起著維繫社會秩序之作用的正統價值觀發生了動搖，由此引致整個社會在倫理上的思想混亂，乃至於出現了嚴重的「道德滑坡」現象。社會風氣的「變壞」，不僅體現在普通百姓中，更體現在官場中。顧炎武稱當時官場風氣是「君臣上下懷利以相接」，「無官不賂遺」，「無守不盜竊」。正是鑒於此，顧炎武乃大聲疾呼：「今日之務，正人心急於抑洪水也。」然而，明末社會中所出現的倫理道德嚴重失範以及政治黑暗、官場腐敗等情況，其根本原因其實並非是像顧炎武所說的那樣是由於「人心」變壞了，而乃是由於社會生產力發展及由此引起的社會經濟關係的變動。經濟關係的變動，新經濟因素的成長，勢必要求社會的政治關係、倫理關係和思想觀念等上層建築做出相應的調整與變革。明末社會上道德失範和政治腐敗的現象，恰是表明了中國封建社會中原有的上層建築再也不能原封不動地存在下去了，是到了不得不變的時候了。在這種情況下，如果因循守舊，抱殘守缺，對上層建築或其中的某些部分或方面，不能順乎歷史潮流地作出相應的改革，上層建築與內含新經濟成份的現存經濟關係之間便不可避免地會發生衝突，其衝突越來越激烈、越來越尖銳，就勢必導致社會上道德失範和政治腐敗進一步加劇，從而最終促使社會上守舊勢力和革新勢力都登臺亮相，各顯其解決社會矛盾的本領。〔註9〕

〔註9〕周可真：《明清之際新仁學：顧炎武思想研究》，中國大百科全書出版社 2006 年版，第 5～6 頁。

《日知錄》卷十三

周末風俗

　　《春秋》終於敬王三十九年庚申之歲 [1]，西狩獲麟 [2]。又十四年，為貞定王元年癸酉之歲，魯哀公出奔；二年，卒於有山氏。《左傳》以是終焉。又六十五年，威烈王二十三年戊寅之歲，初命晉大夫魏斯、趙籍、韓虔為諸侯。又一十七年，安王十六年乙未之歲，初命齊大夫田和為諸侯。又五十二年，顯王三十五年丁亥之歲，六國以次稱王，蘇秦為從長 [3]，自此之後，事乃可得而紀。自《左傳》之終以至此，凡一百三十三年，史文闕軼 [4]，考古者為之茫昧 [5]。如春秋時，猶尊禮重信，而七國則絕不言禮與信矣；春秋時，猶宗周王，而七國則絕不言王矣；《史記·秦本紀》：孝公使公子少官率師會諸侯於逢澤以朝王，蓋顯王時。春秋時，猶嚴祭祀，重聘享 [6]，而七國則無其事矣；春秋時，猶論宗姓氏族，而七國則無一言及之矣；春秋時，猶宴會賦詩，而七國則不聞矣；春秋時，猶有赴告策書，而七國則無有矣。邦無定交，士無定主，此皆變於一百三十三年之間。史之闕文，而後人可以意推者也。不待始皇之併天下，而文武之道盡矣。李康《運命論》云：「文薄之弊，漸於靈景，辨詐之偽，成於七國。」馴至西漢，此風未改，故劉向謂其「承千歲之衰周，繼暴秦之餘弊，貪饕險波，不閑義理」[7]。觀夫史之所錄，無非功名勢利之人，筆札喉舌之輩，而如董生之言正誼明道者，不一二見也。蓋自春秋之後，至東京而其風俗稍復乎古。吾是以知光武、明、章果有變齊至魯之功，而惜其未純乎道也。自斯以降，則宋慶曆、元祐之間為憂矣。嗟乎！論世而不考其風俗，無以明人主之功。余之所以斥周末而進東京，亦《春秋》之意也。

【注釋】

[1] 敬王三十九年，即公元前 465 年。

[2] 西狩獲麟：相傳魯哀公十四年在大野狩獵獲麒麟。孔子作《春秋》，至此而絕筆。《左傳·哀公十四年》：「春，西狩獲麟。」杜預注：「麟者，仁獸，聖王之嘉瑞也。時無明王，出而遇獲。仲尼傷周道之不興，感嘉瑞之無應，故因魯《春秋》而修中興之教。絕筆於『獲麟』之一句，所感而作，固所以為終也。」《史記·儒林列傳》：「仲尼干七十餘君無所遇，曰：『苟有用我者，期月而已矣。』西狩獲麟，曰：『吾道窮矣。』」

[3] 從長：即從約長，戰國時有合縱之約的六國之長。《史記·蘇秦列傳》：「於是六國從合而並力焉。蘇秦為從約長，並相六國。」《史記·燕召公世家》：「蘇秦始來見，說文公。文公予車馬金帛以至趙，趙肅侯用之。因約六國，為從長。」

[4] 闕軼：殘缺散失。

[5] 茫昧：模糊不清。

[6] 聘享：聘問獻納。聘問必有宴享，故聘、享連文。《儀禮·聘禮》：「受夫人之聘璋，享玄纁。」鄭玄注：「享，獻也。既聘又享，所以厚恩惠也。」《左傳·昭公三十年》：「先王之制，諸侯之喪，士弔，大夫送葬；唯嘉好、聘享、三軍之事於是乎使卿。」

[7] 見《漢書·禮樂志》。

【點評】

顧炎武也講意識形態，也隱隱約約感覺到意識形態對社會的反作用。假如在本段中，他就看到了自《春秋》停止記載到六國稱王、這中間的 133 年的歷史的過渡。他舉出六點：（1）對周天子的尊奉與不尊奉；（2）對「禮」和「信」的遵守與不遵守；（3）祭禮、聘享制度之執行與不執行；（4）飲宴時賦詩與不再賦詩；（5）血緣原則（宗姓氏族）的講究與不講究；（6）周天子的訃告和策命之下達與停止下達。這六點顧氏看的準、列舉的好，所以不少當代的通史講到戰國秦漢社會大轉變時，都引用這一段。但對這個轉變，不同的史學分期觀點，則給予不同的解釋。郭沫若氏認為這個轉變，是由奴隸社會向封建社會的轉化。對馬克思「亞細亞生產方式」理論有較多興趣與較多深入的一些人，則把這一轉變看做亞細亞的奴隸社會向古典經濟的轉進。這個轉變，還要到經濟基礎方面去尋找。春秋後期，社會生產逐漸發展，農村公社和井田制度逐漸瓦解，貨幣、交換行為日益頻仍，新興國王一個一個出現，以頂替血緣貴

族的封君,這些才是「不待始皇之併天下,而文、武之道盡矣」的物質根源。〔註 1〕

這是顧炎武的風俗論之一。所謂風俗,指相沿積久而成的風氣、習俗。《詩序》:「先王以是經夫婦,成孝敬,厚人倫,美教化,移風俗。」顧炎武通過對周代社會風俗的鳥瞰,發現周末(即春秋戰國之際)正是一個轉變期。春秋戰國之際正是新舊交替時期,革故鼎新,風雲激蕩,社會即將迎來一個巨大的轉折。

在禮教中國,禮崩樂壞絕非小事,往往是一個社會大變革的風向標。殷周之際如此,春秋戰國之際如此,唐宋之際如此,明清之際亦如此。只有親身經歷過巨大社會動盪的有識之士才會有切膚之痛。王國維選擇了殷周之際,顧炎武選擇了春秋戰國之際,內藤湖南選擇了唐宋之際,侯外廬等人選擇了明清之際,皆是顯例。中國文化是禮樂文明,每一次禮樂興壞都是一個週期,而殷周之際、春秋戰國之際、唐宋之際、明清之際恰好成為轉捩點。例如,周公制禮作樂,郁郁乎文哉;孔子親見禮崩樂壞,絕筆於獲麟;從周公到孔子剛好構成一個週期。

兩漢風俗

漢自孝武表章六經之後,師儒雖盛 [1],而大義未明,故新莽居攝 [2],頌德獻符者遍於天下。光武有鑑於此,故尊崇節義 [3],敦厲名實 [4],所舉用者莫非經明行修之人,而風俗為之一變。至其末造,朝政昏濁 [5],國事日非,而黨錮之流 [6]、獨行之輩,依仁蹈義 [7],舍命不渝,風雨如晦 [8],雞鳴不已。三代以下,風俗之美,無尚於東京者。故范曄之論,以為「桓、靈之間,君道秕僻 [9],朝綱日陵,國際屢啟,自中智以下,靡不審其崩離,而權強之臣息其窺盜之謀,豪俊之夫屈於鄙生之議」[10]。「所以傾而未頹、決而未潰,皆仁人君子心力之為」[11]。可謂知言者矣。**使後代之主循而弗革,即流風至今,亦何不可**。而孟德既有冀州,崇獎跅弛之士 [12]。觀其下令再三,至於求負污辱之名,見笑之行,不仁不孝而有治國用兵之術者 [13]。建安二十二年八月令,十五年春令,十九年十二月令,意皆同。於是權詐迭進 [14],奸逆萌生。故董昭太和之疏,已謂「當今年少不復以學問為本,專更以交遊為業;國士不以孝悌清修為首,乃以趨勢求利為先」[15]。至正始之際,而一二浮誕之徒騁其智識,蔑周、孔之書,習老、莊之教,風俗又為之一變。夫以經術之治,節義之防,光武、明、章數世為之而未足;毀方敗常之俗,孟德一人變之而有餘。後之人君將樹之風聲,納之軌物 [16],以善俗而作人,不可不察乎此矣。光武躬行儉

〔註 1〕趙儷生:《趙儷生文集》第三卷,蘭州大學出版社 2002 年版,第 230 頁。

約，以化臣下。講論經義，常至夜分。一時功臣如鄧禹 [17]，有子十三人，各使守一藝，閨門修整 [18]，可為世法。貴戚如樊重 [19]，三世共財，子孫朝夕禮敬，常若公家。以故東漢之世，雖人才之倜儻不及西京，而士風家法似有過於前代。

東京之末，節義衰而文章盛，自蔡邕始，其仕董卓，無守，卓死，驚歎無識。觀其集中濫作碑頌，則平日之為人可知矣。宋袁淑《弔古文》：「伯喈銜文而求入。」[20] 以其文采富而交遊多，故後人為立佳傳。嗟乎，士君子處衰季之朝，常以負一世之名，而轉移天下之風氣者，視伯喈之為人，其戒之哉！

【注釋】

[1] 師儒：古代指教官或學官。

[2] 新莽：指王莽或王莽建立的新朝。西漢末王莽篡權，改國號新，故稱。居攝：因皇帝年幼不能親政，由大臣代居其位處理政務，謂「居攝」。《漢書·食貨志上》：「平帝崩，王莽居攝，遂篡位。」

[3] 節義：謂節操與義行。

[4] 敦厲：勸勉，勉勵。

[5] 昏濁：指社會、政治黑暗混亂。

[6] 黨錮：東漢桓帝時宦官專權，士大夫李膺、陳蕃等聯合太學生郭泰、賈彪等，猛烈抨擊宦官集團。宦官誣告他們結為朋黨，誹謗朝廷，李膺等二百餘人遭捕，後雖釋放，但終身不許做官。靈帝時，膺等復起用，與大將軍竇武謀誅宦官。事敗，膺等百餘人被殺，並陸續處死、流徙、囚禁六、七百人。事見《後漢書·黨錮傳》。後泛指禁止黨人擔任官職並限制其活動。

[7] 依仁蹈義：遵循仁義之道。

[8] 風雨如晦：《詩·鄭風·風雨》：「風雨如晦，雞鳴不已。」後用「風雨如晦」比喻於惡劣環境中而不改變氣節操守。

[9] 秕僻：比喻政事和教化的不善。

[10] 見《後漢書·儒林傳論》。

[11] 見《後漢書·左雄傳》。

[12] 跅弛：放蕩不循規矩。《漢書·武帝紀》：「夫泛駕之馬，跅弛之士，亦在御之而已。」顏師古注：「跅者，跅落無檢局也。弛者，放廢不遵禮度也。」

[13] 見《三國志·魏志·武帝紀》。

[14] 權詐：權謀，詐術。王充《論衡·定賢》：「以權詐卓譎，能將兵御眾為賢乎？」

[15] 見《三國志・魏志・董昭傳》。

[16] 軌物：軌範；準則。

[17] 鄧禹（2～58），字仲華，今河南南陽新野人。協助劉秀建立東漢,「既定河北,
復平關中」,功勞卓著。劉秀稱帝後,封鄧禹為大司徒、酇侯。後改封高密侯,
進位太傅。永平元年去世,諡號元侯。

[18] 見《後漢書・鄧禹傳》。

[19] 樊重,生卒年不詳,字君雲,西漢末年南陽湖陽（今南陽市唐河）人。

[20] 見《藝文類聚》卷四〇。

【點評】

在中國歷史上,東漢清議派士大夫與黑暗的政治勢力作鬥爭的英雄氣概向來是
志士仁人們效法的道德楷模,范曄在《後漢書》中對這種英雄氣概作了熱情的謳歌和
讚頌,可是這種英雄氣概卻遭到了宋明道學家們的非議。與道學家們不同,顧炎武從
年輕時起就特別仰慕東漢清議派讀書人的人格。特別推崇東漢清議派讀書人與黑暗勢
力作鬥爭的不屈不撓的英雄氣概。他認為清議派士大夫所代表的東漢士風是中國歷史
上士風最好的時期之一。他說東漢清議派士大夫的豪傑精神,就表現在他們面對以宦
官集團為代表的殘暴的黑暗勢力,不僅有良知,而且具有不畏強暴、敢於表達自己的
道德良知的勇氣,即使為堅持真理而獻身也在所不惜,這是何等偉大的人格！而這種
精神,正是中國讀書人最可貴的品質。〔註2〕

這一段和底下一段《正始》,是顧氏的大手筆。不管其中的精華部分,或者是一
些不太精華的部分,都是顧氏思想極真誠的顯露,有時甚至是披瀝心聲的顯露。西漢
不是自然經濟為主的社會,而是貨幣交換行為很頻仍的社會。試看武帝晚期的長安景
象,囤積居奇、投機倒把、惡少年犯罪行為的猖狂,純是一派豪強經濟的氣氛。至於
武帝定儒家於一尊,那只是一種平衡社會矛盾的策略。所以王莽要篡漢,跟在屁股後
邊捧場的人很多,樣子很不好看,這純屬貨幣交換經濟的一種反映。到東漢,也並非
「光武有鑑於此」,而是由於,第一、西漢式古典經濟混不下去了;第二、中古型地方
宗族團聚為一個莊園的自然經濟傾向又有所抬頭;第三、光武及其集團也都是南陽地
主體系。由於以上三點,東漢的社會風氣自然有所改變,但也並非完全改變過來,試
讀王符《潛夫論》中之所揭示,古典經濟奢靡的流風,尚相當大量地存在。在東漢後
期,外戚、宦官、姦佞交替操縱政權,引發了中國歷史上知識分子起而過問政治的空

〔註2〕許蘇民：《日知錄一百句》,復旦大學出版社2011年版,第124頁。

前高潮。顧氏也是知識分子之一員，所以他和《後漢書》作者范曄一樣，給了「黨錮」運動以極高的評論，他寫出了「依仁蹈義，舍命不渝，風雨如晦，雞鳴不已，三代以下，風俗之美，無尚於東京者」這樣的文段，反映顧氏思想在寫這樣文段時的高度昇華。「仁人君子心力之為」云云，也不能被看做唯心論，先進人物和先進思想，是會起相當的作用的。曹操是一位野心家，可以疵議之處自然很多，但他統一北方、創立屯田，對社會也起好的作用。但他究竟是野心家，權詐術數，樣樣精通，所以即便「盜嫂」的陳平那種人物，他也一再舉例說可以使用；為達到一定目的，可以不擇手段。這在儒學、經學家的顧炎武，自然要予以譴責了。至於玄學學派，這在中國思想衍變史上是重大的轉折；不吸收玄學的影響，不吸收佛學的影響，儒學便不可能出現宋、明時期的新高潮。但玄學家是異端，而我們的顧先生則是一「正」到底的正學。他一談到異端派，就不免要口誅筆伐，這一點，我們只要理解到就行了。有昇華，也有低沉；有激進，也有保守；這就是貨真價實、活龍活現的顧炎武的思想。〔註3〕

這是顧炎武的風俗論之二。顧炎武是能夠轉移天下之風氣的智者，他發現了正始之際是風俗變化的節點。他站在維護周孔正學的立場上，對曹操的「毀方敗常」予以掊擊。

顧炎武以為：「三代以下，風俗之美，無尚於東京者。」這是他的獨見。又曰：「使後代之主循而弗革，即流風至今，亦何不可。」陳垣批評道：「此是迂論，焉有數千年不變之俗乎？」正學往往失之於迂，顧炎武如此，司馬光如此，宋五子亦如此。鄉原先生同流合污，以媚於世，往往見風使舵，八面玲瓏，誠為德之賊。

「當今年少不復以學問為本，專更以交遊為業；國士不以孝悌清修為首，乃以趨勢求利為先。」這是漢代末年的情形，今天又何嘗不是如此！歷史往往有驚人的相似之處，信哉！

正始 [1]

魏明帝殂 [2]，少帝即位，改元正始，凡九年。其十年，則太傅司馬懿殺大將軍曹爽 [3]，而魏之大權移矣。三國鼎立，至此垂三十年，一時名士風流盛於洛下。乃其棄經典而尚老、莊，蔑禮法而崇放達，視其主之顛危若路人然，即此諸賢為之倡也。自此以後，競相祖述。如《晉書》言：王敦見衛玠，謂長史謝鯤曰：「不意永嘉之末，復聞正始之音。」[4] 沙門支遁以清談著名於時 [5]，莫不崇敬，以為造微之功足參諸正始 [6]。《宋書》言羊玄保二子，

〔註3〕趙儷生：《趙儷生文集》第三卷，蘭州大學出版社2002年版，第232～233頁。

太祖賜名曰咸、曰粲，謂玄保曰：「欲令卿二子有林下正始餘風。」[7] 王微《與何偃書》曰：「卿少陶玄風，淹雅修暢，自是正始中人。」[8]《南齊書》言，袁粲言於帝曰：「臣觀張緒有正始遺風。」[9]《南史》言，何尚之謂王球：「正始之風尚在。」[10] 其為後人企慕如此 [11]。然而《晉書·儒林傳序》云：「擯闕里之典經，習正始之餘論，指禮法為流俗，目縱誕以清高。」[12] 此則虛名雖被於時流，篤論未忘乎學者。是以講明六藝，鄭玄、王肅為集漢之終；演說老、莊，王弼、何晏為開晉之始。干寶《晉紀總論》曰：「風俗淫僻，恥尚失所。學者以莊、老為宗，而黜六經；談者以虛薄為辨，而賤名檢；行身者以放濁為通，而狹節信；進仕者以苟得為貴，而鄙居正；當官者以望空為高，而笑勤恪。」[13] 以至國亡於上，教淪於下，羌 [14]、戎互僭，君臣屢易，非林下諸賢之咎，而誰咎哉！

有亡國，有亡天下，亡國與亡天下奚辨？曰：易姓改號謂之亡國；仁義充塞，而至於率獸食人，人將相食，謂之亡天下。魏晉人之清談 [15]，何以亡天下？是孟子所謂楊、墨之言，至於使天下無父無君，而入於禽獸者也。昔者嵇紹之父康被殺於晉文王 [16]，至武帝革命之時，而山濤薦之入仕 [17]。紹時屏居私門，欲辭不就。濤謂之曰：「為君思之久矣，天地四時猶有消息，而況於人乎？」[18] 一時傳誦，以為名言，而不知其敗義傷教，至於率天下而無父者也。夫紹之於晉，非其君也，忘其父而事其非君。當其未死三十餘年之間，為無父之人亦已久矣，而蕩陰之死 [19]，何足以贖其罪乎！且其入仕之初豈知必有乘輿敗績之事 [20]，而可樹其忠名以蓋於晚也。自正始以來，而大義之不明遍於天下。如山濤者，既為邪說之魁，遂使嵇紹之賢且犯天下之不韙而不顧。夫邪正之說不容兩立。使謂紹為忠，則必謂王裒為不忠，而後可也。何怪其相率臣於劉聰、石勒，觀其故主青衣行酒，而不以動其心者乎？是故知保天下，然後知保其國。保國者，其君其臣，肉食者謀之；保天下者，匹夫之賤，與有責焉耳矣。

【注釋】

[1] 陳垣《日知錄校注》：「『正始』索引，共七條。」

[2] 曹叡（204？～239），即魏明帝（226年至239年在位）。字元仲，三國時期曹魏第二位皇帝，魏文帝曹丕長子。黃初三年（222年），曹叡被封平原王，黃初七年（226年）五月十六日，魏文帝病危，曹叡被立為皇太子，文帝死後曹叡在洛陽即位。在位期間指揮曹真、司馬懿等人成功防禦了吳、蜀的多次攻伐，並且平定鮮卑，頗有建樹。魏明帝統治後期耽於享樂，大興土木，建造宮殿，

廣採眾女，充盈後宮，百姓勞役，民不聊生。景初三年（239 年），曹叡病逝於洛陽，時年三十六歲，廟號烈祖，諡號明帝，葬於高平陵。

[3] 曹爽（？～249 年），字昭伯，沛國譙縣（今安徽亳州）人。高平陵政變之後，曹爽被解除大將軍的職務，不久因謀反之罪，在朝議後被族誅。

[4] 見《晉書·衛玠傳》。正始之音：正始時期的詩人，政治理想落潮，普遍出現危機感和幻滅感。

[5] 支遁（314～366），字道林，世稱支公，也稱林公，別稱支硎。陳留（今河南開封）人。東晉高僧。是一位典型的玄、釋兼通的僧人，與當時諸多名士皆有交往，談鋒甚健，為世所重，名士王濛贊其「造微之功不減輔嗣」。

[6] 《世說新語·賞譽》：「王長史歎林公：『尋微之功，不減輔嗣。』」注引《支遁別傳》曰：「遁神心警悟，清識玄遠。嘗至京師，王仲祖稱其造微之功，不異王弼。」《高僧傳》同。此處云「參諸正始」，顯然係顧炎武誤記。

[7] 見《宋書·羊玄保傳》。

[8] 見《宋書·王微傳》。

[9] 見《南齊書·張緒傳》。

[10] 見《南史·何尚之傳》。

[11] 企慕：仰慕。

[12] 《晉書·儒林傳序》：「有晉始自中朝，迄於江左，莫不崇飾華競，祖述虛玄，攡闕里之典經，習正始之餘論，指禮法為流俗，目縱誕以清高，遂使憲章弛廢，名教頹毀，五胡乘間而競逐，二京繼踵以淪胥，運極道消，可為長歎息者矣。」

[13] 見《文選》卷十九。

[14] 「羌」，原作「胡」。

[15] 清談：玄談。指魏晉時以老莊學說和《易經》為依據而辨析名理的談論。它不接觸實際，不解決問題。

[16] 嵇紹：字延祖。仕晉，官至侍中，康：嵇康，字叔夜，三國魏譙郡人。少孤，為魏宗室婿，仕魏為中散大夫，有奇才，博洽多聞，崇尚老莊。工詩文，善鼓琴，精樂理，與阮籍、山濤、向秀、阮咸、王戎、劉伶友善，遊於竹林，稱「竹林七賢」。景元中，遭鍾會誣諂，為司馬昭所殺。晉文王：指司馬昭，司馬懿之子，字子上。

[17] 山濤：字巨源，晉河內懷縣人。仕晉為吏部尚書十餘年，甄拔人物，各為品題，時稱「山公啟示」。

[18] 見《世說新語·政事篇》。

[19] 蕩陰之死：晉惠帝（司馬衷）時，發生八王之亂，嵇紹隨惠帝與成都王司馬穎
　　戰於蕩陰，兵敗，百官侍衛皆潰散，獨紹以身護衛惠帝。亂兵至，紹被殺。蕩
　　陰：地名，故城在今河南蕩陰。

[20] 乘輿敗績：指晉惠帝兵敗。乘輿，指皇帝諸侯坐的車。

【點評】

　　理解顧炎武這一論述的關鍵，首先是如何理解「亡國」與「亡天下」的含義。從
表面上看，顧炎武認為「亡國」與「亡天下」是兩回事，其實不然，他還有一句十分
重要的話，即：「知保天下，然後知保其國。」這句話在他關於「天下興亡，匹夫有責」
的論述中具有關鍵意義，因為它深刻闡明了「保天下」與「保國」的關係：保國其實
並非與平常人無關，而平常人只有意識到「保天下」的重要性，才能更為自覺地投身
保國的民族保衛戰爭中去。謀劃如何保國固然主要是「肉食者」的責任，但知道了保
天下的重要性，然後自覺投身保國的民族保衛戰爭，則是每一個普通民眾都應承擔的
歷史責任。只要「天下」不亡，即愛國之心不亡，民族氣節不亡，民族的復興就有希
望。所謂「天下興亡，匹夫有責」，正是寄希望於廣大民眾的民族意識的覺醒。〔註4〕

　　這又是顧炎武氏的一篇大議論。假如我們可以把《正始》換另一個題目的話，就
應該是《顧炎武批判魏晉玄學》。顧氏在寫這一段時，他思想上是不是具有如下的三種
情況？其一、顧氏對兩漢經學（夾雜很多讖緯的經學）生命力的接近衰竭，受儒學、
經學宗派情緒的錮閉，或者視而不見、聽而不聞，或者有所聽聞，而不去接觸和深化
這一問題。其二、他對阮籍、嵇康這些人的時代遭遇，缺乏足夠的同情。像曹操、司
馬懿這樣的野心家，連少數民族酋長石勒都嗤笑他們「奪天下於孤兒寡婦之手」為一
種不屑為的舉措。處在這樣野心家政權底下的有良心的知識分子，日子自然是很不好
過的。他們的頹廢，實際是一種變態的反抗，跟「黨錮」運動有著殊途同歸的效果。
但顧氏表揚「黨錮」，而批判「玄學」，這就是他個人思想感情的某些特點，我們後人
就很難說話了。其三、顧氏對玄學學派給人們僵化思維上帶來的活潑化的作用，也不
提及。像《世說新語》這樣的書，顧氏是不會不看的，也許不會不喜歡的吧？那麼俊
俏的犀利的言語，沒有俊俏犀利的思維，是寫不出來的。而這種思惟是玄學帶來的，
經學絕帶不來。但顧氏對這種思惟上的優異，卻也一字不提。還有一種邏輯，也很奇
怪。甲現象在前，乙現象在後，人們往往不管這甲、乙二現象間有無必然聯繫、有無

〔註4〕許蘇民：《日知錄一百句》，復旦大學出版社 2011 年版，第 129 頁。

因果關係，就冒然判斷甲是因、乙是果。舉三個因。玄學風氣在前，五胡亂晉在後，那麼，玄學就一定是導致亂晉的原因；王安石變法在前，金兵俘虜徽、欽在後，那麼，變法就一定是導致北宋亂亡的原因；王陽明學派後學的泛濫在前，明亡在後，那麼，王陽明思想就一定是導致明朝覆亡的原因。這些邏輯，都是成問題的。到頭來，這也不過是在派性操縱下的上綱而已。〔註5〕

顧炎武對「棄經典而尚老、莊，蔑禮法而崇放達」的正始之風頗有微詞，這是他的正學立場所致，因為他「尚經典而棄老、莊，崇禮法而蔑放達」。顧炎武把「亡國」與「亡天下」區別開來，認為「亡國」只是「易姓改號」，而「亡天下」則是「仁義充塞，而至於率獸食人，人將相食」的無道之世。他讚賞那種為天下興亡而鬥爭的志士。近百餘年來廣為流傳的「天下興亡，匹夫有責」的響亮口號，就是梁啟超從這篇文章概括出來的格言。

宋世風俗

《宋史》言：「士大夫忠義之氣，至於五季變化殆盡 [1]。宋之初興，范質、王溥猶有餘憾 [2]。藝祖首褒韓通 [3]，次表衛融 [4]，以示意向。真、仁之世，田錫、王禹偁、范仲淹、歐陽修、唐介諸賢 [5]，以直言讜論倡於朝。於是中外薦紳知以名節為高，廉恥相尚，盡去五季之陋。故靖康之變，志士投袂起而勤王，臨難不屈，所在有之。及宋之亡，忠節相望。」[6] 嗚呼！觀哀、平之可以變而為東京，五代之可以變而為宋，則知天下無不可變之風俗也。《剝》上九之言碩果也，陽窮於上，則復生於下矣。

人君御物之方，莫大乎抑浮止競。宋自仁宗在位四十餘年，雖所用或非其人，而風俗醇厚，好尚端方，論世之士謂之君子道長。及神宗朝，荊公秉政，驟獎趨媚之徒，深鋤異己之輩。鄧綰 [7]、李定 [8]、舒亶 [9]、蹇序辰 [10]、王子韶諸奸 [11]，一時擢用，而士大夫有「十鑽」之目 [12]。干進之流，乘機抵隙 [13]。馴至紹聖、崇寧，而黨禍大起，國事日非，膏肓之疾遂不可治。後之人但言其農田、水利、青苗、保甲諸法為百姓害，而不知其移人心、變士心為朝廷之害。其害於百姓者，可以一日而更，而其害於朝廷者，歷數十百年，滔滔之勢一往而不可反矣。李應中謂 [14]：「自王安石用事，陷溺人心，至今不自知覺。人趨利而不知義，則主勢日孤。」[15] 此可謂知言者也。《詩》曰：「毋教猱升木，如塗塗附。」[16] 夫使慶曆之士風一變而為崇寧者，豈非荊公教猱

〔註5〕趙儷生：《趙儷生文集》第三卷，蘭州大學出版社2002年版，第235～236頁。

之效哉！

《蘇軾傳》：「熙寧初，安石創行新法，軾上書言：『國家之所以存亡者，在道德之淺深，不在乎強與弱；歷數之所以長短者，在風俗之厚薄，不在乎富與貧。臣願陛下務崇道德而厚風俗，不願陛下急於有功而貪富強。仁祖持法至寬，用人有序，專務掩覆過失，未嘗輕改舊章。考其成功，則曰未至。以言乎用兵，則十出而九敗；以言乎府庫，則僅足而無餘。徒以德澤在人，風俗知義，故昇遐之日，天下歸仁。議者見其末年，吏多因循，事不振舉，乃欲矯之以苛察，齊之以智慧，招徠新進勇銳之人，以圖一切速成之效。未享其利，澆風已成 [17]。多開驟進之門，使有意外之得。公卿侍從跬步可圖，俾常調之人舉生非望。欲望風俗之厚，豈可得哉！近歲樸拙之人愈少，巧進之士益多，惟陛下哀之、救之。』」[18] 當時論新法者多矣，未有若此之深切者。根本之言，人主所宜獨觀而三復也。

《東軒筆錄》：「王荊公秉政，更新天下之務，而宿望舊人議論不協，荊公遂選用新進，侍以不次，故一時政事不日皆舉，而兩禁臺閣，內外要權，莫非新進之士也。《石林燕語》：「故事，在京職事官，絕少用選人者。熙寧初，稍欲革去資格之弊，始詔選舉到可試用人，並令崇文院較書，以備詢訪差使。候二年取旨，或除館職，或升資任，或只與舍人差遣。時邢尚書恕以河南府永安縣主簿，首為崇文院較書。胡右丞愈知諫院，猶以為太遽，因請，雖選人而未歷外官，與雖歷任而不滿者，皆不得選舉。乃特詔邢恕與堂除近地，試銜知縣。近歲不復用此例，自始登第直為禁從矣。」及出知江寧府，呂惠卿驟得政柄，有射羿之意 [19]。而一時之士見其得君，謂可以傾奪荊公，遂更朋附之，以興大獄。尋荊公再召，鄧綰反攻惠卿，惠卿自知不安，乃條列荊公兄弟之失數事面奏，上封惠卿所言以示荊公。故荊公表有云『忠不足以取信，故事事欲其自明；義不足以勝奸，故人人與之立敵。』蓋謂是也。既而惠卿出亳州，荊公復相，承黨人之後，平日肘腋盡去，而在者已不可信，可信者又才不足以任事，當日唯與其子雱機謀，而雱又死，知道之難行也，於是慨然復求罷去，遂以使相再鎮金陵，未期納節。久之，得會靈觀使。」[20] 其發明荊公情事，至為切當。子曰：「君子易事而難說也。」[21] 而《大戴禮》言：「有人焉，容色辭氣，其入人甚愉；進退周旋，其與人甚巧。其就人甚速，其叛人甚易。」[22] 跡荊公昔日之所信用者，不惟變士習、蠹民生，而已亦不饗其利。《書》曰：「其後嗣王，罔克有終，相亦罔終。」[23] 為大臣者，可不以人心風俗為重哉！

《東軒筆錄》又曰：「王荊公在中書，作《新經義》以授學者。故太學諸

生幾及三千人。又令判監、直講程第諸生之業，處以上、中、下三舍。而人間傳以為試中、上舍者，朝廷將以不次陞擢。於是輕薄書生矯飾言行，坐作虛譽，奔走公卿之門者若市矣。」[24]

蘇子瞻《易傳‧兌卦解》曰：「六三、上六，皆《兌》之小人。[以陰為質 [25]，以說為事者，均也。六三履非其位，而處於二陽之間，以求說為兌者，故曰『來兌』，言初與二不招而自來也。其心易知，其為害淺，故二陽皆吉，而六三凶。上六超然於外，不累於物，此小人之託於無求以為兌者也，故曰『引兌』，言九五引之而後至也。其心難知，其為害深。故九五『孚於剝』，雖然，其心蓋不知而賢之，非說其小人之實也。使知其實，則去之矣，故有厲而不凶。然則上六之所以不光，何也？曰難進者君子之事也。使上六引而不兌，則其道光矣。」[26] 此論蓋為神宗用王安石而發 [27]。《孟子》曰：「好名之人，能讓千乘之國；苟非其人，簞食豆羹見於色。」[28] 荊公當日處卑官，力辭其所不必辭；既顯，宜辭而不復辭。矯情干譽之私，固有識之者矣。夫子之論觀人也，曰「察其所安」[29]；又曰「色取仁而行違，居之不疑，在邦必聞，在家必聞」[30]。是則欺世盜名之徒，古今一也，人君可不察哉！陸游《歲暮感懷詩》：「在昔祖宗時，風俗極粹美。人材兼南北，議論忘彼此。誰令各植黨，更僕而迭起，中更金源禍，此風猶未已。倘築太平基，請自厚俗始。」[31]

【注釋】

[1] 五季：即後梁、後唐、後晉、後漢、後周五代。

[2] 范質（911年～964年），字文素，大名宗城（今河北邢臺）人。五代後周時期至北宋初年宰相。自幼好學，博學多聞。後唐長興四年進士及第，官至戶部侍郎。後周建立後，歷任兵部侍郎、樞密副使等職。顯德六年（959年），周世宗病危，託孤於范質等人。獲封蕭國公。陳橋兵變之後，范質與宰相王溥等人被迫擁立趙匡胤為天子。乾德元年（963年），封魯國公。次年罷相。王溥（922～982），字齊物，宋初并州祁人。歷任後周太祖、周世宗、周恭帝、宋太祖——兩代四朝宰相，又為著名之史學大家，編撰《世宗實錄》、《唐會要》、《五代會要》等書。乾祐年間甲科進士第一名，官至宰相。乾德二年罷相，任太子少保，封祁國公，贈侍中，卒諡文獻。

[3] 韓通（？～960），并州太原人。歷仕後晉、後漢、後周三朝，周世宗在位時期屢建奇功，官至檢校太尉、同平章事，充侍衛親軍馬步軍副都指揮使。柴榮駕

崩後，趙匡胤發動陳橋兵變，韓通打算組織軍隊抵抗，為人所殺。趙匡胤登基
後，追贈其為中書令。

[4] 衛融（？～973），字明遠，五代時博興縣人。後晉天福初年考中進士。官至同
中書門下平章事。

[5] 田錫（940年～1004），字表聖，祖籍京兆（今西安），移居四川眉州。太平興
國三年進士，官至右諫議大夫。著有《咸平集》。王禹偁（954～1002），字元之，
濟州巨野（今屬山東菏澤市）人。太平興國八年進士，歷任右拾遺、左司諫、
知制誥、翰林學士。敢於直言諷諫，因此屢受貶謫。宋真宗即位，召還，復知
制誥。後貶至黃州，後又遷蘄州，病死。王禹偁為北宋詩文革新運動的先驅，
文學韓愈、柳宗元，詩崇杜甫、白居易，風格清新平易。著有《小畜集》。范仲
淹（989～1052），字希文，漢族。蘇州吳縣人。慶曆三年，出任參知政事，發
起「慶曆新政」。不久後，新政受挫，范仲淹被貶出京，歷知邠州、鄧州、杭
州、青州。皇祐四年（1052年），改知潁州。追贈兵部尚書、楚國公，諡文正，
世稱范文正公。歐陽修（1007～1072），字永叔，吉州永豐人。唐介（1010～
1069），字子方，江陵人。為官清正廉明，剛正不阿。宋神宗時拜參知政事（副
相），後因生背疽而死，贈禮部尚書，諡質肅。

[6] 見《宋史·忠義傳序》。

[7] 鄧綰（1028～1086），成都雙流人。舉進士，曾任職方員外郎。著有《治平文
集》,《翰林制集》等。賦性奸回，人品惡劣，朝秦暮楚，兩面三刀。在王安石
權傾一時期間投靠王安石，後宋神宗罷黜王安石相位，由呂惠卿取而代之，又
投靠呂惠卿，王安石復位後，鄧綰又向王諂媚，甚是無恥。事蹟見《宋史》卷
三二九。

[8] 李定，字資深，揚州人。少受學於王安石。登進士第，為定遠尉、秀州判官。
熙寧二年，孫覺薦之，召至京師，謁諫官李常，李常問：「君從南方來，民謂青
苗法何如？」李定對曰：「民便之，無不喜者。」李常曰：「舉朝方共爭是事，
君勿為此言。」李定即往白安石，且曰：「定但知據實以言，不知京師乃不許。」
安石大喜，謂曰：「君且得見，盡為上道之。」立薦對。神宗問青苗事，其對如
曩言，於是諸言新法不便者，帝皆不聽。命定知諫院，宰相言前無選人除諫官
之比，遂拜太子中允、監察御史裏行。事蹟見《宋史》卷三二九。

[9] 舒亶（1041～1103），字信道，號懶堂，浙江慈谿（今屬浙江餘姚大隱）人。治
平二年（1065）狀元及第。官至御史中丞。事蹟見《宋史》卷三二九。

[10] 蹇序辰，字授之，蹇周輔子，成都雙流人。登第後數年，以泗州推官主管廣西常平。周輔方使閩，上言父子並祗命遠方，家無所託，蘄改一近地。乃易京西，旋提舉江西常平，繼父行鹽法。為監察御史，遷殿中侍御史、右司諫。哲宗立，改司封員外郎。周輔得罪，以序辰成其惡，降簽書廬州判官。起知楚州，提點江東刑獄。事蹟見《宋史》卷三二九。

[11] 王子韶，字聖美，太原人。中進士第，以年未冠守選，復遊太學，久之乃得調。王安石引入條例司，擢監察御史裏行，出按明州苗振獄。安石惡祖無擇，子韶迎其意，發無擇在杭州時事，自京師逮對，而以振獄付張載，無擇遂廢。中丞呂公著等論新法，一臺盡罷。子韶出知上元縣，遷湖南轉運判官。御史張商英劾其不葬父母，貶知高郵縣。由司農丞提舉兩浙常平。入對，神宗與論字學，留為資善堂修定《說文》官。官制行，為禮部員外郎，以入省後期，改庫部。事蹟見《宋史》卷三二九。

[12] 十鑽：指宋時支持、迎合王安石的鄧綰、李定、王子韶等十人。《宋史・王子韶傳》：「熙寧初，士大夫有『十鑽』之目，子韶為『衙內鑽』，指其交結要人子弟，如刀鑽之利。」

[13] 抵隙：抨擊缺點。

[14] 「李應中」為「李愿中」之訛。李侗（1093～1163），字愿中，劍浦（屬今福建南平）人。學者稱延平先生。著有《李延平集》。李侗將洛學傳授給朱熹，朱熹又開出閩學。

[15] 《宋史・道學傳》：「侗既閒居，若無意當世，而傷時憂國，論事感激動人。嘗曰：『今日三綱不振，義利不分。三綱不振，故人心邪僻，不堪任用，是致上下之氣間隔，而中國日衰。義利不分，故自王安石用事，陷溺人心，至今不自知覺。人趨利而不知義，則主勢日孤，人主當於此留意，不然，則是所謂雖有粟，吾得而食諸也。』」今按：四庫館臣對《宋史・道學傳》多所非議，而顧炎武據之立說。

[16] 見《詩經・小雅・角弓》。

[17] 澆風：浮薄的社會風氣。

[18] 見《宋史》卷三三八。按：此處引文對蘇軾熙寧四年二月《上神宗皇帝書》已經有所點竄。

[19] 射羿：《孟子・離婁下》：「逢蒙學射於羿，盡羿之道，思天下惟羿為愈己，於是殺羿。」此處指呂惠卿有取王安石而代之之意。

[20] 見魏泰《東軒筆錄》卷五。《續資治通鑒》卷二六○:「魏泰記此事殊失次序,今但取其合者。」

[21] 見《論語·子路》。

[22] 見《大戴禮記·文王觀人》。

[23] 見《尚書·太甲上》。

[24] 見魏泰《東軒筆錄》卷六。

[25] 此四字據蘇軾《東坡易傳》補入,否則文義不通。

[26] 見蘇軾《東坡易傳》卷六。

[27] 九五君位,比宋神宗;上六臣位,比王安石。顧炎武的推測極為合理。

[28] 見《孟子·盡心下》。

[29] 見《論語·為政》。

[30] 見《論語·顏淵》。

[31] 見陸游《劍南詩稿》卷三一《歲末感懷以「餘年諒無幾,休日愴已迫」為韻》第九首。

【點評】

什麼是「風俗」?應該是人們普遍的意識形態表現及其對社會的反作用。所以,顧氏這幾則論「風俗」的文段,實際上也可以被我們當作中國思想流變史的重要參考。由先秦變到兩漢、由兩漢變到魏晉,然後經南北朝隋唐到宋,這四個文段幾乎都涉及到了。斯大林在講民族共同體的四大特徵時,「在共同經濟生活上的共同心理狀態」就是第四條。可見,共同意識(心理)形態(風俗),這是一個重要的項目。但顧氏這一段卻講的比較特別。他集中精力攻擊王安石。王安石也不是「無懈可擊」的人,但他是個有見識有作為的歷史人物,看到北宋地方經濟土地集中、人民困窮的局面,立意改革。改革勢必引發反改革的保守派的反對,並在改革派和保守派之間造成派性鬥爭。一搞派性鬥爭,就勢必越來越亂套,很難弄清真理在哪一邊了。要改革,勢必需要積極分子。沒有積極分子,什麼運動也難搞起來。但古往今來的積極分子,從來沒有「清一色」的,總是好人也有,壞人也有。例如在王安石手下,像舒亶、李定、蹇序辰、王子韶這些人,從傳記看來,確是動機不純、存心害人的人。但像常秩此人,皇帝三召不至,王安石新法一行,卻一召即至了。這就是說,常秩是有一定認識的,不是投機分子。可能有一定認識的未占主流,投機分子倒是不少就是了。如何從積極分子中認真篩選好人、淘汰壞人,倒是古往今來一個需要認真解決的問題。顧氏身處明清之際,對民族「立場」問題看得特別嚴重,從而對其他「立場」問題也看得很嚴

重，這倒是需要我們充分理解的。〔註6〕

士大夫的忠義之氣，到了五代消磨殆盡，因為五代是臭名昭著的無恥時代。顧炎武親眼見到不少明代士大夫不講忠義之氣，投降清朝，所以他特別提倡「行己有恥」，貶斥「欺世盜名之徒」，這是他做人的基本立場。現在我們走進了新時代，理應遠離無恥時代。

近二十年目睹之怪現狀，往往令人錯愕無語。如原軍委副主席郭伯雄、徐才厚帶頭賣官鬻爵，把手中權力當作聚斂錢財、收買人心的工具，直接或通過家人收受賄賂，數額特別巨大，動輒幾個億、幾十個億，上行下效，嚴重破壞了政治生態，對人民犯下了滔天之罪。

蘇軾《上神宗皇帝書》曰：「夫國之長短，如人之壽夭。人之壽夭在元氣，國之長短在風俗。世有尪羸而壽考，亦有盛壯而暴亡。若元氣猶存，則尪羸而無害；及其已耗，則盛壯而愈危。是以善養生者，慎起居，節飲食，導引關節，吐故納新。不得已而用藥，則擇其品之上、性之良，可以久服而無害者，則五臟和平而壽命長。不善養生者，薄節慎之功，遲吐納之效，厭上藥而用下品，伐真氣而助強陽，根本已空，僵仆無日。天下之勢，與此無殊。故臣願陛下愛惜風俗，如護元氣。聖人非不知深刻之法可以齊眾，勇悍之夫可以集事，忠厚近於迂闊，老成初若遲鈍。然終不肯以彼易此者，知其所得小，而所喪大也。」蘇軾之所以反對王安石變法，也是基於上述理由。顧炎武贊成蘇軾「以簡易為法，以清淨為心」的基本觀點，但沒有引用這一比喻說法。王安石變法為何失敗？給後人到底留下了什麼教訓？這些問題至今仍然值得反思。

錢大昕《潛研堂文集》卷二《王安石論》云：「世稱王安石誤用《周禮》而宋以亡，非也。安石曷嘗用《周禮》哉！《記》云：『經禮三百，曲禮三千。』經禮者，《周官》也；曲禮者，《儀禮》也。晉韓宣子觀《易象》與《魯春秋》，而知《周禮》之盡在魯。安石立經義法，廢《儀禮》、《春秋》不用，至詆聖人之經為『斷爛朝報』，而驅士大夫以習其所為新經義者，其妄且誕如此，安知所謂《周禮》哉！所以尊《周禮》者，將以便其新法也。六官之中，大綱細目，無所不備，獨取泉府一官，以證其青苗、市易之法，安石曷嘗用《周禮》哉！安石之入對也，勸神宗每事當以堯、舜為法，而譏唐太宗所為不盡合法度，可謂責難於君矣。及觀其詩，有云『今人未可輕商鞅，商鞅能令政必行』，而其子雱遂亟稱鞅為豪傑之士。夫鞅之所為，三尺童子恥之，安石將以經術致君堯、舜而稱鞅不置，何為乎？安石平生好為大言欺當世，一旦得君，欲去舊臣及異己者，而惟其所欲為，於是乎亟變法令，而以富強之說進。又以為不託於聖

〔註6〕趙儷生：《趙儷生文集》第三卷，蘭州大學出版社2002年版，第239～240頁。

人之法，則無以堅人主之信、而箝異己者之口，此即商鞅之挾三術以鑽孝公者也。其託於用《周禮》者，安石之偽也。予嘗論安石之學出於商鞅，而鞅之法專而一，安石之法繁而紛，則才已不逮。鞅自言其治之不如三代，而安石藉口講學，動必稱先王，以掩其言利之名，則鞅猶不若是之詐也。此所以敗壞決裂，不如鞅之尚有小效也。范純仁申中書狀，謂其『捨堯、舜知人安民之道，講五伯富國強兵之術，尚法令則稱商鞅，言財利則背孟軻』，蓋切中安石之病。後之人重其文辭，因欲末減其誤國之罪，如公議何？」錢大昕也是站在正統派的立場上對王安石發難，與顧炎武一脈相承。如果說「兩漢風俗」條的矛頭對準曹操，此條的矛頭則對準王安石。現代政學兩界則公開為他們平反昭雪，顯然有悖於顧炎武的論人宗旨。

清議 [1]

古之哲王所以正百辟者 [2]，既已制官刑儆於有位矣，而又為之立閭師 [3]，設鄉校，存清議於州里，以佐刑罰之窮。「移之郊遂」[4]，載在《禮經》；「殊厥井疆」[5]，稱於《畢命》。兩漢以來猶循此制，鄉舉里選，必先考其生平，一玷清議，終身不齒。君子有懷刑之懼 [6]，小人存恥格之風，教成於下而上不嚴，論定於鄉而民不犯。降及魏晉，而九品中正之設 [7]，雖多失實，遺意未亡。凡被糾彈付清議者，即廢棄終身，同之禁錮 [8]。至宋武帝篡位，乃詔：「有犯鄉論清議，贓污淫盜，一皆蕩滌洗除。與之更始 [9]。」自後凡遇非常之恩，赦文並有此語。《小雅》廢而中國微，風俗衰而叛亂作矣。然鄉論之污，至煩詔書為之洗刷，豈非三代之直道尚在於斯民，而畏人之多言猶見於變風之日乎？予聞在下有鯀，所以登庸 [10]；以比三凶 [11]，不才，所以投畀 [12]。雖二帝之舉錯 [13]，亦未嘗不詢於芻蕘 [14]。然則崇月旦以佐秋官 [15]，進鄉評以扶國是，倘亦四聰之所先 [16]，而王治之不可闕也。

陳壽居父喪，有疾，使婢丸藥，客往見之，鄉黨以為貶議，坐是沉滯者累年 [17]。阮簡父喪，行遇大雪，寒凍，遂詣濬儀令，令為他賓設黍臛，簡食之，以致清議，廢頓幾三十年 [18]。溫嶠為劉司空使勸進，母崔氏固留之，嶠絕裾而去，迄於崇貴，鄉品猶不過也，每爵皆發詔 [19]。謝惠連先愛會稽郡吏杜德靈，及居父憂，贈以五言詩十餘首，文行於世，坐廢不豫榮伍 [20]。張率以父憂去職，其父侍伎數十人，善謳者有色貌，邑子儀曹郎顧玩之求聘焉，謳者不願，遂出家為尼。嘗因齋會率宅，玩之為飛書，言與率奸。南司以事奏聞，高祖惜其才，寢其奏，然猶致世論，服闋後，久之不仕 [21]。官職之升沉本於鄉

評之與奪，其猶近古之風乎？

　　天下風俗最壞之地，清議尚存，猶足以維持一二。至於清議亡，而干戈至矣。

　　洪武十五年八月乙酉，禮部議：「凡十惡、好盜詐偽，干名犯義，有傷風俗，及犯贓至徒者，書其名於申明亭，以示懲戒。有私毀亭舍、塗抹姓名者，監察御史、按察司官以時按視，罪如律。」[22] 制可。十八年四月辛丑，「命刑部錄內外諸司官之犯法罪狀明著者，書之申明亭」[23]。此前代鄉議之遺意也[24]。後之人視為文具，風紀之官但以刑名為事，而於弼教新民之意若不相關[25]。無惑乎江河之日下已。

【注釋】

[1] 清議：對時政的議論，社會輿論。

[2] 哲王：賢明的君主。百辟：諸侯。

[3] 閭師：周代官名。《周禮·地官·閭師》：「閭師掌國中及四郊之人民、六畜之數，以任其力，以待其政令，以時徵其賦。」後借指地方小官。

[4] 郊遂：猶郊野。《周禮·地官·序官》「遂人」注引鄭司農曰：「遂，謂王國百里之外。」

[5] 井疆：井邑的疆界。《古文尚書·畢命》：「弗率訓典，殊厥井疆，俾克畏慕。」偽孔傳：「其不循教道之常，則殊其井居田界，使能畏為惡之禍，慕為善之福。」

[6] 懷刑：謂畏刑律而守法。《論語·里仁》：「君子懷刑，小人懷惠。」朱熹《論語集注》：「懷刑，謂畏法。」

[7] 九品中正：魏晉南北朝時期的一種官吏選拔制度。魏文帝曹丕黃初元年採納吏部尚書陳群的建議，各州、郡設立中正官，將各地士人按才能分別評為九等（九品），供朝廷按等選用，謂之「九品官人法」。沿至晉、南北朝，選取專重門第，致「下品無高門，上品無賤族」，成為世族豪門把持政權的工具。

[8] 禁錮：謂禁止做官或參與政治活動。

[9] 更始：重新開始；除舊布新。

[10] 登庸：選拔任用。

[11] 三凶：三個凶頑的人。指帝鴻氏（黃帝）之子驩兜，少皞氏之子共工，顓頊氏之子鯀。

[12] 投畀：拋棄，放逐。《詩·小雅·巷伯》：「豺虎不食，投畀有北。」

[13] 舉錯：亦作「舉厝」、「舉措」，舉動，行為。

[14] 芻蕘：割草採薪之人。《詩・大雅・板》：「先民有言，詢於芻蕘。」毛傳：「芻蕘，薪采者。」

[15] 秋官：《周禮》六官之一，掌刑獄。所司與後代刑部相當，故唐武則天曾一度改刑部為秋官。後世常以秋官為掌司刑法官員的通稱。

[16] 四聰：能遠聞四方的聽覺。

[17] 見《晉書》卷八二。

[18] 見《世說新語》注引《竹林七賢論》。

[19] 見《世說新語・尤悔篇》。劉司空即劉琨。

[20] 見《宋書》卷五三。

[21] 見《梁書》卷三二。

[22] 見《太祖實錄》卷一四七。

[23] 見《太祖實錄》卷一七二。

[24] 鄉議：猶鄉論。《舊唐書・薛登傳》：「鄉議決小人之筆，行修無長者之論。」

[25] 弼教：輔助教化。多指以刑輔教。語出《古文尚書・大禹謨》：「汝作士，明於五刑，以弼五教，期於予治。」偽孔傳：「弼、輔，期、當也。歎其能以刑輔教，當於治體。」

【點評】

　　「清議亡而干戈至」。這是顧炎武對中國歷史上一種帶有規律性的現象的總結，既是對專制統治者扼殺社會正義呼聲的嚴正批判，也深刻揭示了社會正義呼聲與社會長治久安的依存關係。在顧炎武看來，一個社會要健康發展和避免動亂，除了要有權力制衡以外，還要允許不同的聲音存在；即使在政治最腐敗的時候，只要民眾還能夠通過「動口」來表達自己的心聲，政治就還有改良的希望；如果統治者連民眾的這一和平地表達意見的權利也要扼殺，使得人民再也無法通過正常的渠道來公開地表達自己的意見，那麼，干戈就會代清議而興，血與火的批判方式就會取代和平的批判方式，統治者和整個社會都將為此而付出極為慘重的代價。「清議亡而干戈至」，既是對中國歷史上興亡治亂之規律的總結，同時也深刻揭示了扼殺言論自由與社會動亂的因果關係，闡明了體現社會公正和正義的批評之聲對於社會穩定和健康發展的重要意義。〔註7〕

　　清議是民眾表達其對於社會公共事務之意見、議論政教風俗得失、評議官員人品

〔註7〕許蘇民：《顧炎武評傳》，南京大學出版社2006年版，第514～515頁。

高下的一種自發的方式。在中國歷史上，開明的君主和政治家對於民眾的這種自發參與政治的方式一般皆持比較寬容的態度，如顧炎武所列舉的「子產不毀鄉校，漢文止輦受言」等等。「清議亡而干戈至」，這是顧炎武對中國歷史上一種帶有規律性的現象的總結，既是對專制統治者扼殺社會正義呼聲的嚴正批判，也深刻揭示了社會正義呼聲與社會長治久安的依存關係。歷史上的君主並非都是重視傾聽民間呼聲的開明君主，那些暴虐之君和政治上的黑惡勢力是絕不允許社會上有不同聲音存在的，如周厲王之監謗、秦始皇之坑儒、東漢之黨錮之禍、晚明東林黨人之慘遭鎮壓等等。這種倒行逆施的結果使政治更加黑暗腐敗，亦使得統治者民心盡失，由此便導致巨大的社會動亂。〔註8〕

　　他所說的「立閭師，設鄉校，存清議於州里」，正是黃宗羲所主張的學校議政。他主張「進鄉評以扶國是」，「官職之升沉本於鄉評之與奪」，即官員的提拔任免都要傾聽群眾的呼聲，徵求群眾的意見，也顯然是正確的。但顧炎武之所謂「一玷清議，終身不齒」，以及所謂「凡被糾彈付清議者，即廢棄終身，同之禁錮」云云，亦未免失之過於苛刻。在這一點上，顧炎武的思想實在不及前輩學者呂坤深刻。呂坤認為，對於社會上流行的所謂「清議」要作具體分析。「清議」具有兩重性：一方面，清議可以使專制制度所造成的大量冤假錯案得以平反昭雪，這是它的積極方面；但另一方面，從維護傳統道德的角度來看，以傳統的道德標準去裁量人物，又適以使「清議」成為以理殺人的工具。所以他指出：「清議酷於律令。清議之人，酷於治獄之吏。律令所冤，賴清議以明之；清議所冤，萬古無反案矣。」這一觀點，確實是呂坤的特識。晚明東林黨人的「清議」，常常以泛道德主義去衡量一切，嚴君子小人之辨，不免做出一些「為淵驅魚，為叢驅雀」的蠢事，甚至為一些本來不該爭論的禮儀問題而在朝廷上聚訟不休。可惜，呂坤的這一思想並未能為當時社會所接受。如果不破除傳統的泛道德主義，所謂「清議」就會帶來很大的弊害。顧炎武受東林黨人的思想影響很深，因而對晚明清議的負面作用缺乏應有的認識。〔註9〕

名教

　　司馬遷作《史記・貨殖傳》，謂：「自廊廟朝廷，岩穴之士，無不歸於富厚。等而下之，至於吏士舞文弄法，刻章偽書，不避刀鋸之誅者，沒於賂遺。」[1]而仲長敖《核性賦》謂：「倮蟲三百，人最為劣。爪牙皮毛，不足自衛；唯賴

〔註8〕許蘇民：《日知錄一百句》，復旦大學出版社2011年版，第168頁。
〔註9〕許蘇民：《顧炎武評傳》，南京大學出版社2006年版，第565～566頁。

詐偽，迭相嚼齧 [2]。等而下之，至於臺隸童豎，唯盜唯竊。」[3] 乃以今觀之，則無官不賂遺，而人人皆吏士之為矣；無守不盜竊，而人人皆童豎之為矣。自其束髮讀書之時，所以勸之者，不過所謂千鍾粟、黃金屋 [4]，而一日服官，即求其所大欲。君臣上下懷利以相接，遂成風流，不可複製。後之為治者宜何術之操？曰：唯名可以勝之。名之所在，上之所庸，而忠信廉沽者顯榮於世；名之所去，上之所擯，而怙侈貪得者廢錮於家。即不無一二矯偽之徒，猶愈於肆然而為利者。《南史》有云：「漢世士務修身，故忠孝成俗。至於乘軒服冕，非此莫由，晉、宋以來，風衰義缺。」[5] 故昔人之言曰名教，曰名節，曰功名，不能使天下之人以義為利。而猶使之以名為利，雖非純王之風，亦可以救積污之俗矣。

《舊唐書》：薛謙光為左補闕 [6]，上疏言：「臣竊窺古之取士，實異於今。先觀名行之源，考其鄉邑之譽，崇禮讓以厲己，顯節義以標信，以敦樸為先最，以雕蟲為後科。故人崇勸讓之風，士去輕浮之行。希仕者必修貞確不拔之操，行難進易退之規。眾議已定其高下，郡將難誣其曲直。故計貢之賢愚，即州將之榮辱，假有穢行之彰露，亦鄉人之厚顏。是以李陵降而隴西慚，干木隱而西河美。故名勝於利，則小人之道消；利勝於名，則貪暴之風扇……自七國之季，雖雜縱橫，而漢代求才，猶徵百行。是以禮節之士，敏德自修，閭里推高，然後為府寺所辟……今之舉人，有乖事實。鄉議決小人之筆，行修無長者之論，策第喧競於州府，祈恩不勝於拜伏。或明制才出，試遣搜揚 [7]，驅馳府寺之門，出入王公之第，上啟陳詩 [8]，唯希咳唾之澤 [9]；摩頂至足 [10]，冀荷提攜之恩。故俗號舉人，皆稱『覓舉』。覓者。自求之稱也。夫徇己之心切，則至公之理乖；貪仕之性彰，則廉潔之風薄。是知府命雖高，異叔度勤勤之讓 [11]；黃門已貴，無秦嘉耿耿之辭 [12]。縱不能挹己推賢，亦不肯待於三命……故選司補置，喧然於禮闈 [13]；州貢賓王，爭訟於階闥 [14]。謗議紛合，漸以成風。夫競榮者必有爭利之心，謙遜者亦無貪賄之累。自非上智，焉能不移？在於中人，理由習俗。若重謹厚之士，則懷祿者必崇德以修名；若開趨競之門，則徼幸者皆戚施而附會。附會則百姓罹其弊，修名則兆庶蒙其福。風化之漸，靡不由茲。」[15] 嗟乎，此言可謂切中今時之弊矣。

漢人以名為治，故人材盛；今人以法為治，故人材衰。

宋范文正《上晏元獻書》曰：「夫名教不崇，則為人君者謂堯舜不足法，桀、紂不足畏；為人臣者謂八元不足尚 [16]，四凶不足恥 [17]。天下豈復有善

人乎？人不愛名，則聖人之權去矣。」[18]

今日所以變化人心、蕩滌污俗者，莫急於勸學、獎廉二事。天下之士，有能篤信好學，至老不倦，卓然可當方正有道之舉者，官之以翰林、國子之秩，而聽其出處，則人皆知向學，而不競於科目矣[19]。庶司之官，有能潔己愛民，以禮告老，而家無儋石之儲者[20]，賜之以五頃十頃之地，以為子孫世業，而除其租賦，復其丁徭[21]，則人皆知自守而不貪於貨賂矣。豈待菑川再遣，方收牧豕之儒；公孫弘[22]。優孟陳言，始錄負薪之胤。公孫敖[23]。而扶風之子，特賜黃金；尹翁歸[24]。琢郡之賢，常頒羊酒。韓福[25]。遂使名高處士，德表具僚，當時懷稽古之榮，沒世仰遺清之澤，不愈於科名、爵祿勸人，使之干進而饕利者哉？以名為治，必自此塗始矣。

漢平帝元始中詔曰：「漢興以來，股肱在位，身行儉約，輕財重義，未有若公孫弘者也。位在宰相封侯，而為布被脫粟之飯，奉祿以給故人賓客，無有所餘，可謂減於制度，而率下篤俗者也。與內富厚而外為詭服以釣虛譽者殊科。其賜弘後子孫之次，見為適者，爵關內侯，食邑三百戶。」[26]

《魏志》：「嘉平六年，朝廷追思清節之士，詔賜故司空徐邈、征東將軍胡質、衛尉田豫家穀二千斛，帛三十束，布告天下。」後魏宣武帝延昌四年詔曰：「故處士李謐，屢辭徵辟，志守沖素，儒隱之操，深可嘉美。可遠傍惠康[27]，近準玄晏[28]，謚曰貞靜處士，並表其門閭，以旌高節。」[29]《唐六典》：「若蘊德丘園，聲實明著，雖無官爵，亦賜謚曰先生。」[30] 以余所見，崇禎中嘗用巡按御史祁彪佳言，贈舉人歸子慕、朱陛宣為翰林院待詔。

《唐書》：「牛僧孺，隋僕射奇章公弘之裔。幼孤，下杜樊鄉有賜田數頃，依以為生。」[31] 則知隋之賜田，至唐二百年，而猶其子孫守之。若金帛之頒，廩祿之惠，則早已化為塵土矣。國朝正統中。以武進田賜禮部尚書胡濙，其子孫亦至今守之。故竊以為獎廉之典莫善於此。

【注釋】

　[1] 見《史記》卷一二九。

　[2] 嚼齧：咬齧。

　[3] 見《全晉文》卷八六。

　[4] 千鍾粟、黃金屋：宋代趙恒《勸學詩》：「富家不用買良田，書中自有千鍾粟。安居不用架高堂，書中自有黃金屋。出門莫恨無人隨，書中車馬多如簇。娶妻莫恨無良媒，書中自有顏如玉。男兒若遂平生志，六經勤向窗前讀。」

[5] 見《南史·孝義傳論》。

[6] 薛謙光，因與皇太子同名，賜名登。事蹟見《舊唐書》本傳。

[7] 搜揚：訪求舉拔。

[8] 陳詩：採集並進獻民間詩歌。《禮記·王制》：「命大師陳詩，以觀民風。」鄭玄注：「陳詩，謂採其詩而視之。」孔穎達疏：「此謂王巡守見諸侯畢，乃命其方諸侯大師是掌樂之官，各陳其國風之詩，以觀其政令之善惡。」

[9] 咳唾：《莊子·漁父》：「竊待於下風，幸聞咳唾之音以卒相丘也。」後以「咳唾」稱美他人的言語、詩文等。《漢書·淮陽憲王劉欽傳》：「大王誠賜咳唾，使得盡死，湯、禹所以成大功也。」

[10] 摩頂至足：猶「摩頂放踵」，從頭頂到腳跟都磨傷。形容不辭辛苦，捨己為人。《孟子·盡心上》：「墨子兼愛，摩頂放踵利天下，為之。」趙岐注：「摩突其頂，下至於踵。」

[11] 見《後漢書·黃憲傳》。

[12] 秦嘉《與妻徐淑書》，見《全後漢文》卷六六。

[13] 禮闈：指古代科舉考試之會試，因其為禮部主辦，故稱禮闈。

[14] 階闥：陛階和宮門。借指宮闈。此借指朝廷。

[15] 見《舊唐書·薛登傳》。

[16] 八元：古代傳說中的八個才子。《左傳·文公十八年》：「高辛氏有才子八人：伯奮、仲堪、叔獻、季仲、伯虎、仲熊、叔豹、季貍，忠肅共懿，宣慈惠和，天下之民，謂之『八元』。」孔穎達疏：「元，善也，言其善於事也。」

[17] 四凶：相傳為堯舜時代四個惡名昭彰的部族首領。《左傳·文公十八年》：「舜臣堯，賓於四門，流四凶族渾敦、窮奇、檮杌、饕餮，投諸四裔，以御魑魅。是以堯崩而天下如一，同心戴舜以為天子，以其舉十六相，去四凶也。」《古文尚書·舜典》「流共工於幽洲，放驩兜於崇山，竄三苗於三危，殛鯀於羽山」蔡沈《書集傳》：「《春秋傳》所記四凶之名與此不同，說者以窮奇為共工，渾敦為驩兜，饕餮為三苗，檮杌為鯀，不知其果然否也。」後世多用以比喻兇狠貪婪的朝臣。

[18] 見范仲淹《文正集》卷八《上資政晏侍郎書》。

[19] 科目：指唐代以來分科選拔官吏的名目。趙彥衛《雲麓漫鈔》卷六：「唐科目至繁，《唐書》志多不載。」

[20] 儋石：儋受一石，故稱儋石。用以計量穀物。儋，石罌。一說一石為石，二石

為儋，謂一人所擔。

[21] 丁徭：古代成年男子所服的勞役。《宋史・刑法志二》：「（鄭從易）嘗納官贖父配隸罪，請同舉人法，得免丁徭。」

[22] 公孫弘（前 200 年～前 121 年），字季，齊地菑川（今山東壽光）人。事蹟見《漢書》卷五八。

[23] 見《史記・滑稽列傳》。

[24] 見《漢書・尹翁歸傳》。

[25] 見《漢書・龔勝傳》。

[26] 見《漢書・公孫弘傳》。

[27] 惠康：不詳。

[28] 玄晏：即晉皇甫謐，沉靜寡欲，有高尚之志，隱居不仕，自號玄晏先生。後因以「玄晏先生」泛指高人雅士或山林隱逸。

[29] 見《魏書》卷九〇。

[30] 見《唐六典》卷十四太常博士條。

[31] 見《新唐書》卷一七四。

【點評】

這是顧炎武的「反腐論」。他對專制政治制度性腐敗的大膽揭露，首先描繪了一幅中國傳統社會官場腐敗、「無官不賂遺」、「無守不盜竊」、「君臣上下懷利以相接」的群醜圖。他把腐敗的根源歸結為「唯賴詐偽，迭相嚼齧」的惡劣的人性，進而將腐敗的根源歸結於「千鍾粟、黃金屋」的傳統教育，最終接觸到了對腐敗的制度性根源的揭示。政治腐敗是中國傳統的皇權官僚專制社會的不治之症。歷史上的統治者也不是沒有採取過懲治和防止腐敗的措施，但無論是武則天、朱元璋的嚴刑峻法，還是宋朝的高薪養廉，都無濟於事。歷史上也不是沒有人試圖通過對人們實行道德教育的手段來解決腐敗問題，但無論是程朱理學的「存理滅欲」，還是陽明心學的「滅心中賊」，也全都解決不了問題。程朱理學教人「存天理，滅人慾」，破私立公，狠鬥私字一閃念；陽明心學教人「致心中之良知」，去除私欲，來一個靈魂深處爆發革命；可是貪官污吏們又有哪一個不會唱這些道德的高調？根本原因又在哪裏呢？顧炎武告訴我們，腐敗難以根治的根本原因，就在於專制政治下的腐敗是一種制度性的腐敗。如果不改革專制主義的政治體制，任何明君聖主的作為，任何聖賢的道德說教，都對懲治腐敗無能為力。〔註10〕

〔註10〕許蘇民：《日知錄一百句》，復旦大學出版社 2011 年版，第 135 頁。

顧炎武氏給我們提出三個檔次：第一個檔次：以義為利；第二個檔次：以名為利；第三個檔次：以利為利。〔註11〕

唐代薛謙光之言可謂切中今時之弊矣。《日知錄》是一部針砭時弊之書，辣藥苦口利於病，其中不少良方也可以古為今用。

顧炎武認為：「漢人以名為治，故人材盛；今人以法為治，故人材衰。」這一論斷有何根據？他沒有展開論證，也沒有提供論據。果如其言，則今日之人材衰矣。

顧炎武提出了勸學、獎廉二策，他說：「變化人心、蕩滌污俗者，莫急於勸學、獎廉。」

廉恥

《五代史·馮道傳論》曰：「『禮義廉恥，國之四維；四維不張，國乃滅亡。』善乎！管生之能言也。禮義，治人之大法；廉恥，立人之大節。蓋不廉則無所不取，不恥則無所不為。人而如此，則禍敗亂亡亦無所不至。況為大臣，而無所不取，無所不為，則天下其有不亂，國家其有不亡者乎？」[1] 然而四者之中，恥尤為要。故夫子之論士曰：「行己有恥。」[2]《孟子》曰：「人不可以無恥，無恥之恥，無恥矣。」[3] 又曰：「恥之於人大矣，為機變之巧者，無所用恥焉。」[4] 所以然者，人之不廉而至於悖禮犯義，其原皆生於無恥也，故士大夫之無恥，是謂國恥 [5]。吾觀三代以下，世衰道微，棄禮義，捐廉恥，非一朝一夕之故。然而松柏後凋於歲寒，雞鳴不已於風雨，彼昏之日，固未嘗無獨醒之人也。頃讀《顏氏家訓》，有云：「齊朝一士夫嘗謂吾曰：『我有一兒，年已十七，頗曉書疏。教其鮮卑語及彈琵琶，稍欲通解。以此伏事公卿，無不寵愛。』吾時俯而不答。異哉，此人之教子也！若由此業自致卿相，亦不願汝曹為之。」[6] 嗟乎，之推不得已而仕於亂世，猶為此言，尚有《小宛》詩人之意。彼閹然媚於世者 [7]，能無愧哉？

羅仲素曰：「教化者，朝廷之光務；廉恥者，士人之美節；風俗者，天下之大事。朝廷有教化，則士人有廉恥；士人有廉恥，則天下有風俗。」[8]

古人治軍之道，未有不本於廉恥者。《吳子》曰：「凡制國治軍，必教之以禮，勵之以義，使有恥也。夫人有恥，在大足以戰，在小足以守矣。」[9]《尉繚子》言：「國必有慈孝廉恥之俗，則可以死易生。」[10] 而太公對武王：「將有三勝：一曰禮將，二曰力將，三曰止欲將。」[11] 故禮者所以班朝治軍，而

〔註11〕趙儷生：《趙儷生文集》第三卷，蘭州大學出版社2002年版，第243頁。

《兔罝》之武夫皆本於文王后妃之化，豈有淫夝蒸，竊牛馬，而為暴於百姓者哉！《後漢書》：「張奐為安定屬國都尉，羌豪帥感矣恩德，上馬二十匹，先零酋長又遺金鐻八枚。奐並受之，而召主簿於諸羌前，以酒酹地曰：『使馬如羊，不以入廄；使金如粟，不以入懷。』悉以金、馬還之，羌性貪而貴吏清，前有八都尉，率好財貨，為所患苦，及奐正身潔己，威化大行。」[12] 嗚呼，自古以來，邊事之敗，有不始於貪求者哉？吾於遼東之事有感。

杜子美詩：「安得廉頗將，三軍同晏眠。」[13] 一本作「廉恥將」，詩人之意未必及此。然吾觀《唐書》言：「王佖為武靈節度使。先是，吐蕃欲成烏蘭橋，每於河壖先貯材木，皆為節帥遣人潛載之，委於河流，終莫能成。蕃人知佖貪而無謀，先厚遺之，然後並役成橋，仍築月城守之，自是朔方禦寇不暇，至今為患。」[14] 由佖之黷貨也。故貪夫為帥，而邊城晚開。得此意者，郢書燕說，或可以治國乎？

【注釋】

[1] 此指歐陽修所撰《新五代史》。新舊兩《五代史‧馮道傳》均有「論」。薛居正立論較溫合，說馮「有古人之風」，「得大臣之體」，只是如女子之嫁夫再三者，不得謂「忠」。歐陽修立論較激進，說「予讀《長樂老敘》，見其自述以為榮，其可謂無廉恥者矣。」

[2] 見《論語‧子路》。行己有恥，指自己的所作所為要有羞恥之心。

[3] 見《孟子‧盡心上》。

[4] 見《孟子‧盡心上》。

[5] 國恥：與「國光」相對，國家的恥辱。

[6] 見《顏氏家訓‧教子篇》。

[7] 闒然：曲意逢迎貌。

[8] 見羅從彥《豫章文集》卷十《議論要語》。羅從彥（1072～1135），字仲素，號豫章先生，南沙劍州人。程門弟子，豫章學派創始人。著有《中庸說》、《豫章文集》。事蹟見《宋史‧道學傳》。

[9] 見《吳子‧圖國》。

[10] 見《尉繚子‧戰威篇》。

[11] 見《六韜》卷二三。

[12] 見《後漢書》卷九五。

[13] 見杜甫《遣興詩》。

[14] 見《舊唐書》卷一三三。

【點評】

　　這是顧炎武的廉恥觀。顧炎武既承認有私為人之常情，因而為了達到他所說的「務正人心」的目的，就不能再對多數人講宋儒那一套「最高限度的道德」，而只能設置一條切實可行的「行己有恥」的道德底線，即講最低限度的道德。在最低限度的道德中，婦女不必守寡，忠臣不必死節，一切屬於人之常情的行為都是允許的，但「行己有恥」的道德底線卻不可逾越。宋儒的「最高限度的道德」側重在教人應該做什麼，而顧炎武的「最低限度的道德」則側重在教人不要做什麼。顧炎武把「行己有恥」看作是關係國家前途和民族命運的根本因素。顧炎武對「邊事之敗，始於貪求」的歷史教訓的總結，與王夫之對「教之使貪」的治軍之道的批判，基本立論完全一致。〔註12〕

　　無恥乃是萬惡之淵藪，是一切社會罪惡的總根源；而士大夫是公眾人物，是代表著國家形象的一群人，所以說士大夫的無恥乃是國家的恥辱。要解決社會生活中普遍存在的「無恥」的問題，特別是解決「士大夫之無恥」這一「國恥」問題，顧炎武認為有必要在社會生活中劃一條「行己有恥」的道德底線。這條道德底線由若干重要原則所組成。首先是人道主義的原則，這是人類社會最基本的原則，是人之所以為人的最低限度的道德底線，但同時也是至高無上的道德原則，是無以復加的最高的道德境界。在現代社會，這一原則體現為對人權的尊重。其次是愛國主義的原則，即不要做有損國格和人格的事。第三是絕不與腐敗的社會風氣同流合污的原則。在顧炎武的著作中，「立身不為鄉愿之人」幾乎就是「行己有恥」的注釋或同義語。第四是先義後利的原則。第五是絕不以勢利之心待人的原則。對於學者來說，還要加上兩條，一是絕不枉道事人、曲學阿世的原則，二是嚴格遵守學術規範的原則。〔註13〕

　　這一段是顧炎武氏的愛國主義思想與狹窄的民族主義思想之充沛表露。他生當明、清之際，親眼看見讀書人中有錢謙益、王鐸、龔鼎孳、吳偉業等民族立場不堅定的人，故而在他的詩文中不斷地敲打這類人物，一再提倡名節和廉恥。顧氏叫人欽佩之處在於，他不僅僅是這樣說了，這樣寫了，並且特別重要的是他也實踐了。仔細檢查顧氏一生七十歲的行誼，他是恪守了自己的信念的。他不曾喪失過節操；他不曾喪失過廉恥。〔註14〕

〔註12〕許蘇民：《顧炎武評傳》，南京大學出版社2006年版，第396～405頁。
〔註13〕許蘇民：《日知錄一百句》，復旦大學出版社2011年版，第103頁。
〔註14〕趙儷生：《趙儷生文集》第三卷，蘭州大學出版社2002年版，第245頁。

顧炎武認為，在禮、義、廉、恥四者中，禮義為治人大法；廉恥為立人大節，「恥尤為要」。人而無禮，胡不遄死？人而無恥，不死何為？因而顧炎武特別強調「行己有恥」。他認為，明朝的滅亡主要是由於明末士大夫的寡廉鮮恥。這些人中，有的人曾負有盛名，然而大敵當前，他們經不起敵人的威脅利誘，貪生怕死，置民族大義、國家危亡於不顧，變節取官，屈膝投降，對此亭林切齒痛恨。

禮義廉恥乃傳統中國的核心價值觀。禮義之邦，最重廉恥。中國人為什麼最為看重面子？就是因為重禮義，講廉恥。士大夫之無恥，是謂國之小恥；國君之無恥，是謂國之大恥。「禮義廉恥，國之四維；四維不張，國乃滅亡。」可惜四維不張久矣，復興中國文化只是停留在口號上面。現在國恥問題再次凸顯，士大夫早已經不知什麼是無恥了。君不見——生活腐化，謂之「滋潤」；跑官要官，謂之「精幹」。曾幾何時，貪腐成風，國中軍中，賄賂公行，賣官鬻爵，差不多又到了「亡黨亡國」的危險境地。近年打擊了一大批「大老虎」，一個個富可敵國，無不令人瞠目結舌。欲以死易生，起死回生，必須用重典。惟其如此，國家才能長治久安，人民才能穩定安康。

鄉原

老氏之學所以異乎孔子者，「和其光，同其塵」[1]，此所謂似是而非也。《卜居》、《漁父》二篇盡之矣 [2]。非不知其言之可從也，而義有所不當為也。子雲而知此義也，《反離騷》其可不作矣 [3]。尋其大指，「生斯世也，為斯世也，善斯可矣」[4]。此其所以為莽大夫與！

《卜居》、《漁父》，法語之言也 [5]；《離騷》、《九歌》，放言也 [6]。

【注釋】

[1] 王弼注：「無所特顯，則物無所偏爭也；無所特賤，則物無所偏恥也。」吳澄注：「和，猶平也，掩抑之意；同，謂齊等而與之不異也。鏡受塵者不光，凡光者終必暗，故先自掩其光以同乎彼之塵，不欲其光也，則亦終無暗之時矣。」後以「和光同塵」指隨俗而處，不露鋒芒。

[2] 《卜居》、《漁父》：二篇皆屈原作。

[3] 《漢書》卷八十七上《揚雄傳上》：先是時，蜀有司馬相如，作賦甚弘麗溫雅，雄心壯之，每作賦，常擬之以為式。又怪屈原文過相如，至不容，作《離騷》，自投江而死，悲其文，讀之未嘗不流涕也。以為君子得時則大行，不得時則龍蛇，遇不遇命也，何必湛身哉！乃作書，往往摭《離騷》文而反之，自岷山投諸江流以弔屈原，名曰《反離騷》。

[4] 見《孟子・盡心下》。

[5] 法語：合乎禮法的言語。《論語・子罕》：「法語之言，能無從乎！」邢昺疏：「以
　　禮法正道之言告語之。」

[6] 放言：謂不談世事。

【點評】

　　顧炎武認為是否與腐敗的社會風氣同流合污，是老子之學與孔子之學的根本區別。老子主張和光同塵、與世浮沉，顧炎武認為這是典型的鄉愿哲學。這種鄉愿哲學與孔子之學的區別，在楚辭《卜居》、《漁父》兩篇中得到了淋漓盡致的表述。「顧炎武認為，屈原的「舉世皆濁我獨清，眾人皆醉我獨醒」是孔子的人生態度，而漁父講的所謂「聖人不凝滯於物，而能與世推移」云云，乃是「似是而非」之論，本質上是一種精巧的鄉愿哲學。屈原明知道照漁父說的去做就不僅可以免於被流放的命運，而且可以得到富貴，但他知道這樣做是不道德的，所以決不肯聽從。遺憾的是漁父的這種「似是而非」的人生哲學竟然被後來的儒家學者所吸取，揚雄的所謂「生斯世也，為斯世也，善斯可矣」的說法，就是漁父之所謂「聖人不凝滯於物，而能與世推移」的另一種表述。顧炎武認為，這就是揚雄之所以會成為王莽的大夫的原因，也是很多士大夫與腐敗的社會風氣同流合污的原因。〔註15〕

　　這是顧炎武的「反鄉愿哲學」。《孟子・盡心下》：「閹然媚於世也者，是鄉原也。」顧炎武《與人書》之十一：「某雖學問淺陋，而胸中磊磊，絕無閹然媚世之習。」又在別本《菰中隨筆》卷三中說：「言必信，行必果，立身不為鄉愿之人。」他把決不與腐敗的社會風氣同流合污的原則看作是做人的基本原則的。章炳麟《革命道德說》亦曰：「彼閹然媚於世者，能無愧哉！」從孟子到顧炎武再到章太炎，都高度鄙視鄉愿。這才是儒家的真精神，正學的真品格。

大臣

　　《記》曰：「大臣法，小臣廉，官職相序，君臣相正，國之肥也。」[1] 故欲正君而序百官，必自大臣始。然而王陽黃金之論 [2]，時人既怪其奢；公孫布被之名 [3]，直士復譏其詐。則所以考其生平而定其實行者，惟觀之於終，斯得之矣。季文子卒 [4]，大夫入斂，公在位。宰庀家器為葬備，無衣帛之妾，無食粟之馬，無藏金玉，無重器備，君子是以知季文子之忠於公室也。相三君

〔註15〕許蘇民：《顧炎武評傳》，南京大學出版社 2006 年版，第 399～400 頁。

矣,而無私積,可不謂忠乎 [5]?諸葛亮自表後主曰:「成都有桑八百株,薄田十五頃,子孫衣食悉仰於家,自有餘饒。至於臣在外任,無別調度,隨身衣食,悉仰於官,不別治生,以長尺寸。若臣死之日,不使內有餘帛,外有贏財,以負陛下。」[6] 及卒,如其所言。夫廉不過人臣之一節,而《左氏》稱之為忠,孔明以為無負者,誠以人臣之欺君誤國,必自其貪於貨賂也。夫居尊席腆,潤屋華身,亦人之常分爾,豈知高后降之弗祥,民人生其怨詛,其究也乃與國而同敗邪?誠知夫大臣家事之豐約,關於政化之隆污,則可以審擇相之方,而亦得富民之道矣。

　　杜黃裳,元和之名相,而以富厚蒙譏 [7];盧懷慎,開元之庸臣,而以清貧見獎 [8]。是故貧則觀其所不取,此卜相之要言。

【注釋】

[1] 見《禮記・禮運》。

[2] 見《漢書》卷七二。王吉,字子陽。

[3] 公孫弘,見《漢書》卷五八。

[4] 季文子(?～前 568 年),即季孫行父。春秋時期魯國的正卿,公元前 601 年～前 568 年執政。姬姓,季氏,諡文,史稱季文子。

[5] 見《左傳》襄公五年。宰,大夫家的總管。庀,治理,收集。

[6] 見《三國志・諸葛亮傳》。

[7] 見《舊唐書》卷一四七。

[8] 見《舊唐書》卷九八。

【點評】

　　《日知錄》卷二《殷紂之所以亡》條說:「古國家承平日久,法制廢弛,而上之令不能行於下,未有不亡者也。」比起君主的個人品德來說,制度的因素對於國家的興亡更為重要。顧炎武認為,這才是把握了興亡盛衰之關鍵的「窮源之論」。顧炎武重視法制,重在防止政府官員的腐敗。他認為政治腐敗是導致歷代王朝由興盛走向衰落的一個極其重要的原因,周朝之所以走向衰亡就是由於政治腐敗所導致的的:「周之衰也,政以賄成,而官之師旅不勝其富。」歷代因政治腐敗而亡國的事實不勝枚舉,晚明更是如此,政治腐敗已經到了「無官不竊盜,無守不賂遺」的地步。如果明王朝真正能夠解決政治腐敗問題,自然可以避免先進的漢民族被落後的游牧民族所征服的慘禍。〔註16〕

〔註16〕許蘇民:《顧炎武評傳》,南京大學出版社 2006 年版,第 568～569 頁。

大臣是不是貪污，就要看他實際上佔有多少財產。顧炎武已經萌生了建立大臣財產申報制度的想法。他他進而把官員是否貪污提高到對國家和人民是否忠誠的高度來認識，說「人臣之欺君誤國，必自其貪於貨賂始也」，識別是不是忠臣，就是要看他貪不貪；只要是貪官，就絕對不是忠臣。而要識別官員貪不貪，除了看他實際上佔有多少財產，沒有別的辦法，所以他特別讚賞諸葛亮向朝廷申報其家庭財產的做法。為了防止官員在申報財產時採取欺詐手段，顧炎武還主張要「觀之於終」，即看他死後留下多少財產，不能因為人死了就不再追究其在任時的貪污行為。顧炎武的這一說法，似乎已多少帶有一點現代文明國家所實行的官員定期向國家和人民申報其家庭財產的制度的意味，只是他並沒有對如何將官員申報財產這一做法制度化作進一步的探討。〔註17〕

「欲正君而序百官，必自大臣始」，這一斷言至今仍然行之有效。近幾年來，對於省部級以上高官加強了監管力度，打掉了數以百計的大老虎，大快人心，民心振奮。

除貪

漢時贓罪被劾[1]，或死獄中，或道自殺。唐時贓吏多於朝堂決殺[2]，其特有者乃長流嶺南。睿宗太極元年四月制：「官典主司枉法，贓一匹已上，並先決一百。」[3]而改元及南郊赦文每曰：「大辟罪已下，已發覺未發覺，已結正未結正，繫囚見徒，罪無輕重，咸赦除之。官典犯贓，不在此限。」然猶有左降遐方，謫官蠻徼者。而盧懷慎重以為言，謂「屈法惠奸，非正本塞源之術」[4]。是知亂政同位，商後作其丕刑[5]；貪以敗官，《夏書》訓之必殺[6]。三代之王，罔不由此道者矣。

宋初，「郡縣吏承五季之習，黷貨厲民，故尤嚴貪墨之罪。開寶三年，董元吉守英州，受贓七十餘萬，帝以嶺表初平，欲懲掊克之吏，特詔棄市」[7]。而南郊大赦，十惡故劫殺，及官吏受贓者不原。史言：「宋法有可以得循吏者三，而不赦犯贓其一也。」[8]天聖以後，士大夫皆知飾簠簋而厲廉隅[9]，蓋上有以勸之矣。《石林燕語》：「熙寧中，蘇子容判審刑院，知金州張仲宣坐枉法贓，論當死。故事：命官以贓論死，皆貸命杖脊，黥配海島。子容言：『古者刑不上大夫，可殺則殺。仲宣五品官，今杖而黥之，得無辱多士乎？』乃詔免黥杖，止流嶺外。自是遂為例。」[10]然懲貪之法，亦漸以寬矣。於文定慎行謂「本朝姑息之政甚於宋世。敗軍之將可以不死，贓

〔註17〕許蘇民：《日知錄一百句》，復旦大學出版社2011年版，第202頁。

吏鉅萬僅得罷官。而小小刑名反有凝脂之密，是輕重胥失之矣」[11]。蓋自永樂時，贓吏謫令戍邊。宣德中改為運磚納米贖罪，浸至於寬，而不復究前朝之法也。宣德中，都御史劉觀，坐受贓數千金，論斬。上曰：「刑不上大夫。觀雖不善，朕終不忍加刑。」命遣戍遼東。正統初，遂多特旨曲宥。**嗚呼！法不立，誅不必，而欲為吏者之毋貪，不可得也**。人主既委其太阿之柄[12]，而其所謂大臣者皆刀筆筐篋之徒，毛舉細故，以當天下之務，吏治何由而善哉？

《北夢瑣言》：「後唐明宗尤惡墨吏[13]。鄧州留後陶玘，為內鄉令成歸仁所論，稅外科配，貶嵐州司馬。掌書記王惟吉，奪歷任告敕，長流綏州。亳州刺史李鄴，以贓穢賜自盡，汴州倉吏犯贓，內有史彥珣舊將之子，又是駙馬石敬瑭親戚。王建立奏之，希免死。上曰：『王法無私，豈可徇親！』[14]「供奉官丁廷徽，巧事權貴，監倉犯贓，侍衛使張從賓方便救之。上曰：『食我厚祿，盜我倉儲，蘇秦復生，說我不得。』並戮之。」[15]以是在五代中號為小康之世。

《冊府元龜》載：「天成四年十二月，蔡州西平縣令李商，為百姓告陳不公，大理寺斷上贖銅。敕旨：『李商招愆，懼在案款。大理定罪，備引格條，然亦事有所未圖，理有所未盡。古之立法，意在惜人；況自列聖相承，溥天無事，人皆知禁刑，遂從輕。喪亂以來，廉恥者少，朕一臨寰海，四換星灰，常宣無外之風，每革從前之弊，惟期不濫，皆守無私。李商不務養民，專謀潤己，初聞告不公之事件，決彼狀頭；又為奪有主之莊田，撻其本戶。國家給州縣篆印，抵為行遣公文，而乃將印歷下鄉，從人戶取物。據茲行事，何以當官？宜奪歷任官，杖殺。』」[16]讀此敕文，明宗可謂得輕重之權者矣。

《金史》：「大定十二年，咸平尹石抹阿沒剌以贓死於獄，上謂其不尸諸市，已為厚幸。貧窮而為盜賊，蓋不得已；三品職官以贓至死，愚亦甚矣。其諸子皆可除名。」[17]夫以贓吏而禍及其子，似非惡惡止其身之義，然貪人敗類，其子必無廉清[18]，則世宗之詔亦未為過。《漢書》言：「李固、杜喬朋心合力，致主文宣。」[19]而孝桓即位之詔有曰：「**贓吏子孫不得詳舉**。」[20]豈非漢人已行之事乎？

《元史》：「至元十九年九月壬戌，敕中外官吏，贓罪輕者訣杖，重者處死。」[21]

有庸吏之貪，有才吏之貪。《唐書・牛僧孺傳》：「穆宗初，為御史中丞。宿州刺史李直臣，坐贓當死，中貴人為之申理。帝曰：『直臣有才，朕欲貸而

用之。』僧孺曰：『彼不才者，持祿取容耳。天子制法，所以束縛有才者。安祿山、朱泚以才過人，故亂天下。』帝是其言，乃止。」[22] 今之貪縱者，大抵皆才吏也，苟使之惕於法而以正用其才，未必非治世之能臣也。

　　《後漢書》稱：「袁安為河南尹，政號嚴明，然未嘗以贓罪鞫人。」[23] 此近日為寬厚之論者所持以為口實。乃余所見，數十年來姑息之政，至於綱解紐弛，皆此言貽之敝矣。嗟乎，范文正有言：「一家哭何如一路哭邪？」[24]

　　朱子謂：「近世流俗惑於陰德之論，多以縱捨有罪為仁。」[25] 此猶人主之以行赦為仁也。孫叔敖斷兩頭蛇，而位至楚相，亦豈非陰德之報邪？

　　唐《柳氏家法》：「居官不奏祥瑞，不度僧道，不貸贓吏法。」[26] 此今日士大夫居官者之法也。宋包拯戒子孫：「有犯贓者，不得歸本家，死不得葬大塋。」[27] 此今日士大夫教子孫者之法也。

【注釋】

[1] 贓罪：指貪污受賄罪。

[2] 贓吏：貪官。《新唐書·柳公綽傳》：「贓吏犯法，法在；奸吏壞法，法亡。」宋俞文豹《吹劍四錄》：「國初贓吏皆斬，張希永止盜二百四十千，亦死。」《朱子語類》卷九五：「如為大吏，便須求賢才，去贓吏，除暴斂，均力役。」

[3] 見《舊唐書·睿宗紀》。

[4] 見《舊唐書·盧懷慎傳》。

[5] 見《尚書·盤庚中》。

[6] 見《尚書·胤征》。

[7] 《宋史·刑法志》：「時郡縣吏承五季之習，黷貨厲民，故尤嚴貪墨之罪。開寶四年，王元吉守英州，月餘，受贓七十餘萬，帝以嶺表初平，欲懲掊克之吏，特詔棄市。」按：「四年」原作「三年」，「王」原作「董」，據《宋史》卷二《太祖紀》、《長編》卷一二改。

[8] 見《宋史·循吏傳序》。

[9] 廉隅：比喻端方不苟的行為、品性。《禮記·儒行》：「近文章，砥厲廉隅。」《漢書·揚雄傳上》：「不汲汲於富貴，不戚戚於貧賤，不修廉隅以徼名當世。」

[10] 見《石林燕語》卷六。

[11] 見于慎行《穀山筆麈》卷三《國禮》。

[12] 太阿：古寶劍名。相傳為春秋時歐冶子、干將所鑄。《戰國策·韓策一》：「韓卒之劍戟……龍淵、太阿，皆陸斷馬牛，水擊鵠雁，當敵即斬堅。」

[13] 墨吏：貪官污吏。

[14] 見《北夢瑣言》卷十八。

[15] 見《北夢瑣言》卷十九。

[16] 見《冊府元龜》卷一五四明罰門。

[17] 見《金史‧刑法志》。

[18] 「貪人敗類，其子必無廉清」，頗有血統論的味道，陳垣對此置疑。

[19] 見《後漢書‧李杜傳贊》。

[20] 見《後漢書‧桓帝紀》。《日知錄》還有「禁錮姦臣子孫」專條。

[21] 見《元史‧世祖紀》。

[22] 見《舊唐書》卷一七二。

[23] 見《後漢書》卷七五。

[24] 語見《五朝名臣言行錄》卷七之二。

[25] 見《朱文公集‧答廖子晦》。

[26] 見《舊唐書‧柳公綽傳》。

[27] 見《宋史》卷三一六。

【點評】

顧炎武主張，懲治貪污必須靠法律手段，有法必依，違法必究。他說對於貪官污吏，《夏書》訓以必殺，所以三代的帝王，對於貪官污吏沒有不殺的；漢朝的時候，因貪污受賄而被彈劾的官員，或者死在監牢裏，或者讓其自殺。而唐朝的時候，則大都是在朝堂上將貪官污吏當眾打死；宋朝初年對貪污罪的處罰尤為嚴格，即使有大赦，也絕不赦免貪污犯。但是，顧炎武也看到，在中國歷史上確實有一種帶有規律性的現象，即開國之初懲治貪官嚴厲，而後來就對貪官們採取姑息寬縱的態度了。例如漢武帝使犯法者可以用錢贖罪，還可以用錢糧來買官做。在顧炎武看來，懲治貪污乃是國家的第一要務，而關鍵在於要嚴格按法律辦事，不能以儒家傳統的「刑不上大夫」的名義搞什麼「特旨曲宥」。他認為對貪官污吏的放縱乃是對人民的殘忍，是對人民利益的殘害。〔註18〕

「今之貪縱者，大抵皆才吏也，苟使之惕於法而以正用其才，未必非治世之能臣也。」當今之墨吏大抵皆才吏，不是畢業於北大、清華，也是出自名牌高校，其中不乏教授、博士，甚至還有院士，他們曾經做過不少有益的工作，也可以算得上是「治

〔註18〕許蘇民：《日知錄一百句》，復旦大學出版社 2011 年版，第 205 頁。

世之能臣」，但他們喪失了為人民服務的立場，大肆貪污腐化，瘋狂斂財，不收斂，不收手，以身試紀，以身試法，最後走到了人民的對立面，走向了犯罪的深淵。警鐘長鳴，除貪務嚴。

奴僕

《顏氏家訓》：「鄴下有一領軍，貪積已甚，家童八百，誓滿一千。」[1]唐李義府多取人奴婢，及敗，各散歸其家。時人為露布云：「混奴婢而亂放，各識家而競入。」[2]潘岳《西征賦》曰：「混雞犬而亂放，各識家而競入。」[3]太祖數涼國公藍玉之罪，亦曰：「家奴至於數百。」[4]今日江南士大夫多有此風。一登仕籍，此輩競來門下，謂之投靠，多者亦至千人。而其用事之人，則主人之起居食息，以至於出處語默，無一不受其節制，有甘於毀名喪節而不顧者。奴者主之，主者奴之。嗟乎！此六逆之所由來矣[5]。

《漢書‧霍光傳》：「任宣言：大將軍時，百官已下，但事馮子都、王子方等。」又曰：「初光愛幸監奴馮子都，常與計事，及顯寡居，與子都亂。」夫以出入殿門，進止不失尺寸之人，而溺情女子小人，遂至於此。今時士大夫之僕，多有以色而升，以妻而寵。夫上有漁色之主，則下必有烝弒之臣。「清斯濯纓，濁斯濯足」[6]，自取之也。是以欲清閨門，必自簡童僕始。

嚴分宜之僕永年，號曰鶴坡；張江陵之僕遊守禮，號曰楚濱[7]。古詩：「昔有霍家奴，姓馮名子都。」而晉灼引《漢語》以為馮殷，則子都亦字也。不但招權納賄，而朝中多贈之詩文，儼然與搢紳為賓主。名號之輕，文章之辱，至斯而甚！異日媚閹建祠，非此為之嚆矢乎？

人奴之多，吳中為甚。史言：「呂不韋家童萬人，嫪毐家童數千人。」今吳中仕宦之家，有至一二千人者。其專恣暴橫，亦惟吳中為甚。有王者起，當悉免為良，而徙之以實遠方空虛之地。士大夫之家，所用僕役，並令出貲雇募，如江北之例。鄭司農《周禮‧司厲》注曰：「今之奴婢，古之罪人也。」《風俗通》言：「古制本無奴婢，奴婢皆是犯事者。」今吳中亦諱其名，謂之家人。則豪橫一清，而四鄉之民得以安枕。其為士大夫者，亦不受制於人，可以勉而為善，訟簡風淳，其必自此始矣。

【注釋】

[1] 見《顏氏家訓‧治家篇五》。

[2] 見《舊唐書‧李義府傳》。

[3] 見《昭明文選》卷十。

[4] 待考。

[5] 六逆：古代統治階級所認為的六種悖逆行為。《左傳‧隱公三年》：「賤妨貴，少陵長，遠間親，新間舊，小加大，淫破義，所謂六逆也。」

[6] 見《孟子‧離婁上》。

[7] 張怡《玉光劍氣集》卷三十一：「分宜當國，家人永年專為世蕃過付，號曰鶴坡，無不稱鶴坡者。江陵當國，家人子游七司其出納，號曰楚濱，無不稱楚濱者。翰林一大僚為記以贈之，一時侍從臺諫，多與結納，或通婚媾，一二大臣，亦或賜坐命茶，呼為賢弟。徹侯緹帥延飲，據上坐，衣冠躍馬，揚揚長安中，勢尤可畏。後事敗，一坐絞，一坐斬，人心雖快，而士大夫之體，則糜爛不可收拾矣。」

【點評】

　　中國自古就有奴婢制度。最早的時候是以戰俘、罪人及其家屬為奴，而後來奴婢的構成則日益複雜。明代的奴婢，大都是一些為了獲得官本位體制的蔭蔽、自願賣身投靠的所謂「家人」。顧炎武之所以主張廢除奴婢制度，不僅因為他吃夠了惡奴的苦頭，更因為他對中國社會惡奴為害的情形有全面的瞭解。他說這些投靠為奴的人大都是一些兇惡而又狡詐的人，這種人不僅倚官仗勢，為害鄉里，而且還反客為主，欺侮主人：「主人之起居食息，以至於出處語默，無一不受其節制。有甘於毀名喪節而不顧者，奴者主之，主者奴之。」這種人之為惡，小則危害家庭，大則危害國家。鑒於奴婢制度對社會所造成的嚴重危害，顧炎武堅決主張廢除奴婢制度，並且主張以雇傭勞動制度取代延續了，三千年的蓄奴制度。從「身份」到「契約」是從傳統社會走向近代的必經途徑，顧炎武關於廢除奴婢制度，並代之以雇傭勞動制度的主張，是合乎社會發展趨勢的。〔註 19〕

田宅

　　《舊唐書》：「張嘉貞在定州，所親有勸立田業者，嘉貞曰：『吾忝官榮，曾任國相，未死之際，豈憂饑餒。若負譴責，雖富田莊何用？比見朝士廣占良田，乃身歿後，皆為無賴子弟作酒色之資，甚無謂也。』聞者歎服。」[1] 此可謂得二疏之遺意者。若夫世變日新，人情彌險，有以富厚之名而反使其

〔註 19〕許蘇民：《日知錄一百句》，復旦大學出版社 2011 年版，第 218 頁。

後人無立錐之地者，亦不可不慮也。《書》又言：「馬燧貲貨甲天下。既卒，子暢承舊業，屢為豪幸邀取。貞元末，中尉曹志廉諷暢令獻田園第宅，順宗復賜暢。中貴人逼取，仍指使施於佛寺，暢不敢吝。晚年財產並盡，身歿之後，諸子無室可居，以至凍餒。今奉誠園亭館，即暢舊第也。」[2]「王鍔家財富於公藏，及薨，有二奴告其子稷改父遺表，匿所獻家財。憲宗欲遣中使詣東都簡括，以裴度諫而止。稷後為德州刺史，廣齎金寶僕妾以行。節度使李全略利其貨而圖之，教本州軍作亂，殺稷，納其室女，以伐朕處之。」[3]吾見今之大家，以酒色費者居其一，以爭鬩破者居其一，意外之侵奪又居其一，而三桓之子孫微矣。

【注釋】

[1] 見《舊唐書·張嘉貞傳》。

[2] 見《舊唐書·馬燧傳》。

[3] 見《舊唐書·王鍔傳》。

【點評】

古代的惡人是明目張膽地殺人，近代的惡人是殺了人而後嫁禍他人，自己卻裝出好人的樣子，讓被害者反過來感激他。對歷史有深刻瞭解，但沒有切身體驗的人，恐怕也說不出這樣的話來。顧炎武之所以對中國人的「窩裏鬥」的劣根性特別痛恨，除了對政治上的「窩裏鬥」導致亡國的慘痛教訓的總結外，也與他親身經歷的多次「家難」有關。〔註20〕

三反 [1]

今日人情有三反，曰：彌謙，彌偽；彌親，彌泛；彌奢，彌吝。

【注釋】

[1] 三反：三種自相矛盾的行為。

【點評】

顧炎武認為，道德的精義在於真誠，虛偽則是與道德的本質相違背的。可是在中國，「上自宰輔，下之驛遞倉巡，莫不以虛文相酬應」，虛文的表象下面往往隱藏著完全相反的內涵：越謙恭就越虛假，越親熱就越疏遠，越奢侈就越吝嗇。顧炎武看到了

〔註20〕許蘇民：《日知錄一百句》，復旦大學出版社 2011 年版，第 23 頁。

虛偽具有「人情所趨，遂成習俗」的普遍性和膠固於人心的牢固性，揭露「降及末世，人心之不同既已大拂於古，而反譏其行事」，以此說明來世的風俗比盛世更為虛偽。他甚至說今天的那些用謊言來欺騙民眾的人在才能上遠比古人下劣。〔註 21〕

南北風化之失

　　江南之士，輕薄奢淫 [1]，梁、陳諸帝之遺風也。河北之人，鬥很劫殺 [2]，安、史諸凶之餘化也。

【注釋】

　　[1] 奢淫：奢侈淫逸。
　　[2] 鬥很：以狠爭勝。指鬥毆。《孟子·離婁下》：「好勇鬥很，以危父母。」孫奭疏：「好勇暴，好爭鬥，好頑很，以驚危父母。」

【點評】

　　顧炎武說江南讀書人一旦當了官，就先在家裏養上「一隊妖嬈」，「以教戲唱曲為事，官方民隱置之不講」。晚明的北方學者甚至嘲諷江南讀書人三天沒有女人就活不下去，就連號稱賢者的人也是如此。〔註 22〕

　　輕薄奢淫之遺風決不止於江南之士，鬥很劫殺之惡習也決不止於河北之人。當代南北風氣日益趨同，江南之士也勇於鬥很，河北之人也輕薄奢淫。善俗趨同，惡俗亦趨同。

南北學者之病

　　飽食終日，無所用心，難矣哉！今日北方之學者是也。群居終日，言不及義 [1]，好行小慧 [2]，難矣哉！今日南方之學者是也。

【注釋】

　　[1] 言不及義：說話不涉及正經道理。
　　[2] 好行小慧：愛耍小聰明。

【點評】

　　中國傳統社會負面的國民性主要表現在士大夫之中，表現在專制官僚集團和作為它的龐大後備軍的「士」階層之中。顧炎武看到明朝之所以滅亡，在很大程度上是由

〔註 21〕許蘇民：《日知錄一百句》，復旦大學出版社 2011 年版，第 86 頁。
〔註 22〕許蘇民：《日知錄一百句》，復旦大學出版社 2011 年版，第 88 頁。

於長期的專制統治所造成的國民劣根性，以及由此所導致的社會道德風氣的敗壞和民族精神的衰落。〔註23〕

〔註23〕許蘇民：《日知錄一百句》，復旦大學出版社 2011 年版，第 89 頁。

《日知錄》卷十四

謚法 [1]

孝宣即位 [2]，思戾、悼之名 [3]，不為隱諱，亦無一人更言泉鳩里事 [4]，此見漢人醇厚。後代因之，而恩怨相尋，反覆之報，中於國家者多矣。

季孫問於榮駕鵝曰：「吾欲為君謚，使子孫知之。」對曰：「生弗能事，死又惡之，以自信也，將焉用之？」乃止 [5]。然謚之曰昭，亦但取其習於威儀爾。《謚法》：「容儀恭美曰昭。」按：周之昭王，南征不復；晉昭侯、鄭昭公、宋昭公、蔡昭侯，皆見弒於其臣，是昭非饗國克終之謚也。此外，齊、晉、曹、許皆有昭公，亦無可稱。而周之甘昭公，以罪見殺。至楚昭王、燕昭王、秦昭襄王、漢孝昭帝，始以為美謚。而唐之昭宗亦見弒。

【注釋】

[1] 謚法：評定謚號的法則。上古有號無謚，周初始制謚法，至秦廢。漢復其舊，歷代因之，至清止。

[2] 孝宣：即漢宣帝劉詢，為劉據之孫。宣帝即位後頒布詔書：「故皇太子在湖，未有號謚、歲時祠。其議謚，置園邑。」

[3] 戾：漢武帝之子劉據，因反對武帝而死，謚曰「戾」，通稱「戾太子」。《逸周書·謚法解》：「不悔前過曰戾，不思順受曰戾，知過不改曰戾。肆行勞祀曰悼，中年早夭曰悼，恐懼從處曰悼，未中早夭曰悼。」

[4] 劉據向東逃到湖縣，隱藏在泉鳩里的一戶人家。主人家境貧寒，經常織賣草鞋來奉養太子。後來劉據聽說有一位富有的舊相識住在湖縣，便派人去尋找他，

卻導致消息洩露。八月辛亥，地方官圍捕太子。太子自忖難以逃脫，便回到屋中，緊閉房門，自縊而死。

[5] 見《左傳》定公元年。

【點評】

諡法，追諡的準則。即帝王、諸侯、大臣等死後，朝廷根據其生前事蹟及品德，給予一個評定性的稱號以示表彰。始於西周中葉稍後。從文王、武王至懿王，王號均自稱。孝王之後，方有諡法。後仍有自立王號者，如春秋時，楚君熊通自立為武王。天子及諸侯死後，由卿大夫議定諡號。秦始皇廢不用。漢初恢復。以後帝王諡號由禮官議上。貴族大臣死後定諡，由朝廷賜予。明、清定諡屬禮部。此外，又有私諡，始於東漢，大多是士大夫死後由親族門生故吏為之立諡，故稱私諡。

歷代諡法的材料很多，足以做成紮實厚重的專題研究。而此條寫得太簡略，使用的材料太少，也沒有提煉出有價值的觀點，雖拋磚，未引玉，引而不發，浪費了一個好題目！顧炎武有時太隨意，此條就不知所云。

《日知錄》卷十五

厚葬

《晉書・索綝傳》:「建興中,盜發漢霸、杜二陵,文帝霸陵 [1],宣帝杜陵 [2]。多獲珍寶。帝問綝曰:『漢陵中物,何乃多邪!』綝對曰:『漢天子即位一年而為陵,天下貢賦,三分之一供宗廟,一供賓客,一充山陵。武帝享年久長,比崩,而茂陵不復容物,其樹皆已可拱。赤眉取陵中物,不能減半,於今猶有朽帛委積,珠玉未盡,此二陵謂霸、杜。是儉者耳,亦百世之誡。」[3]《漢書・王莽傳》:「赤眉發掘園陵,唯霸陵、杜陵完。」按《史記・孝文紀》言:「治霸皆以瓦器,不得以金銀銅錫為飾。」而劉向《諫昌陵疏》,亦以孝文薄葬,足為後王之則 [4]。然考之《張湯傳》,則武帝之世已有盜發孝文園瘞錢者矣 [5]。蓋自春秋列國以來,厚葬之俗,雖以孝文之明達儉約,且猶不能盡除,而史策所書,未必皆為實錄也。

《左傳》:「成公二年八月,宋文公卒,始厚葬。用蜃炭 [6],益車馬,始用殉。重器備,槨有四阿,棺有翰檜 [7]。君子謂華元、樂舉,於是乎不臣。臣治煩去惑者也,是以伏死而爭。今二子者,君生則縱其惑,死又益其侈,是棄君於惡也,何臣之為?」

《呂氏春秋・節喪篇》曰:「審知生,聖人之要也;審知死,聖人之極也。知生也者,不以害生,養生之謂也;知死也者,不以害死,安死之謂也。此二者,聖人之所獨決也。凡生於天地之間,其必有死,所不免也。孝子之重其親也,慈親之愛其子也,痛於肌骨,性也,所重所愛,死而棄之溝壑,人之情不忍為也。故有葬死之義,葬也者,藏也,慈親孝子之所慎也。慎之者,

以生人之心慮。以生人之心為死者慮也，莫如無動，莫如無發。無發無動，莫如無有可利，則此之謂重閉。古之人有藏於廣野深山而安者矣，非珠玉國寶之謂也。葬不可不藏也，葬淺則狐狸抇之 [8]，抇讀曰掘。深則及於水泉，故凡葬必於高陵之上，以避狐狸之患，水泉之淹。此則善矣，而忘姦邪盜賊寇亂之難，豈不惑哉！譬之若瞽師之避柱也，避柱而疾觸杙也 [9]。狐狸、水泉，姦邪盜賊，寇亂之患，此杙之大者也。慈親孝子避之者，得葬之情矣。善棺椁，所以避螻蟻蛇蟲也。今世俗大亂之主，愈侈其葬，則心非為乎死者慮也，生者以相矜尚也。侈靡者以為榮，節儉者以為陋，不以便死為故，而徒以生者之誹譽為務，此非慈奈孝子之心也。民之於利也，犯流矢，蹈白刃，涉血盭肝以求之 [10]。野人之無聞者，忍親戚、兄弟、知交以求利。今無此之危，無此之醜。其為利甚厚，乘車食肉，澤及子孫，雖聖人猶不能禁，而況於國彌大，家彌富，葬彌厚，含珠鱗施 [11]，玩好貨寶，鍾鼎壺濫，以冰置水漿於其中為濫，取其冷也。轝馬 [12]、衣被、戈劍，不可勝數，諸養生之具無不從者。題湊之室 [13]，棺淳數襲，積石積炭，以環其外。好人聞之，傳以相告。上雖以嚴威重罪禁之，猶不可以止。且死者彌久，生者彌疏；生者彌疏，則守者彌怠；守者彌怠，而葬器如故，其勢固不安矣。」《安死篇》曰：「世之為丘壟也，其高大若山，其樹之若林，其設闕庭為宮室，造賓阼也若都邑。以此觀世示富則可矣，以此為死則不可也。夫死，其視萬歲猶一瞬也 [14]。人之壽，久之不過百，中壽不過六十，以百與六十為無窮者之慮，其情必不相當矣。以無窮為死者之慮，則得之矣。今有人於此，為石銘，置之壟上曰：『此其中之物，具珠玉好玩、財物寶器甚多，不可不抇，抇之必大富，世世乘車食肉。』人必相與笑之，以為大惑。世之厚葬也，有似於此。自古及今，未有不亡之國也。無不亡之國，是無不抇之墓也。以耳目所聞見，齊、荊、燕嘗亡矣，宋、中山已亡矣，趙、魏、韓皆亡矣，其皆故國矣。自此以上者，亡國不可勝數。是故大墓無不抇也，而世皆爭為之，豈不悲哉！君之不令民，父之不孝子，兄之不悌弟，皆鄉里之所釜鬵者而逐之。憚耕稼採薪之勞，不肯官人事，而祈美衣侈食之樂，智巧窮屈，無以為之。於是乎聚群多之徒，以深山廣澤林藪撲擊遏奪，又視名丘大墓葬之厚者，求舍便居，以微抇之，日夜不休，必得所利，相與分之。夫有所愛所重，而令姦邪盜賊寇亂之人卒必辱之，此孝子、忠臣、親父、交友之大事。堯葬於谷林，通樹之；舜葬於紀，市不變其肆；禹葬於會稽，不變人徒。是故先王以儉節葬死也，非愛其

費也，非惡其勞也，以為死者慮也。先王之所惡，惟死者之辱也。發則必辱，儉則不發，故先王之葬必儉必合必同。何謂合？何謂同？葬於山林則合乎山林，葬於陵隰則同乎陵隰，此之謂愛人。夫愛人者眾，知愛人者寡，故宋未亡而東冢掘，_{東冢，文公冢也。文公厚葬，故冢被發也。冢在城東，謂之東冢。}齊未亡而莊公冢掘。_{莊公名購，僖公之父。在位六十四年。}國安寧而猶若此，又況百世之後而國已亡乎？故孝子、忠臣、親父、交友不可不察於此也。夫愛之而反危之，其此之謂乎？魯季孫有喪，孔子往弔之，入門而左，從容也。主人以璠璵收，此季平子如意之喪也。_{主人，桓子斯也。收，斂也。}孔子徑庭而趨，歷級而上，曰：『以寶玉收，譬之猶暴骸中原也。』言必發掘。_{徑庭歷級，非禮也。雖然，以救過也。}」

【注釋】

[1] 霸陵：漢孝文帝劉恒陵寢，有時寫作「灞陵」。灞，即灞河。霸陵靠近灞河，因此得名。位於西安東郊白鹿原東北角，即今霸橋區席王街辦毛窯院村，當地人稱為「鳳凰嘴」。霸陵選擇依山而建，防盜是作為一個很重要的因素來加以考慮的。霸陵是中國歷史上第一個依山鑿穴為玄宮的帝陵。霸陵因「因山為陵，不復起墳」，即依山鑿挖墓室，無封土可尋。並且史料文獻對霸陵的記載也很少，所以，只能根據僅有的記載來推測霸陵的具體位置和內部結構。霸陵陵園史稱「盛德園」，內建寢殿、便殿等。但也沒有發現陵園的遺跡。霸陵在白鹿原原頭的斷崖上鑿洞為玄宮，內部以石砌築，並有排水系統，墓門、墓道、墓室以石片壘砌，工程十分浩大。但估計，後來排水系統被沙石堵塞，以致墓門後來被水衝開，墓室結構遭到破壞。霸陵最遲在西晉即遭盜掘，並在當時發現了大量的陪葬品。

[2] 杜陵：位於西安市三兆村南，陵區南北長約 4 公里，東西寬約 3 公里。是西漢後期宣帝劉詢的陵墓。陵墓所在地原來是一片高地，滻、潏兩河流經此地，漢代舊名「鴻固原」。園內還有寢殿、便殿等遺跡，四周排水的溝渠仍清晰可見。漢代以來，杜陵一直是長安的遊覽聖地。考古工作者對杜陵進行了調查，並對其周圍的遺址進行了一些發掘，出土了很多文物。

[3] 見《晉書》卷六〇。

[4] 見《漢書》卷三六。

[5] 見《漢書》卷五九。

[6] 蜃炭：即蜃灰。一說，蜃灰與木炭。孫詒讓《周禮正義》：「《掌蜃》注謂蜃炭可

以御濕，蓋兼可以殺蟲，故搗其炭為灰，以被牆屋而攻之，則蟲豸畏其氣而走避也。」杜預注：「燒蛤為炭以瘞壙，多埋車馬，用人從葬。」楊伯峻注：「蜃即用蜃燒成之灰，炭乃木炭，此二物置於墓穴，用以吸收潮濕。」

[7] 翰檜：棺材四旁及上面的彩繪裝飾。《左傳・成公二年》：「宋文公卒。始厚葬……椁有四阿，棺有翰檜。」杜預注：「翰，旁飾；檜，上飾。皆王禮。」

[8] 扣：挖掘，發掘。一說「掘」的古字。《列子・說符》：「俄而扣其谷而得其鈇。」張湛注：「扣，古『掘』字。」

[9] 杙：一頭尖的短木，木樁。

[10] 高誘注：「鏖，古抽字。」

[11] 含珠：死者口中所含之珠。鱗施，玉柙。章炳麟《信史下》：「古之葬者，含珠鱗施。鱗施者，玉柙是也。」

[12] 轝馬：亦作「輿馬」，車馬。

[13] 題湊：古代天子的椁制，也賜用於大臣。椁室用大木累積而成，木頭皆內向為椁蓋，上尖下方，猶如屋簷四垂，謂之「題湊」。裴駰《史記集解》引蘇林曰：「以木累棺外，木頭皆內向，故曰題湊。」

[14] 瞚：古瞬字。

【點評】

　　歷代史書之所以不可盡信的主要原因，在於作史者或者為維護統治者的利益而偽造歷史，或者為家族之利益而篡改歷史，或者為貪圖一己之私利而歪曲歷史。他認為要想給後人留下真實的歷史，就必須以歷史科學的價值中立原則取代傳統史學的政治倫理原則。〔註1〕

　　「史策所書，未必皆為實錄。」史書中存在大量的曲筆。

　　此條題目為「厚葬」，實則顧炎武主張節葬，與墨子同調。有人將顧炎武定為儒家，在此問題上，他又是不折不扣的墨家。如果將顧炎武的論學要旨整理成諸子形態，我們可以給他一個比較恰當的定位。儒家耶？墨家耶？顧炎武兼儒、墨，合名、法，知國體之有此，見王治之無不貫，非雜家耶？

　　這是「極簡版盜墓史」。顧炎武從歷史的長鏡頭中悟出——與其厚葬，不如節葬。厚葬則被扣，不如節葬可以安眠。顧炎武作為卓越的歷史學家，具有長時段思維（即歷史意識），因此能夠提出洞見。

〔註1〕許蘇民：《日知錄一百句》，復旦大學出版社 2011 年版，第 49 頁。

宋朝家法

宋世典常不立，政事叢脞，一代之制，殊不足言。然其過於前人者數事，如人君宮中自行三年之喪 [1]，一也；「外言不入於梱」[2]，二也；未及未命即立族子為皇嗣，三也；不殺大臣及言事官，四也。此皆漢唐之所不及，故得繼世享國至三百餘年。若其職官、軍旅、食貨之制，冗雜無紀，後之為國者並當取以為戒。

【注釋】

[1] 趙翼《廿二史劄記》卷十四「帝王行三年之喪」條亦云：「宋孝宗遭高宗之喪，詔朕當衰服三年，群臣自遵易月之令。自是每七日及朔望，皆詣德壽宮。至大祥，帝以白布巾袍御延和殿，若詣德壽宮仍絰杖如初。葬後，帝親行奉迎虞主之禮。自是七虞、八虞、九虞、卒哭奉辭皆如之。又下詔曰：「朕欲衰絰三年，群臣屢請御殿，故以布素視事。雖詔俟過祔廟，勉從所請，然稽諸典禮，心實未安，行之終制，乃為近古。宜體至意，勿復有請。」於是遂終喪三年。將內禪時，密諭兩府，欲禪位退休，以畢高宗三年之喪。屆期，吉服御紫宸殿，行內禪禮，畢，仍返喪服，駕詣重華宮，至服闋始除。宋史孝宗崩，光宗病不能執喪。寧宗即位，已服期，欲大祥畢更服兩月。御史胡紘言，孫為祖服已期矣，今欲加兩月，不知用何典禮？若謂嫡孫承重，則太上皇即光宗。聖躬久已康復，在宮中自行三年之喪，而陛下又行之，是二孤也云云。是光宗亦行三年之喪。」

[2] 《禮記·曲禮上》：「外言不入於梱，內言不出於梱。」鄭玄注：「梱，門限也。」

【點評】

這是顧炎武的「宋朝家法」論，他從正反兩方面總結了趙宋的「祖宗家法」，肯定了四條，即帝王行三年之喪、外言不入於梱、未及未命即立族子為皇嗣、不殺大臣及言事官。對其職官、軍旅、食貨之制頗致不滿。由於身在局外，反而較宋代學者（如呂大防等人）更能抓住要害。

鄧小南《祖宗之法》一書認為，對於「祖宗家法」，宋人通常作寬泛的理解。趙宋的「家法」，內外包容，鉅細無遺，既涉及帝王的「家事」，也關係到範圍廣泛的「國事」，實際上就是自「祖宗」以來累世相承的正家治國方略與規則。趙宋「祖宗家法」儘管在不同時期、不同政治人物有著不同的表述，但究其要害或曰精神實質，仍在前述「事為之防，曲為之制」八個字。「事為之防，曲為之制」作為趙宋「祖宗家法」的精神實質，貫徹在兩個方面：一方面從理論上總結歷史上君權旁落的教訓，高度強調

中央集權的作用；另一方面創法立制，把中央集權的精神貫徹到政治、經濟、軍事、文化、司法等各個方面，成為萬世不易的「祖宗家法」。宋代未發生如隋唐五代那樣的女主專政、宦官干政、藩鎮割據的情形，大抵與此有關。當然，趙宋政治也出現了朋黨之爭、守內虛外、強幹弱枝等弊端，但這些弊端卻已經是傳統的政治、法律、哲學所不能解決的。(參見氏著《論「祖宗家法」的唐宋嬗變及其傳統國憲淵源屬性》一文)

楊寧曰：「不殺大臣是美事，然如蔡京、秦檜、丁大全諸人則失刑也。」楊寧的批評不無道理，對於蔡京、秦檜、丁大全這樣禍國殃民的姦臣自當處以極刑，罪大惡極，不殺不足以平民憤。

《日知錄》卷十六

擬題 [1]

今日科場之病，莫甚乎擬題。且以經文言之，初場試所習本經義四道 [2]，而本經之中，場屋可出之題不過數十。富家巨族延請名士館於家塾，將此數十題各撰一篇，計篇酬價，令其子弟及童奴之俊慧者記誦熟習。入場命題，十符八九，即以所記之文抄謄上卷，較之風簷結構，難易遇殊，《四書》亦然。發榜之後，此曹便為貴人，年少貌美者多得館選，天下之士靡然從風，而本經亦可以不讀矣。予聞昔年五經之中，惟《春秋》止記題目，然亦須兼讀四傳。又聞嘉靖以前，學臣命《禮記》題，有出《喪服》以試士子之能記否者。百年以來，《喪服》等篇皆刪去不讀，今則並《檀弓》不讀矣。《書》則刪去《五子之歌》、《湯誓》、《盤庚》、《西伯勘黎》、《微子》、《金縢》、《顧命》、《康王之誥》、《文侯之命》等篇不讀，《詩》則刪去淫風變雅不讀，《易》則刪去《訟》、《否》、《剝》、《遁》、《明夷》、《睽》、《蹇》、《困》、《旅》等卦不讀，止記其可以出題之篇，及此數十題之文而已。「讀《論》惟取一篇，披《莊》不過盈尺」[3]。因陋就寡，赴速邀時 [4]。昔人所需十年而成者，以一年畢之。昔人所待一年而習者，以一月畢之。成於剿襲，得於假倩，卒而問其所未讀之經，有茫然不知為何書者。故愚以為，八股之害等於焚書，而敗壞人材有甚於咸陽之郊所坑者，但四百六十餘人也。請更其法：凡《四書》、五經之文皆問疑義，使之以一經而通之於五經。又一經之中亦各有疑義，如《易》之鄭、王，《詩》之毛、鄭，《春秋》之三傳，以及唐宋諸儒不同之說，《四書》、五經皆依此發問。漢人所謂發策決科者，正是如此。其對者，必如朱子所云：「通貫經文，條舉眾說，而斷

以己意。」《宋史‧劉恕傳》:「舉進士,詔能講經義者別奏名,應召者才數十人。恕以《春秋》、《禮記》對,先列注疏,方引先儒異說,末乃斷以己意。凡二十問,所對皆然。」其所出之題不限盛衰治亂,使人不得意擬,而其文必出於場中之所作,則士之通經與否可得而知,其能文與否亦可得而驗矣。又不然,則姑用唐宋賦韻之法,猶可以杜節抄剽盜之弊。蓋題可擬而韻不可必,文之工拙猶其所自作,必不至以他人之文抄謄一過而中式者矣。其表題專出唐宋策題,兼問古今,人自不得不讀《通鑑》矣。夫舉業之文,昔人所鄙斥,而以為無益於經學者也,今猶不出於本人之手焉,何其愈下也哉!

讀書不通五經者,必不能通一經,不當分經試士。且如唐宋之世,尚有以《老》、《莊》諸書命題,如《卮言日出賦》,至相率扣殿檻乞示者。今不過五經,益以《三禮》、《三傳》,亦不過九經而已。此而不習,何名為士?《宋史》:「馮元,授江陰尉,時詔流內銓以明經者補學官,元自薦通五經,謝泌笑曰:『古人治一經而至皓首,子尚少,能盡通邪?』對曰:『達者一以貫之。』更問疑義,辨析無滯。」[5]

《石林燕語》:「熙寧以前,以詩賦取士,學者無不先遍讀五經。余見前輩雖無科名,人亦多能雜舉五經。蓋自幼學時習之,故終老不忘,自改經術,人之教子者往往便以一經授之,他經縱讀亦不能精,其教之者亦未必皆通五經,故雖經書正文亦多遺誤。」[6]若今人問答之間,稱其人所習為「貴經」,自稱為「敝經」,尤可笑也。

科場之法,欲其難,不欲其易。使更其法,而予之以難,則覬幸之人少。少一覬幸之人,則少一營求患得之人,而士類可漸以清。抑士子之知其難也,而攻苦之日多。多一攻苦之人,則少一群居終日言不及義之人,而士習可漸以正矣。

墨子言:「今若有一諸侯於此,為政其國家也,曰:『凡我國能射御之士,我將賞貴之;不能射御之士,我將罪賤之。』問於若國之士,孰喜孰懼?我以為必能射御之士喜,不能射御之士懼。曰:『凡我國之忠信之士,我將賞貴之;不忠信之士,我將罪賤之。』問於若國之士,孰喜孰懼?我以為忠信之士喜,不忠信之士懼。」[7]今若責士子以兼通九經,記《通鑑》歷代之史,而曰若此者中,不若此者黜。我以為必好學能文之士喜,而不學無文之士懼也。然則為不可之說以撓吾法者,皆不學無文之人也,人主可以無聽也。

今日欲革科舉之弊,必先示以讀書學問之法,暫停考試數年而後行之,然

後可以得人。晉元帝從孔坦之議，聽孝廉申至七年乃試。古之人有行之者。

【注釋】

[1] 擬題：應試舉子揣度命題。袁枚《隨園隨筆·擬題之訛》：「今舉子於場前揣主
司所命題而預作之，號曰『擬題』。按宋何承天私造《鐃歌》十五篇，不沿舊曲，
而以己意詠之，號曰『擬題』。此二字之始。今以為士子揣摩之稱，誤矣！」

[2] 初場：指第一場考試。

[3] 見《北史·崔賾傳》。

[4] 《舊唐書·薛登傳》：「煬帝嗣興，又變前法，置進士等科。於是後生之徒，復相
放效，因陋就寡，赴速邀時，緝綴小文，名之策學，不以指實為本，而以浮虛
為貴。」

[5] 見《宋史》卷二九四。

[6] 見《石林燕語》卷八。

[7] 見《墨子·尚賢下》。按：顧炎武贊同「尚賢」，亦援墨入儒。

【點評】

顧炎武認為，八股之害等於焚書，甚至超過焚書坑儒。這種偏至之論對後世產生
了絕大的影響。是耶？非耶？筆者認為，此論過於誇大了科舉制度的弊端，根本忽略
了它的優點。科舉制度在歷史上也曾經產生過積極的作用，相對於以往的門閥制度，
無疑是一個巨大的進步。

顧炎武所更之法：「凡《四書》、五經之文皆問疑義，使之以一經而通之於五經。」
此為經學之法（或讀書學問之法），類似今日研究生之研究方法，而非科舉之法。試問
今日能以研究生之學習方法去應付高考嗎？經學之經義與科舉之經義截然不同，應對
之法也就各有各的門徑。顧炎武欲以經學代科舉，其意雖善，其實難行。

顧炎武完全忽視八股取士制度的優點，其結論難以令人信服。科舉考試與科舉時
代相適應，它在積累知識、訓練思維等方面行之有效，並非全是禁錮思想，蔽塞靈性。
科舉制度為傳統時代提供了人才流動渠道，象范仲淹、蘇軾、文天祥、林則徐等民族
脊樑無不是從科考中脫穎而出的。科舉制度確實也有弊病，但完全否定科舉也是說不
通的。

科舉之學與義理、考據、辭章及經世之學密不可分，可謂一榮俱榮，一損俱損。
一個顯著的事實是，科舉制度一結束，傳統學問全部瓦解，全部衰落，豈偶然哉？

《朱子語類》卷一〇九：「『科舉是法弊。大抵立法，只是立個得人之法。若有奉

行非其人，卻不幹法事，若只得人便可。今卻是法弊，雖有良有司，亦無如之何。』
王嘉叟云：『朝廷只有兩般法：一是排連法，今銓部是也；一是信採法，今科舉是也。』」
而顧炎武將銓選與科舉二法皆加以否定，在潑水時也把盆中的孩子一道潑掉了。任何
制度都不免有利有弊，顧炎武往往只注意某種制度之弊、之患、之害，而完全忽略了
其利，所得多為偏至之論。從顧炎武到現代的主流學者皆擅長於批判，摧枯拉朽，破
壞有力，而建設不足。

程文

自宋以來，以取中士子所作之文，謂之程文。《金史》：「承安五年詔，考
試詞賦官，各作程文一道，示為舉人之式，試後赴省藏之。」[1] 至本朝，先亦
用士子程文刻錄，後多主司所作，遂又分士子所用之文，別謂之墨卷 [2]。

文章無定格 [3]，立一格而後為文，其文不足言矣。唐之取士以賦 [4]，而
賦之末流最為冗濫。宋之取士以論策 [5]，而論策之弊亦復如之。明之取士以
經義 [6]，而經義之不成文，又有甚於前代者，皆以程文格式為之 [7]，故日趨
而下。晁、董、公孫之對所以獨出千古者 [8]，以其無程文格式也。欲振今日
之文，在毋拘之以格式，而俊異之才出矣。

【注釋】

[1] 見《金史・選舉志》。

[2] 墨卷：宋以來，稱取中士人的文章為程文。清代刻錄程文，試官往往按題自作
一篇，亦稱程文，因而把刻錄的取中試卷改稱墨卷。

[3] 定格：固定的格式、程序。

[4] 賦：一種文體。賦中的律賦是唐宋時代科舉考試所採用的一種試體賦。它要求
押韻，注意平仄，對仗。一般由考官命題，並出八個韻字，規定八個韻腳，所
以又叫八韻律賦。

[5] 論策：猶策論。宋代以來各朝常用作科舉考試的項目之一。

[6] 經義：科舉考試科目之一。宋代以經書中文句為題，應試者作文闡明其義理，
故稱。明清沿用而演變成八股文。

[7] 程文：科舉考試用作示範的文章。因應試者必須依此程序作文，故稱為程文。
明以後將試官所擬作者稱為程文，士子所作稱為墨卷。

[8] 晁：指晁錯，潁川（今河南禹縣）人，漢景帝時政治家。董：指董仲舒，廣川
（今河北棗強）人，今文經學大師。公孫：指公孫弘，字季，菑川薛（今山東

棗莊市薛城）人，漢武帝時丞相，治《春秋公羊傳》。對：對策。

【點評】

顧炎武意識到，士風之所以日下，文風之所以萎靡，是與專制帝王推行「使天下英雄皆入吾彀中」的統治術相聯繫的。所以，他堅決反對專制統治者以所謂「定格」來束縛文人學者的思想和才華，呼喚勇於衝破束縛的「俊異之才」和自由表達思想的優秀作品。唐以詩賦取士，宋以論策取士，明朝以八股文取士，所有這一切，都有一定的格式，而且格式的規定愈來愈嚴，對於人們思想的束縛也愈來愈大。在這種格式的嚴格束縛下，讀書人把主要的精力都花在琢磨時文的寫作技巧和格式上了，哪裏有心思關注國計民生和研究真正的學問；而善於取巧的人只要背誦幾十篇八股文，臨場時把現成的八股文句東拼西湊、抄撮成篇，就可以金榜題名了。〔註1〕

顧炎武主張「文章無定格」。他列舉從唐以來科舉考試用的文體，證明有了程序，就不能寫出好文章。但我們不得不說，八股文是個例外，這種文章分為八個部分，文體有固定格式：由破題、承題、起講、入手、起股、中股、後股、束股八部分組成。啟功先生年輕時練習寫八股，只能寫到六股。古代善於取巧的人不能說沒有，但還是比較少，所謂「只要背誦幾十篇八股文，臨場時把現成的八股文句東拼西湊、抄撮成篇，就可以金榜題名」的說法不太靠譜。我們閱讀過現存的大量清代文人的日記，從中發現，舊時揣摩八股絕非易事，且當時的士子大多數都是飽學之士，閱讀面也是相當驚人的。「欲振今日之文，在毋拘之以格式」，這是顧炎武的八股改革論。如果不拘格式，還能稱之為八股文嗎？判斷程文有一套成熟的標準，即「清真雅正」。清真雅正是清代朝廷推行的衡文準則，包括在理、法、辭、氣等方面有所要求。科場之文章絕對不同於平時之文章，也不同於文人雅士創作的詩文。顧炎武的高論只能證明他缺少科考經驗。後來一些科舉制度的失敗者也喜歡跟著起哄，八股遂遭污名化，日益被妖魔化，各種形式的文藝作品（如小說《儒林外史》）極盡醜化之能事。

策賦之末流最為冗濫，我們能因此否定策賦嗎？當代小說被洋人譏為垃圾，我們就能拋棄小說嗎？當今中國式論文被全世界譏為垃圾，我們就能拋棄論文嗎？只要有獨立思想與真知灼見，不論何種文體都能寫出獨出千古之作，八股文也不例外。

〔註1〕許蘇民：《日知錄一百句》，復旦大學出版社2011年版，第255頁。

《日知錄》卷十七

中式額數

今人論科舉，多以廣額為盛[1]，不知前代乃以減數為美談，著之於史。……此皆因減而精，昔人之所稱善。今人為此，不但獲刻薄之名，而又坐失門生百數十人，雖至愚者不為矣。

《高鍇傳》：「為禮部侍郎，凡掌貢部三年，每歲登第者四十人。開成三年敕曰：進士每歲四十人，其數過多，則乖精選。官途填委，要窒其源。宜改每歲限放三十人。如不登其數亦聽。」[2] 文宗之識豈不優於宋太宗乎？《賈餗傳》：「太和中，三典禮闈，所選士共止七十五人。」[3]

齊王融為武帝作《策秀才文》曰：「今農戰不修，文儒是競。」[4] 宋自太宗太平興國二年，賜進士諸科五百人，遂令釋褐[5]，而二年進士至萬二百六十人[6]。淳化二年，至萬七千三百人。見曾鞏文集[7]。於是一代風流，無不趨於科第。葉適作《制科論》，謂士人猥多，無甚於今世[8]。雖足以弘文教之盛，而士習之偷，亦自此始矣。《呂氏家塾記》言：「今士人所聚多處，風俗便不好。」[9] 魯哀公用莊子之言，號於國中曰：「無其道而為其服者，其罪死。」[10] 五日而魯國無敢儒服者，獨有一丈夫儒服而立乎公門，公召而問以國事，千轉萬變而不窮。莊子曰：「以魯國而儒者一人耳，可謂多乎！」《記》曰：「垂緌五寸，惰遊之士也。」[11] 今將求儒者之人，而適得惰遊之士，此其說在乎楚葉公之好畫龍而不好真龍也[12]。

永樂十年二月，會試天下舉人。上諭考官楊士奇、金幼孜曰：「數科取士頗多，不免玉石雜進，今取毋過百人。」[13]

正統五年十二月，始增會試中式額為百五十人，應天府鄉試百人，他處皆量增之 [14]。

天順七年，有監察御史朱賢上言，欲多收進士，以備任使。上惡其干譽，下錦衣衛獄，降四川忠州花林水驛驛丞 [15]。

【注釋】

[1] 廣額：指放寬考試錄取的名額。科舉時代，遇朝廷慶典，常有此舉，以示恩惠。

[2] 見《舊唐書》卷一六八。

[3] 見《舊唐書》卷一六九。

[4] 見《昭明文選》卷三六。

[5] 釋褐：指進士及第授官。宋高承《事物紀原‧旗旄采章‧釋褐》：「太平興國二年正月十二日，賜新及第進士諸科呂蒙正以下綠袍靴笏，非常例也。御前釋褐，蓋自是始。」

[6] 「二年」應作「八年」

[7] 見曾鞏《元豐類稿》卷四九《貢舉》。

[8] 見葉適《水心集》卷三。

[9] 《朱子語類》卷一〇九引林擇之曰：「今士人所聚多處，風俗便不好。故太學不如州學，州學不如縣學，縣學不如鄉學。」又曰：「太學真個無益，於國家教化之意何在？向見陳魏公說，亦以為可罷。」

[10] 《莊子‧田子方》：「莊子見魯哀公，哀公曰：『魯多儒士，少為先生方者。』莊子曰：『魯少儒。』哀公曰：『舉魯國而儒服，何謂少乎？』莊子曰：『周聞之，儒者冠圜冠者知天時，履句屨者知地形，緩佩玦者事至而斷。君子有其道者，未必為其服也；為其服者，未必知其道也。公固以為不然，何不號於國中曰：「無此道而為此服者，其罪死。」』於是哀公號之，五日而魯國無敢儒服者。」

[11] 見《禮記‧玉藻》。

[12] 見《新序‧雜事第五》

[13] 見《太宗實錄》卷八一。

[14] 見《英宗實錄》卷七四。

[15] 見《英宗實錄》卷三五八。

【點評】

顧炎武認為，科舉考試制度之所以最便於空疏不學之人，最主要原因還在於考試的內容。如果考試的內容是關係國計民生和國防事業的實實在在的學問的話，就不會

造成「農戰不修，文儒是競」、「一代風流無不趨於科第」的狀況。他認為真正的儒者並不是那些詩文寫得好的「文儒」，而是懂得如何發展經濟、如何鞏固國防、熟悉治國用兵之術的人；只以詩文寫得好取士，於是熱衷於功名利祿的讀書人便競相浮華，導致「士習之偷」，造成「今將求儒者之人，而適得惰遊之士」的結果。專制統治者對待人才的態度實際上是葉公好龍，一旦真正的人才出現了，他們還害怕呢。對於專制統治者來說，維護皇權獨佔性的政治倫理原則始終是高於一切、壓倒一切、可以衝擊一切的。專制統治者需要的是奴才，而不是人才。〔註1〕

顧炎武對科舉持否定態度。這一態度決定了他的基本觀點。顧炎武對整個科舉文化都是完全否定的。這種文化偏見影響了他的學術品質。他沒有站在更高的層面總結科舉文化的成敗得失，所持觀點多為片面之論。他太缺少辯證思維，這決定了他不可能成為中國文化的集大成者。像李贄、顧炎武、魯迅等人，無不劍走偏鋒，往往片面而深刻，可能成為文化烈士，但難以成為文化史上的總結者。

大臣子弟

人主設取士之科，以待寒畯 [1]，誠不宜使大臣子弟得與其間，以示寵遇之私；而大臣亦不當使其子弟與寒士競進 [2]。魏孝文時，於烈為光祿勳卿，其子登引例求進，烈上表請黜落。孝文以為有識之言。[3] 雖武夫猶知此義也。唐之中葉，朝政漸非，然一有此事，尚招物議。長慶元年，禮部侍郎錢徽知貢舉，中書舍人李宗閔子婿蘇巢，右補闕楊汝士弟殷士皆及第，為段文昌所奏，指謫榜內鄭朗等十四人，謂之子弟。穆宗乃內出題目重試，落朗等十人，貶徽江州刺史，宗閔劍州刺史，汝士開江令 [4]。《舊唐書》[5]。會昌四年，權知貢舉左僕射王起奏：所放進士，有江陵節度使崔元式甥鄭樸，東都留守牛僧孺女婿源重，故相竇易直子緘，監察御史楊收弟嚴，試文合格，物議以子弟非之。敕遣戶部侍郎翰林學士白敏中覆試，落下三人，唯放楊嚴一人。《冊府元龜》[6]。《唐書·楊嚴傳》又有楊知至，共五人 [7]。大中元年，禮部侍郎魏扶奏：臣今年所放進士三十三人，其封彥卿、崔琢、鄭延休等三人，實有詞藝，為時所稱，皆以父兄見居重任，不敢選取。詔令翰林學士承旨、戶部侍郎韋琮考覆，敕放及第。《舊唐書》[8]。大中末，令狐綯罷相。其子滈應進士舉，在父未罷相前，拔文解及第。諫議大夫崔瑄論滈干撓主司，侮弄文法，請下御史臺推勘。疏留中不出。《舊唐書·令狐綯子滈傳》：「大中十三年，綯罷相為河中節度使，為其子滈乞應進士舉，

〔註1〕許蘇民：《日知錄一百句》，復旦大學出版社2011年版，第163頁。

許之。登第三十人，有鄭義者，故戶部尚書澣之孫；裴弘餘，故相休之子；魏籌，故相扶之子，及滈，皆大臣子弟。諫議大夫崔瑄論滈權在一門，勢傾天下，及絢罷相作鎮之日，便令滈納卷貢闈，豈可以父在樞衡，獨撓文柄。請下御史臺按問。奏疏不下。」[9]《冊府元龜》載起居郎張雲疏，言絢方出鎮，滈便策名，放榜宣麻，相去二十三日 [10]。後梁開平三年五月，「敕禮部所放進士薛鈞，是左司侍郎薛廷珪男，方持省轄，固合避嫌，宜令所司落下」[11]。宋開寶元年，權知貢舉王祐，擢進士合格者十人，陶穀子邴，名在第六。翼日穀入謝，上謂侍臣曰：「聞穀不能訓子，邴安得登第？」乃命中書覆試，邴復登第。因下詔，自今舉人，凡關食祿之家，禮部具聞覆試。《山堂考索》[12]。至太宗以後，科額日廣，登用亦驟，而上下斤斤猶守此格。有人主示公而不取者。雍熙二年，宰相李昉之子宗諤，參政呂蒙正之弟蒙亨，監鐵使王明之子扶，度支使許仲宣之子待問，舉進士試，皆入等。上曰：「此並世家，與孤寒競進，縱以藝升，人亦謂朕有私。」遂罷之，是也。《山堂考索》[13]。有人臣守法而自罷者。唐義問用舉者召試秘閣，父介引嫌罷之，是也。《宋史》[14]。有子弟恬退而不就者。韓維嘗以進士薦禮部，父億任執政，不就廷試。仁宗患搢紳奔競，諭近臣曰：「恬靜守道者旌擢，則躁求者自當知愧。」於是宰相文彥博等言：「維好古嗜學，安於靜退，乞加甄錄。」召試學士院，辭不赴。除國子監主簿，是也。《山堂考索》[15]。《舊唐書》言：王羲苦學善屬文，以季父鐸作相，避嫌不就科試 [16]。而趙屼為御史，上疏言：「治平以前，大臣不敢援置親黨於要途，子弟多處管庫，甚者不使應科舉。自安石柄國，持內舉不避親之說，始以子雱列侍從，由是循習為常。今宜杜絕其源。」《宋史》[17]。以此為防，猶有若秦檜子熺、孫塤，試進士皆為第一者。《清波雜志》：「紹聖丁丑，章持魁南省，時有詩云：『何處難忘酒，南宮放榜時。有才如杜牧，無勢似章持。不取通經士，先收執政兒。此時無一盞，何以展愁眉。』」[18] 至於有明 [19]，此法不講。又入仕之途雖不限出身，然非進士一科，不能躋於貴顯。於是宦遊子弟，攘臂而就功名。三百年來，惟聞一山陰王文端，名家屏，萬曆中輔臣。子中解元，不令赴會試者。唐宋之風，蕩然無存。然則寬入仕之途，而厲科名之禁，不可不加之意也。

天寶二年，是時海內晏平，選人萬計，命吏部侍郎宋遙、苗晉卿考之。「遙與晉卿，苟媚朝廷，又無廉潔之稱，取捨偷濫，甚為當時所醜。有張奭者，御史中丞倚之子，不辨菽麥，假手為判，特升甲科。會下第者嘗為薊令，以其事白於范陽節度使安祿山，祿山恩寵崇盛，謁請無時，因具奏之。帝乃大集登科人，御花萼樓親試，升第者十無一二焉。奭手持試紙，竟日不下一字，時謂之

曳白。帝大怒，遂貶遙為武當太守，晉卿為安康太守，復貶倚為淮陽太守。詔曰：『庭闈之間，不能訓子，選調之際，乃以託人。』士子皆以為戲笑，或託於詩賦諷刺。考判官禮部郎中裴朏、起居舍人張烜、監察御史宋昱、左拾遺孟朝，皆貶官嶺外。」[20]

《石林燕語》曰：「國初貢舉法未備，公卿子弟多艱於進取，蓋恐其請託也。范杲，魯公之兄子 [21]，見知陶穀、竇儀，皆待以甲科。會有言世祿之家不當與寒畯爭科名者，遂不敢就試。李內翰宗諤已過省，以文正為相 [22]，因唱名，辭疾不敢入，亦被黜。文正罷相，方再登科。天禧後立法，有官人試不中者，皆科私罪，仍限以兩舉。慶曆以來，條令日備，有官人仍別立額，於是進取者始自如矣。」[23]

謝在杭《五雜組》曰：「宋初進士科，法制稍密，執政子弟多以嫌不令舉進士。有過省而不敢就殿試者。慶曆中，王伯庸為編排官，其內弟劉源父廷試第一，以嫌自列，降為第二。今制，惟知貢舉典試者，宗族不得入，其他諸親不禁也。執政子弟擢上第者，相望不絕，顧其公私何如耳？楊用修作狀頭，天下不以為私，與江陵諸子異矣。萬曆癸未，蘇工部濬入闈，取李相公廷機為首卷。二公少同筆硯，至相善也，然蘇取之不以為嫌，李魁天下而人無間言，公也。庚戌之役，湯庶子賓尹，素知韓太史敬，拔之高等，而其後議論蜂起，座主門生，皆坐褫職。夫韓之才誠高，而湯之取未為失人，但心跡難明，卒至兩敗，亦可惜也！然科場之法，自是日益多端矣。」[24] 景泰七年，大學士王文陳循以其子鄉試不中，至具奏訟冤，為皆準令會試 [25]。

【注釋】

[1] 寒畯：出身寒微而才能傑出的人。宋趙彥衛《雲麓漫鈔》卷七：「若本朝尚科舉，顯人魁士皆出寒畯。」

[2] 競進：爭進。

[3] 見《魏書》卷三一。

[4] 見《資治通鑒》卷二四一。

[5] 《舊唐書》卷十六亦略載之。

[6] 見《冊府元龜》卷六四四考試門。

[7] 見《舊唐書》卷一七七。

[8] 見《舊唐書》卷一八下。

[9] 見《舊唐書》卷一七二。

[10] [11] 見《冊府元龜》卷六五一謬濫門。

[12] [13] [15] 見《山堂考索》後集卷三六貢舉類。

[14] [17] 見《宋史》卷三一六。

[16] 見《舊唐書》卷一六四。

[18] 見《清波雜志》卷四「章持及第」條。

[19] 「有明」，原作「國朝」。

[20] 見《冊府元龜》卷六三八謬濫門。

[21] 見《石林燕語》卷五。

[22] 魯公即范質。

[23] 李昉，謚文貞，後避諱作「文正」。

[24] 見《五雜組》卷十四事部。

[25] 見《英宗實錄》卷二七〇。

【點評】

中國傳統的科舉制度有一個優點，就是使貧寒的農家子弟也有進入仕途、施展自己的政治抱負的機會。所謂「朝為田舍郎，暮登天子堂」，說的就是農家子弟通過科舉考試而進入仕途的情形。至於大臣子弟進入仕途，歷代則有所謂「恩蔭」，後者則純粹是一種官本位特權。所以比較正直的大臣也感到「恩蔭」的不合理。顧炎武是反對「恩蔭」制度的。他還反覆強調，不應把教師納入官本位的體制：「凡官皆當有品級，惟教官不當有品級，亦不得謂之官。」他認為這才能使教師這一職業真正有尊嚴。但他沒有想到，不改革官僚本位的體制，教師又何來尊嚴？〔註2〕

顧炎武認為，科舉制度本來是為了遴選寒士而設的，高幹子弟不應該與寒士競爭。有道是，假如沒有高考，寒門子弟拿什麼與官二代、富二代競爭？

教官

漢成帝陽朔二年 [1]，詔曰：「古之立太學，將以傳先王之業，流化於天下也。儒林之官，四海淵源，宜皆明於古今，溫古知新，通達國體，故謂之博士。否則學者無述焉，為下所輕，非所以遵道德也。丞相、御史，其與中二千石、二千石雜舉可充博士位者，使卓然可觀。」[2]

元仁宗時，方以科舉取士。虞集上議曰：「師道立則善人多。《周子·通書》。今天下學士，猥以資格授，強加之諸生之上，而名之曰師，有司弗信也，生徒

〔註2〕許蘇民：《日知錄一百句》，復旦大學出版社 2011 年版，第 191 頁。

弗信也。如此而望師道之立，能乎？今莫若使守令求經明行修為成德之君子者，身師尊之，以教於其郡邑。其次則求夫操履近正而不為詭異駭俗者；確守先儒經義師說而不敢妄為奇論者；眾所敬服而非鄉愿之徒者。其次則取鄉貢至京師罷歸者。當今之世，欲求成德之人，如上一言者，而不可速得；若其次之三言，則十室之邑必有忠信，亦未至乏才也。而徒用其又次之一言，則亦不過以資格授之，而耄鄙之夫遂以學官為糊口之地。教訓之員名存而實廢矣。」[3]

明初教職多由儒士薦舉 [4]。景泰二年，始准會試不中式舉人考授 [5]。

天順三年十二月庚申，建安縣老人賀煬言：「朝廷建學立師，將以陶熔士類。奈何郡邑學校師儒之官，真材實學者百無二三，虛糜廩祿，狠瑣貪饕，需求百計，而受業解惑莫措一辭。師範如此，雖有英才美質，何由而成？至於生徒之中，亦往往玩愒歲年，桃達城闕，待次循資，濫升監學，侵尋老耋，授以一官。但知為身家之謀，豈復有功名之念？是則朝廷始也聚群鴉而飲啄，終也縱群狼以牧人。苟不嚴行考選，則人材日陋，士習日下矣。上是其言，命巡按御史同布、按二司分巡官，照提調學校例考之。」[6]

太倉陸世儀言：「今世天子以師傅之官為虛銜，而不知執經問道；郡縣以簿書期會為能事，而不知尊賢敬老；學校之師以庸鄙充數，而不知教養之法；黨塾之師以時文章句為教，而不知聖賢之道。儇捷者謂之才能，方正者謂之迂樸。蓋師道至於今而賤極矣，即欲束脩自厲，人誰與之？如此而欲望人才之多，天下之治，不可得矣。」又言：「凡官皆當有品級，惟教官不當有品級，亦不得謂之官。蓋教官者，師也。師在天下則尊於天下，在一國則尊於一國，在一鄉則尊於一鄉，無常職，亦無定品，惟德是視。若使之有品級，則僕僕亟拜，非尊師之禮矣。至其官服亦不可同於職官，當別制為古冠服，如深衣幅巾及忠靖巾之類，仍以鄉、國、天下為等。庶師道日振，儒風日振，而聖人之徒出矣。」[7] 按《宋史》，黃祖舜言：「抱道懷德之士，多不應科目，老於韋布。乞訪其學行修明，孝友純篤者，縣薦之州，州延之庠序，以表率多士。其卓行尤異者，州以名聞，是亦鄉舉里選之意。」[8] 而朱子亦云：「須是罷堂除及注授教官，請本州鄉先生為之，年未四十，不得任教官。」[9] 昔人之論，即已及此。

《孟縣志》曰：「高皇帝定天下，詔府衛州縣各立學，置師一人或二人，必擇經明行修者署之。有能舉其職而最書於朝者，或擢為國子祭酒及翰林侍從之職。英宗以後，始著為令：府五人，州四人，縣三人，例錄天下歲貢之士為之，間有由舉人、進士除授者。而其至也，州縣長官及監司之臨者，率以簿書

升斗之吏視之，不復崇以體貌，是以其望易狎，而其氣易衰。即有一二能誦法孔子，以師道聞，而得薦擢者，亦不過授以州縣之吏而止。其取之也太濫，其待之也大卑，而其祿之也太輕，無怪乎教術之不興，而人才之難就矣。」

　　士風之薄始於納卷就試，師道之亡始於赴部候選。梁武帝所謂「驅迫廉撝，獎成澆競」者也 [10]。有天下者，能反此二事，斯可以養士而興賢矣。

【注釋】

[1] 陽朔二年：即公元前 23 年。

[2] 見《漢書》卷十。

[3] 見《元史·虞集傳》。

[4] 「明初」，原作「國初」。

[5] 見《英宗實錄》卷二〇二。

[6] 見《英宗實錄》卷三一〇。

[7] 見《思辨錄輯要》卷二〇。

[8] 見《宋史》卷三八六。

[9] 《朱子語類》卷一〇九：「有少年試教官。先生曰：『公如何須要去試教官？如今最沒道理，是教人懷牒來試討教官。某嘗經歷諸州，教官都是許多小兒子，未生髭鬚；入學底多是老大底人，如何服得他！某思量，須是立個定制，非四十以上不得任教官。』又云：『須是罷了堂除，及注授教官，卻請本州島鄉先生為之。如福州，便教林少穎這般人做，士子也歸心，他教也必不苟。』又曰：『今教授之職，只教人做科舉時文。若科舉時文，他心心念念要爭功名，若不教他，你道他自做不做？何待設官置吏，費廩祿教他做？也須是當職底人怕道人不曉義理，須是要教人識些。如今全然無此意，如何恁地！』」

[10] 見《梁書》卷一。

【點評】

　　顧炎武認為科舉制度之所以會敗壞讀書人的心術，主要問題出在兩個環節上。一是「納卷就試」的環節，二是「赴部候選」的環節。顧炎武認為，在科舉制度下，歷代讀書人鑽營奔竟的主要途徑就是賣身投靠。庸俗關係學的準則才是真正通行的潛規則。〔註3〕

　　師道立則善人多，正學昌明，天下萬世，心悅誠服。孔子開其統，以下若顏、曾、

―――――――――――――――――――――

〔註 3〕許蘇民：《日知錄一百句》，復旦大學出版社 2011 年版，第 165 頁。

思、孟，漢唐後在野講學諸賢，皆是也，故《周易》曰「天下文明」。近三十年，最大的問題是教育的失敗。教育失敗的根源就在於師道失去尊嚴。師道一亡，無人傳道、授業、解惑。師道不尊，談何文化傳承？談何文化自信？「天下文明」又從何而來？

雜流

唐時凡九流百家之士，並附諸國學，而授之以經。《六典》：「國子祭酒、司業之職，掌邦國儒學訓導之政令。有六學焉：一曰國子，二曰太學，三曰四門，四曰律學，五曰書學，六曰算學。」[1] 天寶九載置廣文館，凡七學 [2]。歐陽詹《貞元十四年記》曰：「我國家春享先師後，更日命太學博士清河張公講《禮記》。束脩既行，筵肆乃設，公就几，北坐南面；直講抗牘，南坐北面。大司成端委居於東，小司成率屬列於西。國子師長序公侯子孫自其館，大學長序卿大夫、子孫自其館，四門師長序八方俊造自其館，廣文師長序天下秀彥自其館，其餘法家、墨家、書家、算家術業以明亦自其館。沒階雲來，即席鱗差，攢弁如星，連襟成帷。」[3] 觀此可見當日養士之制寬，而教士之權一，是以人才盛而藝術修，經學廣而師儒重。今則一切擯諸橋門之外，而其人亦自棄，不復名其業，於是道器兩亡，而行能兼廢。世教之日衰，有由然也。

【注釋】

[1] 見《唐六典》卷二一。

[2] 見《舊唐書》卷九。

[3] 見《唐文粹·太學張博士講禮記記》。

【點評】

這是顧炎武恢復唐代「九流百家之士並附諸國學」的辦學制度的「提案」。唐代的國子監有六學，即國子、太學、四門、律學、書學、算學，將九流百家之士一併附諸國學。顧炎武很讚賞這種寬泛的養士制度，因為它產生了很好的效果——「人才盛而藝術修，經學廣而師儒重」。為了保證選拔人才的質量，顧炎武主張從教育改革入手，首先是辦好學校，進而對科舉考試的辦法加以改革。在顧炎武看來，唐朝的辦學方針乃是兼容並包、兼收並蓄的方針，除了經學之外，諸子百家的學說以及各種專門知識幾乎都可以在國學中講授。要改變讀書人只知性理空談的局面，就必須實行兼容並包、兼收並蓄的教學方針。與此同時，顧炎武對明代狹隘的養士制度給予惡評：「道器兩亡，行能兼廢。」並將世教日衰的責任歸咎於此。

《日知錄》卷十八

秘書國史

漢時天子所藏之書，皆令人臣得觀之。故劉歆謂：「外則有太常 [1]、太史 [2]、博士之藏 [3]，內則有延閣 [4]、廣內 [5]、秘室之府 [6]。」[7] 而司馬遷為太史令，紬石室金匱之書 [8]。劉向、揚雄校書天祿閣 [9]。班斿進讀群書，上器其能，賜以秘書之副 [10]。東京則班固、傅毅為蘭臺令史 [11]，並典校書。曹褒於東觀撰次禮事 [12]。而安帝永初中，詔謁者劉珍及博士議郎四府掾史五十餘人，詣東觀校定五經、諸子傳記。竇章之被薦，黃香之受詔，亦得至焉。晉、宋以下，此典不廢，左思、王儉、張纘之流咸讀秘書，載之史傳。而柳世隆至借給二千卷 [13]。唐則魏徵、虞世南、岑文本、褚遂良、顏師古皆為秘書監，選五品以上子孫工書者，手書繕寫，藏於內庫 [14]。而玄宗命弘文館學士元行沖，通撰古今書目，名為《群書四錄》[15]。以陽城之好學，至求為集賢院吏，乃得讀之。宋有史館 [16]、昭文館 [17]、集賢院 [18]，謂之三館，太宗別建崇文院，中為秘閣，藏三館真本書籍萬餘卷，置直閣校理。仁宗覆命繕寫校勘，以參知政事一人領之，書成，藏於太清樓，而范仲淹等嘗為提舉。且求書之詔，無代不下，故民間之書得上之天子，而天子之書亦往往傳之士大夫。自洪武平元，所收多南宋以來舊本，藏之秘府，垂三百年，無人得見，而昔時取士，一史、三史之科又皆停廢，天下之士於是乎不知古。司馬遷之《史記》、班固之《漢書》、干寶之《晉書》、柳芳之《唐曆》、吳兢之《唐春秋》、李燾之《宋長編》、並以當時流佈。至於會要、日曆之類，南渡以來，士大夫家亦多有之，未嘗禁止。今則實錄之進，焚草於太液池 [19]，藏真於皇史宬 [20]，在

朝之臣非預纂修，皆不得見，而野史、家傳遂得以孤行於世，天下之士於是乎不知今。是雖以夫子之聖，起於今世，學夏、殷禮而無從，學周禮而又無從也，況其下焉者乎！豈非密於禁史而疏於作人，工於藏書而拙於敷教者邪[21]？遂使帷囊同毀，空聞《七略》之名；家壁皆殘，不睹六經之字。嗚呼悕矣[22]！

【注釋】

[1] 太常：官名。秦置奉常，漢景帝六年更名太常，掌宗廟禮儀，兼掌選試博士。歷代因之，則為專掌祭祀禮樂之官。北魏稱太常卿，北齊稱太常寺卿，北周稱大宗伯，隋至清皆稱太常寺卿。

[2] 太史：官名。西周、春秋時太史掌記載史事、編寫史書、起草文書，兼管國家典籍和天文曆法等。秦漢曰太史令，漢屬太常，掌天時星曆。魏晉以後，修史之職歸著作郎，太史專掌曆法。隋改稱太史監，唐改為太史局，宋有太史局、司天監、天文院等名稱。元改稱太史院。明清稱欽天監；修史之職歸之翰林院，故俗稱翰林為太史。

[3] 博士：古代學官名。六國時有博士，秦因之，諸子、詩賦、術數、方伎皆立博士。漢文帝置一經博士，武帝時置「五經」博士，職責是教授、課試，或奉使、議政。晉置國子博士。唐有太學博士、太常博士、太醫博士、律學博士、書學博士、算學博士等，皆教授官。明清仍之，稍有不同。

[4] 延閣：古代帝王藏書之所。

[5] 廣內：漢代宮廷藏書之所。

[6] 秘室：秘閣。帝王藏書之所。

[7] 見《漢書・藝文志》「於是建藏書之策」顏師古注引如淳語。

[8] 石室：古代藏圖書檔案處。金匱：銅製的櫃。古時用以收藏文獻或文物。

[9] 天祿閣：漢宮中藏書閣名。漢高祖時創建，在未央宮內。《三輔黃圖・未央宮》：「天祿閣，藏典籍之所。《漢宮殿疏》云：『天祿麒麟閣，蕭何造，以藏秘書，處賢才也。』」成帝、哀帝及王莽時，劉向、劉歆、揚雄等曾先後校書於此。

[10] 見《漢書・敘傳》。

[11] 蘭臺：漢代宮內收藏典籍之處。令史：官名。漢代蘭臺尚書屬官，居郎之下，掌文書事務，歷代因之。隋唐以後，成為三省、六部及御史臺低級事務員之稱，位卑秩下，不參官品。至明代遂廢。

[12] 見《後漢書》卷六五。

[13] 見《南齊書》卷二四。

[14] 見《新唐書・藝文志序》。

[15] 見《舊唐書》卷一〇二。

[16] 史館：官修史書的官署名。北齊時設立，唐太宗時始由宰相兼領，以後沿為定制。

[17] 昭文館：官署名。唐武德四年於門下省置修文館，九年改為弘文館。神龍元年避孝敬皇帝李弘諱改為昭文館。置學士，掌詳正圖籍，參議朝廷制度禮儀，教授生徒。武則天垂拱後，以宰相兼領館務，號館主；給事中一人判館事。宋承唐制，以上相為昭文館大學士，監修國史。學士、直學士不常置，直館以京朝官充任，掌書籍修寫校讎之事。

[18] 集賢院：官署名。唐開元五年（717 年），於乾元殿寫經、史、子、集四部書，置乾元院使。十三年，改名集賢殿書院，通稱集賢院。置集賢學士、直學士、侍讀學士、修撰官等官，以宰相一人為學士知院等，常侍一人為副知院事，掌刊緝校理經籍。宋沿置，為三館之一，置大學士一人，以宰相充任；學士以給、舍、卿、監以上充任；直學士不常置，修撰官以朝官充任，直院、校理以京官以上充任，皆無常員。金貞祐五年（1217 年）置集賢院，有知院、同知院等官。元集賢院掌提調學校、徵求隱逸、召集知名之士，並總管道教、陰陽、祭祀、占卜等事。元初，集賢院與翰林兼國史院同一官署，至元二十二年（1285 年）分立兩院，置大學士、學士、侍讀學士、侍講學士、直學士等官，所屬有國子監、興文署。明廢。

[19] 焚草：燒掉奏稿，以示謹密。《宋書・謝弘微傳》：「（弘微）每有獻替及論時事，必手書焚草，人莫之知。」太液池：即北海與中海的總稱。

[20] 皇史宬：明清兩代的檔案庫。明嘉靖十三年建於北京。

[21] 敷教：布施教化。

[22] 怖：悲傷。

【點評】

這是極簡版的「秘書國史」。明代以前，「民間之書得上之天子，而天子之書亦往往傳之士大夫」。明代宮廷所收多為南宋以來珍貴古籍，數量巨大，卻藏之秘府，秘不示人，天下之士於是乎不知古；明代以來之會要、日曆、實錄、野史、家傳多被列為禁書，不准士子自由閱讀，天下之士於是乎不知今。書是用來讀的，不是用來藏的。藏而不讀，使得天下讀書人既不知古，又不知今，舉國上下盡為愚民。天地閉，賢人隱，人神共憤，統治者最後走投無路，國焉能不亡？「天作孽，猶可違；自作孽，不

可逭。」顧炎武在結尾處大發悲聲:「密於禁史而疏於作人,工於藏書而拙於敷教。」這是對明代統治者實行愚民政策、壟斷「秘書國史」的指斥與控訴。

三朝要典

《宋史·蹇序辰傳》:「紹聖中為起居郎、中書舍人,同修國史。疏言:『朝廷前日正司馬光等奸惡,明其罪罰,以告中外。惟變亂典刑,改廢法度,訕讟宗廟 [1],睥睨兩宮,觀事考言,實狀彰著。然蹤跡深秘,包藏禍心,相去八年之間,蓋已不可究質 [2]。其章疏案牘,散在有司,若不匯輯而存之,歲久必致淪失。願悉討姦臣所言所行,選官編類,人為一帙,置之二府,以示天下後世大戒。』遂命序辰及徐鐸編類,由是搢紳之禍無一得免者。」天啟中,纂輯《三朝要典》[3],正用序辰之法。

門戶之人,其立言之指各有所借,章奏之文互有是非。作史者兩收而並存之,則後之君子如執鏡以照物,無所逃其形矣。褊心之輩謬加筆削,於此之黨則存其是者,去其非者;於彼之黨則存其非者,去其是者,於是言者之情隱,而單辭得以勝之。且如《要典》一書,其言未必盡非,而其意別有所為,繼此之為書者猶是也。此國論之所以未平,百世之下難乎其信史也。崇禎帝批講官李明睿之疏曰:「纂修《實錄》之法,惟在據事直書,則是非互見。」大哉王言!其萬世作史之準繩乎?

【注釋】

[1] 訕讟:訕毀誹謗。

[2] 究質:考究質問。

[3] 《三朝要典》二十四卷,天啟中顧秉謙等修。崇禎初詔毀之。《明史》卷二二:「(天啟)六年春正月戊午,修《三朝要典》。(五月)辛卯,《三朝要典》成,刊布中外。」《明史》卷二三:「(崇禎元年四月)庚午,毀《三朝要典》。」

【點評】

《明史》卷二一六《許士柔傳》曰:「先是,魏忠賢既輯《三朝要典》,以《光宗實錄》所載與《要典》左,乃言葉向高等所修非實,宜重修,遂恣意改削牴牾要典者。崇禎改元,毀《要典》而所改《光宗實錄》如故。六年,少詹事文震孟言:『皇考實錄為魏黨曲筆,當改正從原錄。』時溫體仁當國,與王應熊等陰沮之,事遂寢。士柔憤然曰:『若是,則《要典》猶弗焚矣。』乃上疏曰:「皇考實錄總記,於世系獨略。皇上娠教之年,聖誕之日,不書也。命名之典,潛邸之號,不書也。聖母出何氏族,受

何封號，不書也。此皆原錄備載，而改錄故削之者也。原錄之成，在皇上潛邸之日，猶詳慎如彼。新錄之進，在皇上御極之初，何以率略如此，使聖朝父子、母后、兄弟之大倫，皆暗而不明，缺而莫考。其於信史謂何？」

價值中立原則是歷史學之所以能成其為科學的根本原則，是「實事求是」原則的本質屬性，也是能否真正做到實事求是的關鍵所在。顧炎武既拒斥《春秋》筆削大義微言」，反對在史學研究中貫徹政治倫理原則，強調史學當「紀實」、「從實」，這就必然導致價值中立原則的確立。顧炎武明確反對以門戶或黨派偏見去剪裁歷史，認為這種憑黨派偏見去歪曲歷史的做法，是造成「國論之所以未平、百世之下難乎其信史」的根本原因。〔註1〕

中國傳統史學既有秉筆直書的優良傳統，也有曲筆的不良傳統。顧炎武主張「據事直書，是非自見」，不必畫蛇添足，多加褒貶議論。錢大昕也認為「夫良史之職，主於善惡必書，但使紀事悉從其實，則萬世之下，是非自不能掩，奚庸別為褒貶之詞？」（《潛研堂文集》卷十八《續通志列傳總敘》）

密疏

唐武宗會昌元年十二月 [1]，中書門下奏：「宰臣及公卿論事，行與不行，須有明據。或奏請允愜，必見褒稱；或所論乖僻，因有懲責。在藩鎮上表，必有批答。居要官啟事，自有記注。並須昭然在人耳目。或取捨存於堂案，或與奪形於詔敕。前代史書所載奏議，罔不由此。近見《實錄》多載密疏，言不彰於朝聽，事不顯於當對，得自其家，未足為信。今後《實錄》所載章奏，並須朝廷共知者，方得紀述，密疏並請不載。如此則理必可法，人皆向公，愛憎之志不行，褒貶之言必信。」[2] 從之。此雖出於李德裕之私心，然其言不為無理。自萬曆末年，章疏一切留中，抄傳但憑閣揭 [3]。天啟以來，讒慝弘多 [4]，噴言彌甚 [5]。予嘗親見大臣之子追改其父之疏草而刻之以欺其人者，欲使蓋棺之後，重為奮筆之文，追遺議於後人，侈先見於前事，其為誣罔甚於唐時。故志之於書，俾作史之君子詳察而嚴斥之也。

【注釋】

[1] 會昌元年，即 841 年。

[2] 見《舊唐書》卷十八上。

[3] 閣揭：明代內閣直達皇帝的機密奏章。

〔註1〕許蘇民：《日知錄一百句》，復旦大學出版社 2011 年版，第 70 頁。

[4] 讒慝：指邪惡姦佞之人。

[5] 嘖言：責備的議論。

【點評】

所謂密疏，即秘密的奏疏。「予嘗親見大臣之子追改其父之疏草而刻之以欺其人者」，陳垣先生據此推論：「家集、家譜不可盡信。」官二代公然追改官方檔案材料，罪不可逭。

書傳會選

洪武二十七年四月丙戌 [1]，「詔徵儒臣定正宋儒蔡氏《書傳》[2]。上以蔡氏《書傳》日月五星運行與朱子《詩傳》不同，及其他注說與番陽鄒季友所論間亦有未安者 [3]，遂詔徵天下儒臣定正之」[4]。命翰林院學士劉三吾等總其事 [5]。凡蔡氏《傳》得者存之，失者正之，又採諸家之說足其未備。九月癸丑，書成，賜名《書傳會選》，命禮部頒行天下 [6]。今按此書，若《堯典》謂「天左旋，日月五星違天而右轉」。陳氏祥道。《高宗肜日》謂「祖庚繹於高宗之廟」。金氏履祥。《西伯勘黎》謂「是武王」。金氏。《洛浩》「惟周公誕保，文武受命惟七年」，謂周公輔成王之七年。張氏。陳氏櫟。皆不易之論。又如《禹貢》「厥賦貞」，主蘇氏軾，謂「賦與田正相當」。「涇屬渭汭」，主孔傳，「水北曰汭」。《太甲》「自周有終」，主金氏，謂「周當作君」。《多方》「不克，開於民之麗」，主葉氏。陳氏櫟謂「古者治獄，以附罪為麗」。皆可從。然所採既博，亦或失當。如《金縢》「周公居東」，謂「孔氏以為東征」，非是。至《洛誥》又取東征之說，自相牴牾。每傳之下，繫以經文及傳、音釋，於字音、字體、字義辯之甚詳。其傳中用古人姓字、古書名目，必具出處，兼亦考證典故。蓋宋元以來諸儒之規模猶在。而其為此書者，皆自幼為務本之學，非由八股發身之人，故所著之書雖不及先儒，而尚有功於後學。至永樂中修《尚書大全》，不惟刪去異說，並音釋亦不存矣。愚嘗謂，自宋之末造以至有明之初年，經術人材於斯為盛。自八股行而古學棄，《大全》出而經說亡，十族誅而臣節變，洪武、永樂之間，亦世道升降之一會矣。

【注釋】

[1] 洪武二十七年：即 1394 年。

[2] 蔡氏《書傳》：即蔡沈《書集傳》。不拘泥糾纏於細枝末節，而以發明大義為主。

[3] 鄒季友：番陽人。生平事蹟不詳。

　　[4] 見《太祖實錄》卷二三二。

　　[5] 劉三吾（1313～1400），初名昆，後改如步，以字行，自號坦坦翁。湖南茶陵
　　　　人。仕元為廣西靜江路副提舉。洪武十八年授左贊善，累遷翰林學士。刊定三
　　　　科取士法，為御製《大誥》、《洪范注》作序。三十年主考會試，以會試多中南
　　　　人，坐罪戍邊。建文初召還。

　　[6] 見《太祖實錄》卷二三四。

【點評】

　　專制統治者以血腥的殺戮來摧毀士人的道德氣節。「十族誅而臣節變」，這是顧炎
武對明成祖以血腥殺戮來摧毀士人氣節的嚴正批判，它揭露了社會公共生活中的道德
與專制政治體制如冰炭不可同器的深刻矛盾衝突，揭示了專制暴政摧毀了中國社會生
活的道德基礎這一長期為人們視而不見的事實，說明了中華民族道德正氣的復興只有
在專制暴政不復存在的社會條件下才有可能實現的深刻道理。〔註2〕

　　「十族誅而臣節變」這句話，既是對當年發生的實際情況的言簡意賅的概括。
一個帝王居然以血腥殺戮的手段來強迫讀書人放棄其道德操守，這是一件多麼不可
思議的事情。「《大全》出而經說亡」這一命題，既是顧炎武對明王朝獨尊程朱理學
所作出的深刻批判，又十分明確地揭示了「定於一尊」的文化專制主義與學術文化
多元化的時代要求的矛盾，說明了只有取消文化專制主義才能實現學術文化之繁榮
發展的道理。從學術史的觀點看，顧炎武對程朱理學在儒學發展史上的地位不乏一
種歷史的尊重；但他堅決反對把一家一派學說定為一尊的文化專制主義。他不僅以
「經學即理學」的觀點來反對理學對思想界的壟斷，而且以史實證明，經學中本有
眾多流派，且中國之「古學」又並不限於經學，「唐時九流百家之士，並附諸國學」。
只是因為明朝以程朱理學為統治思想，以八股取士，才導致了「道器兩亡，而行能
兼廢」的後果。〔註3〕

　　顧炎武認為：「自宋之末造以至有明之初年，經術人材於斯為盛。自八股行而古
學棄，《大全》出而經說亡，十族誅而臣節變，洪武、永樂之間，亦世道升降之一會
矣。」他把洪、永之際作為世道升降之交匯點，理由有三：古學因八股而棄；經說因
《大全》而亡；臣節因誅十族而變。平心而論，顧炎武還是比較善於尋找歷史的拐點
的。後世的所謂學者一般都是按照朝代的更替「出牌」，顧炎武偏不按照現代人的牌理
出牌，而是按照「古學+經說+臣節」的組合套路苦心尋找歷史的節點。

〔註2〕許蘇民：《顧炎武評傳》，南京大學出版社2006年版，第494頁。
〔註3〕許蘇民：《日知錄一百句》，復旦大學出版社2011年版，第154～159頁。

心學

　　《黃氏日鈔》解《尚書》「人心惟危，道心惟微，惟精惟一，允執厥中」一章曰：「此章本堯命舜之辭，舜申之以命，禹而加詳焉耳。堯之命舜曰：『允執厥中。』今舜加『危微精一』之語於『允執厥中』之上，所以使之審擇而能執中者也。此訓之之辭也，皆主於堯之執中一語而發也。堯之命舜曰：『四海困窮，天祿永終。』今舜加『無稽之言勿聽，以至敬修其可願』於『天祿永終』之上，又『所以警切之，使勿至於困窮而永終者也』，此戒之之辭也，皆主於堯之『永終』二語而發也，執中之訓，正說也；永終之戒，反說也。蓋舜以昔所得於堯之訓戒並其平日所嘗用力而自得之者，盡以命禹，使知所以執中而不至於永終耳，豈為言心設哉！近世喜言心學，捨全章本旨而獨論人心道心，甚者單撾道心二字，而直謂即心是道，蓋陷於禪學而不自知，其去堯、舜、禹授受天下之本旨遠矣。蔡九峰之作《書傳》，述朱子之言曰：『古之聖人將以天下與人，未嘗不以治之之法而並傳之。』可謂深得此章之本旨。九峰雖亦以是明帝王之心，而心者，治國平天下之本，其說固理之正也。其後進此《書傳》於朝者，乃因以三聖傳心為說。世之學者遂指此書十六字為傳心之要，而禪學者藉以為據依矣。愚按，心不待傳也，流行天地間，貫徹古今，而無不同者，理也。理具於吾心，而驗於事物。心者，所以統宗此理，而別白其是非。人之賢否，事之得失，天下之治亂，皆於此乎判。此聖人所以致察於危微精一之間，而相傳以執中之道，使無一事之不合於理，而無有過不及之偏者也。禪學以理為障，而獨指其心，曰不立文字，單傳心印。聖賢之學，自一心而達之天下國家之用，無非至理之流行，明白洞達，人人所同，歷千載而無間者。何傳之云俗說浸淫，雖賢者或不能不襲用其語，故僭書其所見如此。」[1]

　　《中庸章句》引程子之言曰：「此篇乃孔門傳授心法。」[2] 亦是借用釋氏之言，不無可酌。

　　《論語》一書言心者三，曰「七十而從心所欲，不逾矩」；曰「回也，其心三月不違仁」；曰「飽食終日，無所用心」。乃「操則存，舍則亡」之訓，門人未之記，而獨見於《孟子》。夫未學聖人之操心，而驟語夫從心，此即所謂飽食終日，無所用心，而旦晝之所為有牿亡之者矣。

　　唐仁卿名伯元，澄海人，萬曆甲戌進士，官至吏部文選司郎中。答人書曰：「自新學興而名家著，其冒焉以居之者不少，然其言學也則心而已矣。元聞古有學道，不聞學心；古有好學，不聞好心。心學二字，六經、孔孟所不道。今之言學者，

蓋謂心即道也，而元不解也。何也？危微之旨在也，雖上聖而不敢言也。今人多怪元言學而遺心，孰若執事責以不學之易了，而元亦可以無辭於執事，子曰：「有能一日用其力於仁矣乎？」又曰：「一日克己復禮。」又曰：「終日乾乾，行事也。」元未能也。孔門諸子日月至焉，夫子猶未許其好學，而況乎日至未能也，謂之不學可也。但未知執事所謂學者果仁邪？禮邪？事邪？抑心之謂邪？外仁、外禮、外事以言心，雖執事亦知其不可。執事之意，必謂仁與禮與事即心也，用力於仁，用力於心也。復禮，復心也；行事，行心也。則元之不解猶昨也，謂之不學可也。」又曰：「孳孳為善者心，孳孳為利者亦未必非心。危哉心乎！判吉凶，別人禽，雖大聖猶必防乎其防，而敢言心學乎？心學者，以心為學也。以心為學，是以心為性也。心能具性，而不能使心即性也。是故求放心則是，求心則非；求心則非，求於心則是。我所病乎心學者，為其求心也。心果待求，必非與我同類；心果可學，則以禮制心，以仁存心之言，毋乃為心障與？」

《論語》：「仁者安仁。」[3]《集注》謝氏曰：「仁者心無內外、遠近、精粗之間，非有所存，而自不亡，非有所理，而自不亂。」此皆莊、列之言，非吾儒之學。太甲曰：「顧諟天之明命。」[4] 子曰：「回之為人也，擇乎中庸。得一善，則拳拳服膺而弗失之矣。」[5] 故曰：「操則存，舍則亡。」[6] 不待存而自不亡者，何人哉？

【注釋】

[1] 見《黃氏日鈔》卷五《讀尚書》。

[2] 子程子曰：「『不偏之謂中，不易之謂庸。中者，天下之正道，庸者，天下之定理。』此篇乃孔門傳授心法，子思恐其久而差也，故筆之於書，以授孟子。其書始言一理，中散為萬事，末復合為一理，『放之則彌六合，卷之則退藏於密』，其味無窮，皆實學也。善讀者玩索而有得焉，則終身用之，有不能盡者矣。」

[3] 見《論語・里仁》。

[4] 見《尚書・太甲》。

[5] 見《禮記・中庸》。

[6] 見《孟子・告子上》。

【點評】

宋儒程頤仿照佛教師徒之間「心印之法」的神秘授受，提出了「孔門傳授心法」，

這「心法」也就是「堯舜相傳之危微精一之言」，而「危微精一」之言的本質和核心也就是「存天理，滅人慾」這一理學的根本宗旨。這個所謂「虞廷十六字訣」，乃是偽《古文尚書》的杜撰。可是，宋明理學的根本宗旨就是建立在這一偽撰的「堯舜相傳之所謂危微精一之言」的基礎上的。顧炎武正是看準了這一點，因而針鋒相對地提出了「舉堯舜相傳之所謂危微精一之言一切不道」的主張。他認為，程朱之學與孔子之學的根本區別就在於：孔子是不講所謂「危微精一之言」的，而程朱理學則是「置四海困窮不言，而終日講危微精一之說」；至於所謂「孔門傳授心法」的說法，也是借用的佛教的語言，不是儒學的語言，所以程朱之學非孔子之學。「舉堯舜相傳所謂危微精一之言一切不道」，這句話是顧炎武對宋明道學所作批判的一個總綱，是對二程、朱熹鼓吹的所謂「孔門傳授心法」的道統論和宋明理學的根本宗旨的徹底否定（與顧炎武晚年的尊朱言論迥然異趣）。他認為聖人只講關係民生和人倫日用的學問，如果要對所謂「聖人之道」的內容作簡明而扼要的概括的話，那就只能是「博學於文」和「行己有恥」八個字，顧炎武稱之為「修己治人之實學」。這表明了顧炎武的學術宗旨與程朱理學和陽明心學的根本區別。〔註 4〕

顧炎武的理論思維水平遠不及程朱、陽明，他批評宋明之學還停留在表層，既沒有深入佛學的內核，也沒有來得及揚棄宋明理學，因此，他用樸學之矛無法刺穿理學之盾。事實上他也沒有擊中要害之處，只是留下了一些「皮外傷」。清代哲學的語言學轉向（即從理學到樸學）自今視之也許就是一個大倒退。

竊書

漢人好以自作之書而託為古人，張霸《百二尚書》、衛宏《詩序》之類是也。晉以下人則有以他人之書而竊為己作，郭象《莊子注》、何法盛《晉中興書》之類是也。若有明一代之人，其所著書無非竊盜而已。

《世說》曰：「初注《莊子》者數十家，莫能究其旨要。向秀於舊注外為解義，妙析奇致，大暢玄風。唯《秋水》、《至樂》二篇未竟，而秀卒。秀子幼，義遂零落，然猶有別本。郭象者，為人薄行，有雋才。見秀義不傳於世，遂竊以為己注。乃自注《秋水》、《至樂》二篇，又易《馬蹄》一篇，其餘眾篇或定點文句而已，後秀義別本出，故今有向、郭二《莊》，其義一也。」[1] 今代之人但有薄行而無雋才 [2]，不能通作者之意，其盜竊所成之書，必不如元本，名為鈍賊何辭 [3]！

〔註 4〕許蘇民：《日知錄一百句》，復旦大學出版社 2011 年版，第 30 頁。

　　《舊唐書》：「姚班嘗以其曾祖察所撰《漢書訓纂》多為後之注《漢書》者隱沒名字，將為己說，班乃撰《漢書紹訓》四十卷，以發明舊義，行於代。」[4] 吾讀有明弘治以後經解之書，皆隱沒古人名字，將為己說者也。

【注釋】

　　[1] 見《世說新語》上卷下《文學篇》。

　　[2] 雋才：出眾的才智。

　　[3] 鈍賊：笨拙而有害。

　　[4] 見《舊唐書》卷八九。姚班，當作姚珽。

【點評】

　　顧炎武十分重視中國社會的學術道德建設，把反對抄襲剽竊行為看作是廓清學界的歪風邪氣、改善和淨化社會風氣的一個重要方面。他最痛恨剽竊他人之書為己作的做法。他要求學者們要做到「博學於文，行己有恥」八個字。博學於文是學問上的要求，行己有恥是對學者人格的要求；但二者有密切的內在聯繫：博學於文要求行己有恥，一個熱衷於功名利祿之追求，因而不可能做到「行己有恥」的人，是根本不可能在學術研究上作出實實在在的貢獻的；只有能夠耐得住寂寞，能夠以堅強的意志抵禦住各種外在的誘惑，把世俗所歆慕追求的一切看得無足輕重，方能做到行己有恥，亦方能做到博學於文。這正體現著他所提倡的樸學學風與人格塑造的內在一致性。〔註5〕

　　顧炎武說「有明一代之人所著書無非竊盜而已」，誠然是一種過激之論，我們可以舉出大量的反證加以駁斥（如明代四大小說、《本草綱目》、《天工開物》等不朽之作皆是顯例），但他對「但有薄行而無雋才」的剽竊行為的批判，卻不能不說是入木三分。弘治以後經解之書皆隱沒古人名字，而弘治以前之經解卻比較樸實，以子之矛攻子之盾，可乎？

〔註5〕許蘇民：《日知錄一百句》，復旦大學出版社2011年版，第121頁。

《日知錄》卷十九

文須有益於天下

　　文之不可絕於天地間者，曰明道也，紀政事也，察民隱也，樂道人之善也。若此者，有益於天下，有益於將來，多一篇，多一篇之益矣。若夫怪力亂神之事[1]，無稽之言[2]，剿襲之說，諛佞之文[3]，若此者，有損於己，無益於人，多一篇，多一篇之損矣。

【注釋】

[1] 怪力亂神：指關於怪異、勇力、叛亂、鬼神之事。語出《論語·述而》：「子不語怪、力、亂、神。」

[2] 無稽之言：沒有根據、無從查證的話。《古文尚書·大禹謨》：「無稽之言勿聽，弗詢之謀勿庸。」《荀子·正名》：「無稽之言，不見之行，不聞之謀，君子慎之。」楊倞注：「無稽之言，言無考驗者也。」

[3] 諛佞：奉承獻媚。

【點評】

　　特別重視文學的社會使命和責任，是顧炎武文學創作理論的一大特色。他認為要使文學能夠承擔起自己的社會使命和責任，就必須造就具有非凡「器識」的學人。因此，他提出了「文須有益於天下」的創作主張，呼喚文學家的道德擔當的勇氣和社會批判精神。他說讀書人首先應該有伊尹、太公、孔子的「救民於水火之心」，注重解決時代發展所提出的問題，而不應該脫離實際、脫離實踐。他主張寫文章要「樂道人之善」，但堅決反對不切實際地歌功頌德，更反對寫「諛佞之文」。他以歷史上的一些著

名學者因為畏懼權勢而作獻媚文章「為正直所羞」並見譏於後世的事實，來告誡讀書人寧可遭遇禍患也不可喪失人格而蒙受作獻媚文章的奇恥大辱。〔註1〕

　　這是顧炎武在表述他自己有關寫作和著述問題的觀點。他表達的很概括；這一條不是隨便寫的，而是以十分鄭重的態度寫的。他不是從帝王立論，不為剝削階層立論，而為天下後世立論。他說，「怪力亂神」的事，沒有根據的資料，剽竊別人的東西，和拍馬屁的文章，這四類於人無益，於己有害。這種成品，越少越好。而宣揚觀點的文章，記錄政治事件的報導，反映民間不得上達的隱情的資料，及引導人向上、而不是引導人墮落的文章，都是不可斷絕的。〔註2〕

　　這是顧炎武有關文章的損益論。損者四，即怪力亂神之事，無稽之言，剽襲之說，諛佞之文；益者四，即明道之文，紀政事之文，察民隱之文，樂道人善之文。這是傳統文人的正統文學觀念——文以載聖道，文以紀政事，文以察民隱，文以道人善；而無稽之言、剽襲之說不真，諛佞之文不善，怪力亂神之事不美。現代文人則顛倒了顧炎武之是非標準，益者損之，損者益之，結果弄得「有損於己，無益於人」之文泛濫成災，還美其名曰「思想解放」、「文學革命」，嗚呼！

著書之難

　　子書自孟、荀之外，如老、莊、管、商、申、韓，皆自成一家言[1]。至《呂氏春秋》、《淮南子》，則不能自成，故取諸子之言匯而為書，此子書之一變也。今人書集，一一盡出其手，必不能多，大抵如《呂覽》、《淮南》之類耳。其必古人之所未及就，後世之所不可無，而後為之，庶乎其傳也與？宋人書，如司馬溫公《資治通鑒》、馬貴與《文獻通考》[2]，皆以一生精力成之，遂為後世不可無之書。而其中小有舛漏，尚亦不免。若後人之書，愈多而愈舛漏，愈速而愈不傳：所以然者，其視成書太易，而急於求名故也。伊川先生晚年作《易傳》，成，門人請授，先生曰：「更俟學有所進。子不云乎：『忘身之老也，不知年數之不足也，俛焉日孳孳，斃而後已。』」[3]

【注釋】

　　[1] 子書：指圖書四部分類法中的子部書籍。一家言：猶言一家之言。

　　[2] 馬貴與：馬端臨字。《文獻通考》：馬端臨撰。「三通」之一，是中國文化史上的
　　　　不朽之作。

〔註1〕許蘇民：《日知錄一百句》，復旦大學出版社2011年版，第265頁。
〔註2〕趙儷生：《趙儷生文集》第三卷，蘭州大學出版社2002年版，第167頁。

[3] 孳孳：勤勉，努力不懈。

【點評】

顧炎武強調，學者立言，貴在獨創。他說先秦諸子，如孟、荀、老、莊、管、商、申、韓等人，皆能自成一家之言，因而具有不朽的價值。而像《呂氏春秋》、《淮南子》這樣的「取諸子之言匯而為書」的著作，就只能稱之為雜家。至於那些應景之作、應酬之作、隨聲附和之作，則只能稱為「蕪纇之言」。顧炎武強調，學者著書，要著前人沒有著過，而後世所不可缺少的書。只有這樣的書，才能成為傳世之作。這就需要學者具有自己獨立的思想，有「立言不為一時」的自由人格，充分發揮其創造潛能，來表現自己獨特的思想見識，以及作為一個獨一無二的個體的創作風格和個性特徵。顧炎武還對學界盛行的「急於求名」的浮躁學風作了中肯的批評。他以司馬光著《資治通鑑》、馬端臨著《文獻通考》為例，來說明古人著書皆以一生精力成之，所以才能成為後世所不可無的作品。但即使像這樣以畢生精力所寫成的著作，也難免會有舛漏之處。後人把寫書看得太容易，又急於求名，所以寫起書來既快又多，其結果必然是「愈多而愈舛漏，愈速而愈不傳」。急於求名，目的還是求利，以求利為目的，怎麼能寫出好書呢？〔註3〕

在這一段裏，顧炎武講的是著作的價值和永久性問題。他說，先秦諸子之書，多能各具價值，名垂永久，那是因為這諸子都能獨立思考自成體系的原故。到《呂氏春秋》和《淮南子》，就是綜合別人的，雖書曰子，但已經歷了變化。司馬光、馬端臨都是竭盡平生精力去寫成《通鑑》和《通考》的，故而這兩部書是不可無、垂永久的著作。雖小有失誤，亦不害大事。最後，顧氏以歸納的口氣說，什麼樣的著作才是有永久性的呢？是過去的人不曾說過、不曾涉及到、而將來的人又不可缺少的內容，才可以流傳下來。而顧炎武本人畢生著書，正是嚴格地遵守了這一原則。〔註4〕

顧炎武提出的這一問題其實是一個假問題，因為著作的價值大小與成書時間的長短並不存在函數關係，他的「愈多而愈舛漏，愈速而愈不傳」說得過於絕對化，存在嚴重的片面性，我們可以舉出大量的反證將此證偽。這個著名偽命題完全是一種情緒化的表達，根本經不起著作史的檢驗，但長期以來竟然被誤以為是真理與原則，異哉！

直言

張子有云：「民，吾同胞。」[1] 今日之民，吾與達而在上位者之所共也。

〔註3〕許蘇民：《日知錄一百句》，復旦大學出版社 2011 年版，第 260 頁。
〔註4〕趙儷生：《趙儷生文集》第三卷，蘭州大學出版社 2002 年版，第 168 頁。

救民以事，此達而在上位者之責也。救民以言，此亦窮而在下位者之責也。

「天下有道，則庶人不議。」[2] 然則政教風俗苟非盡善，即許庶人之議矣。故盤庚之誥曰：「無或敢伏，小人之攸箴。」[3] 而國有大疑，卜諸庶民之從逆。[4] 子產不毀鄉校，漢文止輦受言 [5]：皆以此也。唐之中世，此意猶存。魯山令元德秀遣樂工數人連袂歌《於蒍》，玄宗為之感動 [6]，白居易為盩厔尉，作樂府及詩百餘篇，規諷時事，流聞禁中，憲宗召入翰林，亦近於陳列國之風、聽輿人之誦者矣。

詩之為教，雖主於溫柔敦厚，然亦有直斥其人而不諱者。如曰：「赫赫師尹，不平謂何。」如曰：「赫赫宗周，褒姒滅之。」如曰：「皇父卿士，番維司徒。家伯冢宰，仲允膳夫，棸子內史，蹶維趣馬，楀維師氏，豔妻煽方處。」如曰：「伊誰云從，維暴之云。」則皆直斥其官族名字，古人不以為嫌也。《楚辭·離騷》：「余以蘭為可恃兮，羌無實而容長。」王逸《章句》：「謂懷王少弟司馬子蘭。」「椒專佞以慢慆兮。」《章句》：「謂楚大夫子椒。」洪興祖補注《古今人表》，有令尹子椒。如杜甫《麗人行》：「賜名大國虢與秦，慎莫近前丞相嗔。」近於《十月之交》詩人之義矣。

孔稚珪《北山移文》，明斥周顒。劉孝標《廣絕交論》，陰譏到溉。袁楚客規魏元忠，有十失之書。韓退之諷陽城，作爭臣之論。此皆古人風俗之厚。

【注釋】

[1]「民吾同胞」句見宋張載《西銘》：「民吾同胞，物吾與也。」意謂世人，皆為我的同胞；萬物，俱是我的同輩。後因以「民胞物與」謂泛愛一切人和物。

[2] 見《論語》第十六《季氏》篇二章。

[3] 見《尚書·盤庚上》，意思是小民有欲箴規在上者，臣下不能塞抑。

[4] 見《尚書·洪範》，意思是遇見大疑，就謀及卿士，謀及庶人，謀及卜筮，看這幾方面的反映是「從」（擁護）還是「逆」（反對）。

[5] 見《左傳·襄公三十一年》，大意謂鄭人遊於鄉校，議論執政；然明建議將鄉校毀掉，子產不同意。

[6] 見《新唐書·卓行傳》。

【點評】

孟子認為：「達則兼濟天下，窮則獨善其身。」而顧炎武卻不同意這種人生態度，他認為，顯達，固然要兼濟天下；窮困，也不應消極地獨善其身。當然，窮而在下位

者要以言論來救民，也是需要一定的社會條件的，晚明社會是比較開放的。一般來說，在西方，是政治跟著學術走；在中國傳統社會，是學術跟著政治走。如果學術不跟著政治走，就會被統治者視為異端。在這種社會條件下，大多數窮而在下位的讀書人就永遠只能獨善其身。〔註5〕

孔子說「天下有道，則庶人不議」，這本來是一個帶有原始氏族民主制遺風的命題。可是這一命題卻常被專制統治者加以歪曲，並以此來作為反對庶民議政的口實，對政治的任何批評都被看作是「惡毒攻擊」天下無道。而顧炎武則恢復了孔子這句話的本意，並由此發揮出主張庶民議政的開明政治思想。在顧炎武看來，以中國土地之大、人口之眾，誰又能斷言其政教風俗是盡善盡美的呢？既然不是盡善盡美，又怎能不允許人民議論呢？因此，允許庶人議政乃是中華民族歷代開明政治家的優秀傳統。〔註6〕

從現代政治學的原理來看，有言論自由未必就有民主，允許言論自由而沒有民主的制度也僅僅是一種「開明專制」的政治體制；而既沒有言論自由也沒有民主的制度，在政治學原理中則被稱為「暴虐專制」。從人類社會走向現代化的歷史進程看，以允許思想言論自由的開明專製取代剝奪人民言論自由的暴虐專制，乃是一種歷史的進步，是社會的民主化進程的一個中間環節。我們當然不能要求顧炎武在 17 世紀中國的歷史條件下就能設計出一整套既有自由、又有民主的政治改革方案，但他畢竟提出了思想言論自由和庶民議政的要求，則是具有重大的歷史進步意義的。事實上唐代以前（含唐代）的中國社會雖然不像後世那麼專制，但在思想言論方面也還是有相當大的限制的，也有以言治罪的情況發生，並不像他所說的那麼美好，但顧炎武畢竟借肯定「古人風俗之厚」而表達了一種新的時代要求。〔註7〕

這段的主旨，在講發揚民主的必要；或者說，當政者要聽取人民群眾的意見。顧說，當政者要從具體措施上去為老百姓減免痛苦，文人要寫文章、提意見，去為老百姓減免痛苦，寫文章反映政令不當、民間痛苦，這是寫文章人的職責。顧就列舉了《書經》的《盤庚》篇和《洪範》篇、《左傳》中鄭子產，漢朝的文帝、唐朝的元德秀和白居易這些君臣，想方設法聽取下層意見的歷史事例，來鞏固他對寫文章人職責的重要論點。「聽取群眾的意見」這一條，從很古時候的統治者已經懂得了，只是在貫徹上一直有問題。〔註8〕

〔註5〕許蘇民：《日知錄一百句》，復旦大學出版社 2011 年版，第 126 頁。
〔註6〕許蘇民：《日知錄一百句》，復旦大學出版社 2011 年版，第 195 頁。
〔註7〕許蘇民：《顧炎武評傳》，南京大學出版社 2006 年版，第 563～564 頁。
〔註8〕趙儷生：《趙儷生文集》第三卷，蘭州大學出版社 2002 年版，第 168 頁。

立言不為一時

天下之事，有言在一時，而其效見於數十百年之後者。《魏志》，司馬朗有復井田之議 [1]，謂往者以民各有累世之業，難中奪之；今承大亂之後，民人分散，土業無主，皆為公田，宜及此時復之。當世未之行也。及拓跋氏之有中原，令戶絕者廬宅桑榆盡為公田，以給授，而「口分」「世業」之制 [2]，自此而起。迄於隋唐守之。……《元史》，京師恃東南運糧，竭民力以航不測。泰定中，虞集建言 [3]，京東數千里，北極遼海，南濱青、齊，萑葦之場，海潮日至，淤為沃壤，用浙人之法，築堤捍水為田，聽富民欲得官者，合其眾而授以地。能以萬夫耕者，授以萬夫之田，為萬夫長。千夫、百夫亦如之。三年視其成，以地之高下定為徵額；五年有積畜，命以官，就所儲給以祿；十年佩之符印，得以傳子孫，如軍官之法。如此，可以寬東南之運以紓民力，而游手之徒皆有所歸。事不果行。及順帝至正中，海運不至，從丞相脫脫言，乃立分司農司於江南，召募能種水田及修築圍堰之人各一千名，為農師，歲乃大稔。至今水田遺利猶有存者。而戚將軍繼光復修之薊鎮，是皆立議之人所不及見。而窮則變，變則通，通則久，天下之理，固不出乎此也。孔子言「行夏之時」，固不以望之魯之定、哀，周之景、敬也。而獨以告顏淵。及漢武帝太初之元，幾三百年矣，而遂行之。孔子之告顏淵，告漢武也。孟子之欲用齊也，曰：「以齊王猶反手也。」若滕，則不可用也，而告文公之言，亦未嘗貶於齊、梁，曰：「有王者起，必來取法。」是為王者師也。嗚呼！天下之事，有其識者，不必遭其時；而當其時者，或無其識。然則開物之功，立言之用，其可少哉！

【注釋】

[1] 見《三國志·魏書·司馬朗傳》。司馬朗（171～217），字伯達，河內郡溫縣人。東漢末年政治家，「司馬八達」之一。

[2] 此指均田制，見《魏書·李安世傳》及《高祖紀》。口分：每口人應分得之田。《新唐書·食貨志一》：「授田之制，丁及男年十八以上者，人一頃，其八十畝為口分，二十畝為永業；老及篤疾、廢疾者，人四十畝，寡妻妾三十畝，當戶者增二十畝，皆以二十畝為永業，其餘為口分。」世業：指世業田。亦稱永業田。北魏以後實行的一種田制，世代承耕，永不收授。《魏書·食貨志六》：「諸桑田皆為世業，身終不還，恆從見口。」《舊唐書·食貨志上》：「所授之田，十分之二為世業，八為口分。世業之田，身死則承戶者便授之；口分則收入官，更以給人。」

[3] 虞集（1272～1348），字伯生，號道園，世稱邵庵先生。祖籍成都仁壽（今四川
仁壽縣）。元代著名學者、詩人。

【點評】

中國古人重「時」。但對於「時」的不同理解卻可以引申出完全不同的人生態度，對於以「立言」為安身立命之宗旨的文人學者來說，就會產生兩種完全不同的寫作態度。顧炎武主張「立言不為一時」。他說：「天下之事，有言在一時，而其效見於數十百年之後者。」那些活著時很受統治者賞識的人，往往是一些無見識的阿諛奉承之徒；而那些有獨立的思想見識的人，卻往往是生不逢時，免不了要遭到種種的坎坷、挫折，甚至迫害。但真正對於國家和民族有益、具有「開物之功，立言之用」的價值的，正是那些具有獨立的思想見識卻不被短視的統治者所賞識的人。在中國歷史上，體制內思想精英與政治精英的矛盾，歷來都表現得非常突出。思想家之所以為思想家，正在於他們的思想並不是跟在政治家後面亦步亦趨的，他們要以自己的思想引領政治家前進，這是思想家存在的真正價值之所在。如果思想家只能跟在政治家後面亦步亦趨，以政治家的思想為思想，那就失去了思想家的存在價值，所謂思想家也就不成其為思想家，而只是司馬遷所嘲諷的「為主上所戲弄、倡優畜之」的弄臣了。顧炎武強調學者們應有自己的獨立思想，正是他的見識的不同凡俗之處。〔註9〕

這條《錄》中所存貯的，是顧炎武平生最堅持的一條信念，即「著書待後」。顧是一位堅持反清的學者和活動家，而當時清朝康熙的統治在一天天鞏固下來，所以顧氏自揣他的許多對改進社會有用的見解，沒有可能被當政者所採用。可是但凡對社會有用的見解，（如作者在本條中所列舉的田土重新分配、禁止惡錢流通、抑減宗教人員數額、築堤障水將濱海田土培養成肥沃農田等。）都須被當政者認識了、採納了、執行了，才能見出效果。所以歷來文人，有有用的見解總希望被當政者所採用。這不僅顧一人如此，與顧同時的黃梨洲（宗羲）也在其《明夷待訪錄》的《題辭》中說，「吾雖老矣，如箕子之見訪，或庶幾焉」。當時有人據此指斥黃氏民族立場動搖，想跑出去替清朝做官。我不這樣想。民族立場要堅持；但一代人一代人活下去的社會總不能停頓，不但不能停頓，還要不斷地出點子去調整、改革。這就是顧、黃二人「著書待後」的意旨之所在。顧非常重視他自己在本節中所講的這段意思。〔註10〕

〔註9〕許蘇民：《日知錄一百句》，復旦大學出版社 2011 年版，第 257 頁。
〔註10〕趙儷生：《趙儷生文集》第三卷，蘭州大學出版社 2002 年版，第 172 頁。

文人之多

唐、宋以下，何文人之多也！固有不識經術 [1]，不通古今，而自命為文人者矣。韓文公《符讀書城南詩》曰：「文章豈不貴，經訓乃菑畬 [2]。潢潦無根源 [3]，朝滿夕已除。人不通古今，馬牛而襟裾 [4]。行身陷不義，況望多名譽。」而宋劉摯之訓子孫 [5]，每曰：「士當以器識為先 [6]，一號為文人，無足觀矣。」然則以文人名於世，焉足重哉！此揚子雲所謂「摭我華，而不食我實」者也。

黃魯直言：「數十年來，先生君子但用文章提獎後生，故華而不實。」本朝嘉靖以來亦有此風，而陸文裕所記劉文靖告吉士之言，空同大以為不平矣。

《宋史》言：歐陽永叔與學者言，未嘗及文章，惟談吏事。謂文章止於潤身，政事可以及物。

【注釋】

[1] 經術：猶經學。

[2] 菑畬：耕稼為民生之本，故以喻事物的根本。

[3] 潢潦：地上流淌的雨水。

[4] 襟裾：詈詞。謂禽獸而穿著人的衣服。

[5] 劉摯（1030～1098）：字莘老，永靜東光人。嘉祐四年進士，能力出眾，政績卓越。剛直不阿，正氣森嚴，忠貞愛國，卒諡忠肅，贈「元祐忠賢」。著有《忠肅集》。

[6] 器識：器局與見識。

【點評】

針對晚明華而不實的文風，顧炎武提出了他的「器識」論，強調「士當以器識為先」。這一命題直接來自宋朝的劉摯。而劉摯的說法又來自唐朝人裴行儉講的「士之致遠，先器識而後文藝」這句話。但他們三人所講的「器識」，內涵卻有很大的不同。裴行儉所說的「器識」，是在官場上飛黃騰達的「器識」。劉摯認為，只有「性忠實而才識有餘」者方能稱得上有「器識」。而顧炎武所講的「器識」，又比劉摯所講的「器識」具有了更為豐富的內容。他認為讀書人應該具有經學的素養，還應該具有博通古今的史學素養，不能只會寫文章，而應關心社會，關心時事政治，具有從事現實的社會實踐的能力。只有合乎上述標準，才算是有「器識」。從「士當以器識為先」的觀點出發，他十分強調讀書人一定要有血性、有思想、有骨氣。〔註11〕

〔註11〕許蘇民：《日知錄一百句》，復旦大學出版社 2011 年版，第 263 頁。

巧言

《詩》云：「巧言如簧[1]，顏之厚矣。」而孔子亦曰：「巧言令色[2]，鮮矣仁。」又曰：「巧言亂德。」夫巧言不但言語，凡今人所作詩賦、碑狀足以悅人之文，皆巧言之類也。不能不足以為通人，夫惟能之而下為，乃天下之大勇也，故夫子以剛毅木訥為近仁[3]。學者所用力之途在此，不在彼矣。

天下不仁之人有二：一為好犯上好作亂之人，一為巧言令色之人。自幼而不孫弟，以至於弒父與君，皆好犯上好作亂之推也。自脅肩諂笑[4]，未同而言、以至於苟患失之，無所不至，皆巧言令色之推也。然而二者之人常相因以立於世。有王莽之篡弒，則必有揚雄之美新[5]；有曹操之禪代[6]，則必有潘勗之九錫[7]。是故亂之所由生也，犯上者為之魁，巧言者為之輔。故大禹謂之巧言令色孔壬，而與驩兜、有苗同為一類。甚哉，其可畏也。然則學者宜如之何？必先之以孝悌，以消其悖逆陵暴之心；繼之以忠信，以去其便辟側媚之習[8]。使一言一動皆出於其本心，而不使不仁者加乎其身，夫然後可以修身而治國矣。

世言魏忠賢初不知書，而口含天憲[9]，則有一二文人代為之。《後漢書》言梁冀裁能書計，其誣奏太尉李固時，扶風馬融為冀章草[10]。《唐書》言李林甫自無學術，僅能秉筆，而郭慎微、苑咸，文士之闟茸者代為題尺[11]。又言高駢上書，肆為醜悖，脅邀天子，而吳人顧雲以文辭緣飾其姦。《宋史》言章惇用事，嘗曰：「元祐初，司馬光作相，用蘇軾掌制，所以能鼓動四方。」乃使林希典書命，逞毒於元祐諸臣。嗚呼！何代無文人，有國者不可不深惟華實之辨也。

【注釋】

[1] 巧言如簧：謂花言巧語，悅耳動聽，有如笙中之簧。《詩·小雅·巧言》：「巧言如簧，顏之厚矣。」孔穎達疏：「巧為言語，結構虛辭，速相待合，如笙中之簧，聲相應和。」

[2] 巧言令色：指用花言巧語和媚態偽情來迷惑、取悅他人。

[3] 剛毅木訥：堅毅質樸而不善辭令。《論語·子路》：「剛毅木訥，近仁。」何晏集解引王肅曰：「剛，無欲；毅，果敢；木，質樸；訥，遲鈍。」

[4] 脅肩諂笑：聳起肩膀，裝出笑臉。形容極端諂媚的樣子。

[5] 美新：王莽篡漢稱帝，國號新，揚雄作《劇秦美新》一文，稱頌新朝之美，以取悅於王莽。後因以「美新」為阿諛諂媚之典。

[6] 禪代：指帝位的禪讓和接替。

[7] 九錫：古代天子賜給諸侯、大臣的九種器物，是一種最高禮遇。《公羊傳・莊公元年》「錫者何？賜也；命者何？加我服也」漢何休注：「禮有九錫：一曰車馬，二曰衣服，三曰樂則，四曰朱戶，五曰納陛，六曰虎賁，七曰宮矢，八曰鈇鉞，九曰秬鬯。」

[8] 便辟：諂媚逢迎。

[9] 口含天憲：謂言出即為法令。形容把持國政，有生殺予奪之權。天憲，指朝廷法令。

[10] 章草：起草奏章。

[11] 闒茸：庸碌低劣。

【點評】

顧炎武特別厭惡讀書人曲學阿世的卑劣行徑，不僅對讀書人「望塵而拜貴人，希旨以投時好」的奴才性格作了深刻的批評，還對讀書人曲學阿世的嚴重社會危害作了淋漓盡致的揭露和鞭撻。歷史上那些誤國害民的巨奸大惡之所以能夠逞其毒焰，肆虐天下，就在於有一批無恥文人為之搖筆鼓舌、助紂為虐。在某種程度上可以說，明朝之所以滅亡，漢族人民之所以成為亡國奴，就是壞在這批無恥士大夫手裏。他說讀書人曲學阿世，除了迎合權勢者的願望以外，還有一個手段，就是標榜「創新」，「倡為迂怪之談，以聳動天下之聽」。其實天下哪裏有那麼多的創新，然而古人又不懂得衡量創新的科學標準，這就為那些為求「名高」而迎合愚蠢的統治者之私欲的讀書人提供了曲學阿世的條件。〔註12〕

這是顧炎武的「辨奸論」。顧炎武將奸人一分為二：「天下不仁之人有二：一為好犯上好作亂之人，一為巧言令色之人。」前者如王莽、曹操、梁冀、李林甫、高駢、章惇、魏忠賢，為犯上作亂之姦臣，後者如揚雄、潘勗、馬融、郭慎微、苑咸、顧雲、林希典。犯上者為之魁，巧言者為之輔。狼狽為奸，為虎作倀。前者固為罪魁禍首，後者也決不能以「工作錯誤」「畢竟是書生」等由頭推諉罪責。顧炎武認為，對文人要「深為華實之辨」，那些華而不實的巧言令色之徒，往往都是一些為求富貴而不顧廉恥的小人。自古奸人術士喜歡曲學阿世，除了迎合權勢者的願望、「希旨以投時好」以外，還有一個手段，就是標榜「創新」，「倡為迂怪之談，以聳動天下之聽」。秦始皇之時如此，漢武帝之時如此，現在仍然還是如此。科學技術日新月異，需要不斷創新。

〔註12〕許蘇民：《日知錄一百句》，復旦大學出版社 2011 年版，第 119 頁。

而人文領域並非如此，並非越新越好。「有國者不可不深惟華實之辨」，大哉斯言！

文辭欺人

古來以文辭欺人者，莫若謝靈運，次則王維。靈運身為元勳之後 [1]，襲封國公。宋氏革命 [2]，不能與徐廣、陶潛為林泉之侶 [3]。既為宋臣，又與盧陵王義真款密 [4]。至元嘉之際，累遷侍中。自以名流，應參時政，文帝惟以文義接之，以致觖望。又上書勸伐河北，至屢嬰罪劾，興兵拒捕。乃作詩曰：「韓亡子房奮，秦帝魯連恥。本自江海人，忠義動君子。」[5] 及其臨刑，又作詩曰：「龔勝無餘生，李業有終盡。」[6] 若謂欲效忠於晉者，何先後之矛盾乎！史臣書之以逆，不為苛矣。王維為給事中，安祿山陷兩都，拘於普施寺，迫以偽署。祿山宴其徒於凝碧池，維作詩曰：「萬戶傷心生野煙，百官何日再朝天？秋槐葉落空宮裏，凝碧池頭奏管絃。」賊平，下獄，或以詩聞於行在，其弟刑部侍郎縉請削官以贖兄罪，肅宗乃特宥之，責授太子中允。襄王僭號，逼李拯為翰林學士。拯既污偽署，心不自安。時朱玫秉政，百揆無敍。拯嘗朝退，駐馬國門，為詩曰：「紫宸朝罷綴鵷鸞，丹鳳樓前立馬看。惟有終南山色在，晴明依舊滿長安。」吟已，涕下。及王行瑜殺朱玫，襄王出奔，拯為亂兵所殺。二人之詩同也，一死一不死，而文墨交遊之士多護王維，如杜甫謂之「高人王右丞」[7]，天下有高人而仕賊者乎？今有顛沛之餘，投身異姓，至擯斥不容，而後發為忠憤之論，與夫名污偽籍而自託乃心，比於康樂、右丞之輩，吾見其愈下矣。

末世人情彌巧，文而不慚，固有朝賦《采薇》之篇，而夕有捧檄之喜者。苟以其言取之，則車載魯連，斗量王蠋矣。曰：是不然，世有知言者出焉，則其人之真偽即以其言辨之，而卒莫能逃也。《黍離》之大夫，始而搖搖，中而如噎，既而如醉，無可奈何，而付之蒼天者，真也；汨羅之宗臣，言之重，辭之復，心煩意亂，而其詞不能以次者，真也；栗里之徵士，淡然若忘於世，而感憤之懷有時不能自止，而微見其情者，真也。其汲汲於自表暴而為言者，偽也。《易》曰：「將叛者其辭慚，中心疑者其辭枝，失其守者其辭屈。」《詩》曰：「盜言孔甘，亂是用餤。」夫鏡情偽，屏盜言，君子之道，興王之事，莫先乎此。

【注釋】

[1] 沈約《宋書·謝靈運傳》，靈運，謝玄之孫。按：謝玄乃淝水之戰之總帥，故曰

「元勳」。

[2]「宋氏革命」指劉裕篡東晉，國號曰宋，此處「革命」僅指改朝換代而已。

[3] 徐廣，《宋書》卷五五有傳，劉裕篡晉後，拒不出任官職。陶潛，《宋書》卷九三有傳，劉裕篡宋後隱居，紀年只記東晉安帝「義熙」年號，而不記劉宋正朔。

[4] 劉義真，劉裕仲子，宋文帝劉義隆之兄。《宋書》卷六一有傳，徐羨之曾嫌義真與謝靈運「昵狎過甚」。

[5] 子房，指張良，曾謀以鐵椎刺秦始皇於博浪沙中。魯仲連，《史記》卷八三有傳，在趙國平原君座上與新垣衍辯論，堅持不應尊秦為「帝」。

[6] 龔勝，《漢書》卷七二有傳，王莽篡權，安車駟馬延為祭酒，秩上卿，勝不以一身仕二姓，絕飲食十四日死。李業，《後漢書》卷八一有傳，公孫述強以公卿之位，不然賜毒酒，業果飲毒酒而死。

[7] 詩見《杜詩鏡銓》卷一七，《解悶》十二首之八，詩曰：「不見高人王右丞，藍田丘壑漫寒藤。最傳秀句寰區滿，未絕風流相國能。」王縉為王維弟，善書法，官至相國。

【點評】

　　這是一段譴責喪失立場的文章。在明清之際，民族立場問題表現為緊張的「大節」問題。由於明朝亡國亡得很急驟，滿洲貴族在偶然性較大的情況下攫取了北京，兼以當時士大夫腦海中的民族涵義比較狹隘，所以士大夫當時反滿的情緒極高。從而，對民族立場動搖、帶頭迎降滿洲貴族的文人士大夫，如錢謙益（牧齋）、龔鼎孳、吳傳業（梅村）、王鐸（覺斯）等人，則譴責的很激烈，順帶影響到對歷史上民族立場有問題的人，如趙孟頫（子昂）以趙宋之裔，終身仕元，傅青主就在書法方面譴責他「盈股媚氣」，等等。顧氏在這裡譴責的，一是南朝的謝靈運，一是唐朝的王維。謝不是民族立場問題，是傚忠某一皇朝的立場問題。謝是淝水之戰主帥謝玄的孫子，襲封康樂公，東晉被劉宋篡奪後，他並未劃清界線，也未隱居起來，而和新朝勾勾搭搭，因他「猖獗不已」，（《南史》論）終於棄市廣州。可是臨終卻又標榜歷史上的忠臣義士，顧炎武認為他是騙人。王維降了安祿山是自覺的、還是被迫的；他那首詩是當時做的、還是事後補做的，這些後世都有爭論。在安史之亂中，他的立場有動搖，怕是沒有問題的。顧譴責的很激烈，連杜甫寫了「高人」二字都遭到了點名的批判。顧的好朋友王山史（弘撰）就說他「行誼甚高，而與人過嚴」。（《山志》初集卷3）在《日知錄》卷13中有《辛幼安》一則，顧氏根據「當歸」一典，懷疑辛氏「久宦南朝、未得大用」，要投北方金國統治下的淪陷區去了。這未免疑賢過刻，辛氏晚年詞中「歸

去」、「歸休」之詞多次使用，其意為無意於在京口督戰，而欲歸去鉛山家中。由此可見，過頭地抑揚，也是不恰當的。當然，謝靈運在做詩方面雖有高才，但在品格方面很壞，則是不容否認的。至於杜甫，他不過說王維詩寫得好，秀句流傳滿於寰宇，並沒有犯多大的過錯。〔註13〕

文人摹仿之病

近代文章之病全在摹仿，即使逼肖古人，已非極詣，況遺其神理而得其皮毛者乎 [1]？且古人作文，時有利鈍。梁簡文《與湘東王書》云：「今人有效謝樂康、裴鴻臚文者，學謝則不屆其精華，但得其冗長；師裴則蔑棄其所長，惟得其所短。」宋蘇子瞻云：「今人學杜甫詩，得其粗俗而已。」金元裕之詩云：「少陵自有連城璧，爭奈微之識碔砆 [2]。」文章一道，猶儒者之末事，乃欲如陸士衡所謂「謝朝華於已披，啟夕秀於未振」者，今且未見其人，進此而窺著述之林，益難之矣。

效《楚辭》者，必不如《楚辭》；效《七發》者，必不如《七發》。蓋其意中先有一人在前，既恐失之，而其筆力復不能自遂，此壽陵餘子學步邯鄲之說也。

洪氏《容齋隨筆》曰：「枚乘作《七發》，創意造端，麗辭腴旨，上薄騷些，故為可喜。其後繼之者如傅毅《七激》，張衡《七辯》，崔駰《七依》，馬融《七廣》，曹植《七啟》，王粲《七釋》，張協《七命》之類，規仿太切，了無新意。傅玄又集之，以為《七林》，使人讀未終篇，往往棄之幾格。柳子厚《晉問》乃用其體，而超然別立機杼，激越清壯，漢晉諸文士之弊於是一洗矣。東方朔《答客難》，自是文中傑出；揚雄擬之，為《解嘲》，尚有馳騁自得之妙。至於崔駰《達旨》，班固《賓戲》，張衡《應間》，皆章摹句寫，其病與《七林》同。及韓退之《進學解》出，於是一洗矣。」其言甚當，然此以辭之工拙論爾；若其意，則總不能出於古人範圍之外也。

如楊雄擬《易》而作《太玄》，王莽依《周書》而作《大誥》，皆心勞而日拙者矣，《曲禮》之訓「毋勦說，毋雷同」，此古人立言之本。

【注釋】

[1] 神理：精神理致；旨意理路。

[2] 碔砆：似玉之石。

〔註13〕趙儷生：《趙儷生文集》第三卷，蘭州大學出版社 2002 年版，第 172 頁。

【點評】

明代中葉，李攀龍、王世貞主持文壇，提倡「文必秦漢，詩必盛唐」，一時擬古之風大熾。隨著以清代明的歷史回流，文壇上的復古文風又有再度回潮的跡象。在這一新的歷史條件下，顧炎武繼承了晚明學者對明代文壇的復古文風的批判，對復古主義文風展開了更為深入徹底的批判。他要使學者的心智的創造力和創作個性從模仿古人的偶像崇拜中解放出來。他規勸一位詩學杜甫、文學韓歐的友人說：「君詩之病，在於有杜；君文之病，在於有韓歐。有此蹊徑於胸中，便終身不脫依傍二字。」〔註14〕

文章繁簡

韓文公作《樊宗師墓銘》曰：「維古於辭必己出，降而不能乃剽賊，後皆指前公相襲，從漢迄今用一律。」此極中今人之病。若宗師之文，則懲時人之失而又失之者也。如《絳守居園池記》，以「東西」二字平常，而改為「甲辛」，殆類吳人之呼「庚癸」者也。作書須注，此自秦漢以前可耳；若今日作書而非注不可解，則是求簡而得繁，兩失之矣。子曰：「辭達而已矣 [1]。」胡纘宗田修《安慶府志》，書正德中劉七事，大書曰：「七年閏五月，賊七來寇江境。」而分注於「賊七」下曰：「姓劉氏。」舉以示人，無不笑之。不知近日之學為秦漢文者，皆「賊七」之類也。

辭主乎達，不論其繁與簡也。繁簡之論興，而文亡矣。《史記》之繁處必勝於《漢書》之簡處。《容齋隨筆》論《衛青傳》封三校尉語。《史記》勝《漢書》處，正不獨此。《新唐書》之簡也，不簡於事而簡於文，其所以病也。

「時子因陳子而以告孟子，陳子以時子之言告孟子」，此不須市見而意已明。「齊人有一妻一妾而處室者，其良人出，則必饜酒肉而後反。其妻問所與飲食者，則盡富貴也，其妻告其妾曰：『良人出，則必饜酒肉而後反。問其與飲食者，盡富貴也，而未嘗有顯者來。吾將瞷良人之所之也。』」「有饋生魚於鄭子產，子產使校人畜之池 [2]。校人烹之，反命曰：『始捨之，圉圉焉 [3]，少則洋洋焉 [4]，悠然而逝。』子產曰：『得其所哉？得其所哉！』校人出，曰：『孰謂子產智？予既烹而食之，曰：得其所哉！得其所哉！』」此必須重疊而情事乃盡，此孟子文章之妙。使入《新唐書》，於齊人則必曰「其妻疑而瞷之」，於子產則必曰「校人出而笑之」，兩言而已矣，是故辭主乎達，不主乎簡。劉器之曰 [5]：「《新唐書》敘事好簡略其辭，故其事多鬱而不明，此作史之病也。且文章豈有繁簡邪？昔人之論謂如風行水上 [6]，自然成文；若不出於自

〔註14〕許蘇民：《日知錄一百句》，復旦大學出版社 2011 年版，第 250 頁。

然，而有意於繁簡，則失之矣。當日《進〈新唐書〉表》云 [7]：『其事則增於前，其文則省於舊。』《新唐書》所以不及古人者，其病正在此兩句上。」《黃氏日鈔》言：「蘇子由《古史》改《史記》，多有不當。如《樗里子傳》，《史記》曰：『母，韓女也。樗里子滑稽多智。』《古史》曰：『母，韓女也，滑稽多智。』似以母為滑稽矣，然則『樗里子』三字其可省乎？《甘茂傳》，《史記》曰：『甘茂者，下蔡人也。事下蔡史舉，學百家之說。』《古史》曰：『下蔡史舉學百家之說。』似史舉自學百家矣，然則『事』之一字其可省乎？以是知文不可以省字為工，字而可省，太史公省之久矣。」

【注釋】

[1] 辭達：謂文辭或言辭的表述明白暢達。《論語・衛靈公》：「子曰：『辭達而已矣。』」何晏集解引孔安國曰：「凡事莫過於實，辭達則足矣，不煩文豔之辭。

[2] 校人：管理池沼的小吏。《孟子・萬章上》：「昔者有饋生魚於鄭子產，子產使校人畜之池。」趙岐注：「校人，主池沼小吏也。」

[3] 圉圉：困而未舒貌。

[4] 洋洋：舒緩搖尾之貌。

[5] 劉安世（1048～1125），字器之，號元城，北宋魏縣人。中進士後，不就官，從學於司馬光。後為司馬光、呂公著推薦，歷官左諫議大夫寶文閣待制。以言事激切，號為殿上虎。紹聖中為章惇所貶，安置梅州。徽宗即位重加起用，後又為蔡京所逐，卒諡忠定。著有《盡言集》。

[6] 風行水上：《渙・大象》：「風行水上，渙。」後以「風行水上」比喻自然流暢，不矯揉造作。李贄《雜說》：「風行水上之文，決不在於一字一句之奇。」

[7] 此句指曾公亮《進新唐書表》。曾公亮，宋泉州晉江人，字明仲。曾公亮在進表中認為，《新唐書》比之於劉昫的《舊唐書》，事增文簡，如黃巢、高駢等傳，較舊傳詳實，但因歐陽修、宋祁反對高駢，文字有意簡，往往不免晦澀。

【點評】

　　這是顧炎武的文章「辭達觀」。在文章繁簡的問題上，顧炎武認為「繁簡之論興而文亡」，文章的關鍵不在於繁簡，而在於「辭達」。他詳舉《孟子》中「齊人有一妻一妾」與「有饋生魚於鄭子產」兩則故事來討論「繁」之必要。又以《新唐書》「不簡於事而簡於文」導致邏輯性錯誤為例，反面證明「繁」之必要。過於求簡，往往辭不達意。為求辭達，有時不得不繁辭。他的結論是：「辭主乎達，不主乎簡。」文章語言

的繁簡，實質上就是文章的內容和形式的關係問題。言辭是用來表達思想內容的，作者不從形式上空論繁簡，反對從主觀出發「有意於繁簡」，主張根據文以達意的客觀需要「自然成文」，這個觀點是辯證的。

韓愈《樊宗師墓銘》主張辭必己出，反對剽竊，顧炎武對此高度認同。「今日作書而非注不可解，則是求簡而得繁」，此語切中今日學術八股之弊——多少所謂論著，正文寥寥數字，簡似斷亂朝報，不知所云，而在腳注中甚至動輒數百字，大量堆砌古今中外的材料，雜亂無章——似為三百年後之人而預設，奇哉！

文人求古之病

《後周書·柳虬傳 [1]》：「時人論文體有今古之異，虬以為時有今古，非文有今古。」此至當之論。夫今之不能為二《漢》，猶二《漢》之不能為《尚書》、《左氏》。乃剽取《史》、《漢》中文法以為古，甚者獵其一二字句用之於文，殊為不稱。

以今日之地為不古，而借古地名；以今日之官為不古，而借古官名；捨今日恒用之字，而借古字之通用者，皆文人所以自蓋其俚淺也。

《唐書》：鄭餘慶奏議類用古語，如「仰給縣官」「馬萬蹄」，有司不曉何等語，人訾其不適時。

宋陸務觀《跋前漢通用古字韻》曰：「古人讀書多，故作文時偶用一二古字，初不以為工，亦自不知孰為古、孰為今也。近時乃或鈔掇《史》、《漢》中字入文辭中，自謂工妙，不知有笑之者。偶見此書，為之太息，書以為後生戒。」

元陶宗儀《輟耕錄》曰：「凡書官銜，俱當從實，如廉訪使、總管之類，若改之曰『監司』、『太守』，是亂其官制，久遠莫可考矣。」

何孟春《詩冬序錄》曰：「今人稱人姓必易以世望，稱官必用前代職名，稱府州縣必用前代郡邑名，欲以為異，不知文字間著此，何益於工拙？此不惟於理無取，且於事復有礙矣。李姓者稱『隴西公』[2]，杜曰『京兆』，王曰『琅邪』，鄭曰『榮陽』，以一姓之望而概眾人，可乎？此其失，自唐末五季間孫光憲輩始 [3]。《北夢瑣言》稱馮涓為『長樂公』，《冷齋夜話》稱陶毅為『五柳公』，類以昔人之號而概同姓，尤是可鄙。官職、郡邑之建置，代有沿革，今必用前代名號而稱之，後將何所考焉？此所謂於理無取，而事復有礙者也。」

于慎行《筆麈》曰：「《史》、《漢》文字之佳，本自有在，非謂其官名、地名之古也。今人慕其文之雅，往往取其官名、地名以施於今，此應為古人笑也。

《史》、《漢》之文如欲復古，何不以三代官名施於當日，而但記其實邪？文之雅俗固不在此。徒混淆失實，無以示遠，大家不為也。予素不工文辭，無所模擬，至於名義之微，則不敢苟。尋常小作，或有遷就；金石之文，斷不敢於官名、地名以古易今。前輩名家亦多如此。」[4]

【注釋】

[1] 柳虯（501～554），字仲蟠，河東解人。年十三，便專精好學，遍授五經，略通大義，兼博涉子史，雅好屬文。

[2] 隴西：古代郡名。《漢書·地理志下》：「隴西郡。秦置。」顏師古注：「此郡在隴之西，故曰隴西。」

[3] 孫光憲（901～968），字孟文，自號葆光子，陵州貴平（今屬四川仁壽）。事蹟見《宋史》。

[4] 見于慎行《穀山筆塵》卷八。

【點評】

這是顧炎武的「文病論」。他認為，「以今日之地為不古，而借古地名；以今日之官為不古，而借古官名；捨今日恒用之字，而借古字之通用者」，這正是「文人求古之病」。官名、地名皆與時俱進，變化多端。若捨今求古，往往造成混亂——文辭難理解，官制混亂，地名無法考證。顧炎武認為這種求古棄今之舉，文人墨客自以為高妙，實則是在掩飾其粗俗與淺陋。如此標新立異，於文辭的工妙又有何益？因此，文人作文，必須去掉求古之病。

官名、地名具有時代特徵，後世學者若據此考證文章的真偽，往往會收到很強的干擾。

誌狀不可妄作

誌狀在文章家為史之流，上之史官，傳之後人，為史之本。史以記事，亦以載言。故不讀其人一生所著之文，不可以作；其人生而在公卿大臣之位者，不悉一朝之大事，不可以作；其人生而在曹署之位者[1]，不悉一司之掌故，不可以作；其人生而在監司守令之位者，不悉一方之地形土俗，因革利病，不可以作。今之人未通乎此，而妄為人作志；史家又不考而承用之，是以牴牾不合。子曰：「蓋有不知而作之者。」其謂是與？

名臣碩德之子孫[2]，不必皆讀父書；讀父書者不必能通有司掌故。若夫為人作志者，必一時文苑名士，乃不能詳究，而曰：「子孫之狀云爾，吾則因

之。」夫大臣家可有不識字之子孫，而文章家不可有不通令之宗匠 [3]，乃欲使籍談、伯魯之流為文人任其過，嗟乎，若是則盡天下而文人矣。

【注釋】

[1] 曹署：猶官署。

[2] 碩德：指大德之人。

[3] 宗匠：技藝高超的工匠。常比喻在政治上或學問上有重大成就，眾所推崇之人。

【點評】

誌狀為何不可妄作？顧炎武認為誌狀為「史之流」，非文人所能率爾操刀，當屬之史官秉筆直書，且有「四不可作」之高論，即不通讀傳主畢生所著之文，不可以作；對於生前在公卿大臣之位的高層傳主，若不悉一朝之大事，不可以作；對於生前在曹署之位的中層傳主，若不悉一司之掌故，不可以作；對於生前在監司守令之位的下層傳主，若不熟悉地方土俗、因革利病，不可以作。換言之，史家之權不能讓文人越庖代俎。作為一個有學問的歷史家，顧炎武對於同時代的文人表現出過分的傲慢與偏見。他所泛論的「文人」，應該不是無的放矢，極有可能指向明清之際那些喪失民族氣節的無恥之輩（如錢謙益之流）。如果此論成立，則不難理解他為何極度輕視文人。

「誌狀不可妄作」，但不等於「誌狀不可作」。何謂「妄作」？無知而任意胡為也。何謂「妄人」？妄人者，妄作之人也。五四之後，隨著新文學的崛起，貴族文學被打倒了，古代文體大都消逝了，現在誌狀也成了稀罕之物，不是「不可妄作」的問題，而是即便想作也做不成了，也沒有人再需要這種文體了。貴族文學被打倒之後，盡天下的古典文人包括史官隨之灰飛煙滅。

作文潤筆

蔡伯喈集中為時貴碑誄之作甚多 [1]，如胡廣、陳寔各三碑 [2]，橋玄、楊賜、胡碩各二碑 [3]，至於袁滿來年十五，胡根年七歲，皆為之作碑。自非利其潤筆，不至為此。史傳以其名重，隱而不言耳。文人受賕 [4]，豈獨韓退之諛墓金哉 [5]？李商隱《記齊魯二生》曰：劉叉持韓退之金數斤去，曰：「此諛墓中人所得爾，不若與劉君為壽。」愈不能止。今此事載《唐書》。

王楙《野客叢書》曰：「作文受謝，非起於晉宋。觀陳皇后失寵於漢武帝，別在長門宮，聞司馬相如天下工為文，奉黃金百斤為文君取酒，相如因為文，以悟主上，皇后復得幸。此風西漢已然。」按陳皇后無復幸之事，此文蓋後人擬作，

然亦漢人之筆也。

　　杜甫作《八哀詩》，李邕一篇曰：「干謁滿其門，碑版照四裔。豐屋珊瑚鉤，麒麟織成罽。紫騮隨劍幾，義取無虛歲。」邕本傳：「長於碑頌，人奉金帛請其文，前後所受鉅萬計。」劉禹錫《祭韓愈文》曰：「公鼎侯碑，志隧表阡，一字之價，輦金如山。」可謂發露真贓者矣。《侯鯖錄》：「唐王仲舒為郎中，與馬逢友善。每責逢云：『貧不可堪，何不尋碑誌相救？』逢笑曰：『適見人家走馬呼醫，立可待也。』」此雖戲言，當時風俗可見矣。昔揚子雲猶不肯受賈人之錢，載之《法言》，而杜乃謂之義取，則又不若唐寅之直以利為也。《戒庵漫筆》言：「唐子畏有巨冊，自錄所作文，簿面題曰『利市』。」今市肆帳簿多題此二字。

　　《新唐書‧韋貫之傳》言裴均子持萬縑請撰先銘，答曰：「吾寧餓死，豈能為是。」今之賣文為活者，可以愧矣！

　　《司空圖傳》言：「隱居中條山，王重榮父子雅重之。數饋遺弗受。嘗為作碑，贈絹數千。圖置虞鄉，市人得取之，一日盡。」既不有其贈，而受之何居？不得已也，是又其次也。

【注釋】

　　[1] 碑誄：碑上敘述死者生前事蹟並表示哀悼的文字。

　　[2] 胡廣、陳寔：均為東漢顯官。

　　[3] 橋玄、楊賜、胡碩：均為漢時顯官。

　　[4] 受賕：接受賄賂。

　　[5] 諛墓：唐李商隱《劉叉》：「後以爭語不能下諸公，因持愈（韓愈）金數斤去，曰：『此諛墓中人得耳，不若與劉君為壽。』」韓愈為人作墓誌，多溢美之辭。後謂為人作墓誌而稱譽不實為「諛墓」。

【點評】

　　提起文人寫諛墓之作而發財的事，總是首先想到韓愈，而顧炎武卻列舉了大量史實，證明這種風氣從漢朝以來就已經盛行，大文人如蔡邕、李邕，皆以寫諛墓之作而發財，而韓愈不過是這種風氣的一個繼承者而已。舊時代的很多文人學者，或為了生計，或囿於人情，不得不寫諛墓之作，趙翼也不例外。而這些諛墓之作，大都與事實有很大出入。趙翼由此聯想到，後人依據這許許多多的墓誌銘而作的史書，又有幾分真實性呢？結論是：「乃知青史上，大半亦屬誣。」〔註15〕

―――――――――――――

〔註15〕許蘇民：《日知錄一百句》，復旦大學出版社 2011 年版，第 54 頁。

顧炎武在這裡不是一味反對獲得潤筆，而是說不能為了謀取潤筆，去寫不真實的昧心文章。這對今天某些見錢眼開甚至只要有錢什麼都肯寫的作家也大有教育意義。「小人不可使執筆」，那是對史書而言。一般文人為普通老百姓歌功頌德，只要不太離譜，也不至於產生太大的影響。中國人愛面子，好享受溢美之辭，活人如此，死人也如此。這種文化心理為韓愈輩提供了生存空間。「諛墓」是一種奇特的文化現象，「諛墓文學」向來發達。如何去奢去泰，也是考驗史家智慧的試金石。

假設之詞

古人為賦，多假設之辭，序述往事，以為點綴，不必一一符同也。子虛、亡是公、烏有先生之文 [1]，已肇始於相如矣 [2]。後之作者，實祖此意。謝莊《月賦》：「陳王初喪應、劉，端憂多暇。」又曰：「抽毫進牘，以命仲宣。」[3] 按王粲以建安二十一年從征吳，二十二年春，道病卒 [4]，徐、陳、應、劉，一時俱逝，亦是歲也。至明帝太和六年，植封陳王 [5]，豈可掎摭史傳，以議此賦之不合哉？庾信《枯樹賦》[6]，既言殷仲文出為東陽太守，乃復有桓大司馬，亦同此例。仲文為桓玄待中，桓大司馬則玄之父溫也 [7]。此乃因仲文有「此樹婆娑」之言，桓元子有「木猶如此」之歎，遂使二事湊合成文。而《長門賦》所云陳皇后復得幸者 [8]，亦本無其事。俳諧之文，不當與之莊論矣。《長門賦》，乃後人託名之作。相如以元狩五年卒，安得言孝武皇帝哉？

陳後復幸之云，正如馬融《長笛賦》所謂「屈平適樂國，介推還受祿」也 [9]。

【注釋】

[1] 子虛：西漢司馬相如撰《子虛賦》，假託子虛、烏有先生、亡是公三人互相問答。後因稱虛構或不真實的事為「子虛」。《漢書·司馬相如傳上》：「相如以『子虛』，虛言也，為楚稱；『烏有先生』者，烏有此事也，為齊難；『亡是公』者，亡是人也，欲明天子之義。」

[2] 見《昭明文選》卷七。

[3] 見《昭明文選》卷十三。

[4] 見《三國志·魏志·王粲傳》。

[5] 見《三國志·魏志·陳思王傳》。

[6] 見《庾子山集》。

[7] 見《晉書》卷九九。

　　[8] 見《昭明文選》卷十六。

　　[9] 見《昭明文選》卷十八。

【點評】

　　考辨歷史記載的真偽時，必須注意把文學創作的虛構與真實的歷史記載嚴格地區分開來，提出了「俳諧之文不當與之莊論」的史料鑒別原則。他說文學創作是允許虛構的，不必一一合乎歷史事實，因而其中多有「子虛」、「烏有」、「亡是公」的語言。歷史研究與文學創作不同，只能遵守有一分事實說一分話的原則。因此，在歷史研究中，必須嚴格區分什麼是真實的歷史記載，什麼是文學家的虛構和想像，不可把文學家的虛構和想像當作真實可信的史料加以使用。當然，文學作品也並非不能反映真實的歷史。〔註16〕

〔註16〕許蘇民：《日知錄一百句》，復旦大學出版社 2011 年版，第 60 頁。

《日知錄》卷二十

年號當從實書

　　正統之論始於習鑿齒 [1]，不過帝漢而偽魏、吳二國耳。自編年之書出，而疑於年號之無所從，而其論乃紛紜矣。夫年號與正朔 [2]，自不相關。故周平王四十九年，而孔子則書之為魯隱公之元年，何也？《春秋》，魯史也，據其國之人所稱而書之，故元年也。晉之《乘》存，則必以是年為鄂侯之二年矣。楚之《檮杌》存，則必以是年為武王之十九年矣。觀《左傳·文公十七年》，鄭子家與晉韓宣子書曰：「寡君即位三年。」而其下文曰「十二年」、「十四年」、「十五年」，則自稱其國之年也。《襄公二十二年》，少正公孫僑對晉之辭曰：「在晉先君悼公九年，我寡君於是即位。」而其下文遂曰「我二年」、「我四年」，則兩稱其國之年也。故如《三國志》，則漢人傳中自用漢年號，魏人傳中自用魏年號，吳人傳中自用吳年號。推之南北朝、五代、遼、金，並各自用其年號。此之謂從實。若病其難知，只須別作年表一卷。且王莽篡漢，而班固作傳，其於始建國、天鳳、地皇之號，一一用以紀年，蓋不得不以紀年，非帝之也。後人作書，乃以編年為一大事，而論世之學疏矣。

　　《春秋傳》，亦有用他國之年者。齊襄公之二年，鄭瞞伐齊，注云：「魯桓公之十六年。」僖之四年，子然卒；簡之元年，壬子孔卒。注云：「鄭僖四年，魯襄公六年。」「鄭簡元年，魯襄八年。」

　　漢時諸侯王，得自稱元年。《漢書·諸侯王表》「楚王戊二十一年，孝景三年」《楚元王傳》亦云。「楚王延壽三十二年，地節元年」之類是也。《淮南·天文訓》：「淮南元年冬，太一在丙子。」謂淮南王安始立之年也。注者不達，乃曰

淮南王作書之元年。又曰淮南王僭號，此為未讀《史記》、《漢書》者矣。趙明誠《金石錄》，有《楚鍾銘》「惟王五十六祀」之論，正同此失。

又考漢時不獨王也，即列侯於其國中，亦得自稱元年。《史記‧高祖功臣侯年表》：「高祖六年，平陽懿侯曹參元年。」「孝惠六年，靖侯窋元年。」「孝文後四年，簡侯奇元年。」是也。呂氏《考古圖》，《周陽侯瓹鍐銘》曰：「周陽侯家，銅三瓹鍐，容五斗，重十八斤六兩，侯治國五年五月，國鑄第四。」呂大臨曰：「侯治國五年者，自以侯受侯嗣位之年數也。」《文選‧魏都賦》劉良注：「文昌殿前有鐘，其銘曰：『惟魏四年，歲次丙申，龍次大火，五月丙寅，作蕤賓鐘。』魏四年者，曹操為魏公之四年。漢獻帝之建安二十一年也。」

《元史‧順帝紀》，至正二十八年，乃明洪武元年也，直書二十八年。自是以下，書曰「後一年」，曰「又一年，四月丙戌，帝殂於應昌」，是時明太祖即位三年，而猶書元主曰帝，且不以明朝之年號加之，深得史法。疑此出於聖裁，不獨宋、王二公之能守古法也。《宋史‧馬廷鸞傳》：「瀛國公即位，召不至，自罷相歸。又十七年而薨。」甚為得體。然其他傳，復有書至元者。

英宗命儒臣修《續通鑒綱目》，亦書「元順帝至正二十七年」，不書「吳元年」。

【注釋】

[1] 習鑿齒（328～412），字彥威，襄陽人。曾被權臣桓溫辟為從事、西曹主簿，因忤桓溫圖謀篡逆的旨意，旋降為戶曹參軍，後任榮陽太守，最後解組歸里巷。因不屈於苻堅逼用，為避殺身之禍而隱遁江西新餘白梅。著有《漢晉春秋》。

[2] 正朔：謂帝王新頒的曆法。古代帝王易姓受命，必改正朔；故夏、殷、周、秦及漢初的正朔各不相同。自漢武帝以來，直至現今的農曆，都用夏制，即以建寅之月為歲首。《禮記‧大傳》：「改正朔，易服色。」孔穎達疏：「改正朔者，正，謂年始；朔，謂月初，言王者得政示從我始，改故用新，隨寅丑子所損也。周子、殷丑、夏寅，是改正也；周半夜、殷雞鳴、夏平旦，是易朔也。」《史記‧曆書》：「王者易姓受命，必慎始初，改正朔，易服色，推本天元，順承厥意。」

【點評】

朱熹治史，主於「正統」。從正統觀念立論，就必定要在年號的書寫上違背史實，如朱熹的《通鑒綱目》不寫武則天年號而用唐中宗年號，把只有一年的唐中宗嗣聖紀元寫成二十一年。至於國內多個政權並立時期，更要從中確立一個政權為「正統」而

書寫其年號，至於其他政權的年號則必須黜去。為此，朱熹可謂煞費苦心；然而，亦終有不能確定孰為「正統」的「無統」時期。儒者們往往為爭孰為正統而爭論不休，卻忘記了治史的根本原則是實事求是。顧炎武反對以「正統」觀念歪曲歷史，主張年號的書寫應當從實。他說年號與政權合法不合法、正統非正統不相關。顧炎武認為，從正統觀念出發去書寫歷史，只能導致對史實的歪曲；而圍繞著誰為正統的問題而展開的爭論，亦可謂毫無意義。朱熹本想用正統觀念來「誅亂臣，討賊子」，體現「《春秋》懲勸之法」；但在顧炎武看來，在歷史研究中貫徹政治倫理的原則，不僅違背歷史研究當「從實」的原則，而且會導致論世之學荒疏的結果。這一觀點，頗能切中傳統史學的弊病，反映了使史學擺脫政治倫理的束縛、實現學術獨立的時代要求。〔註1〕

正統，舊指一系相承、統一全國的封建王朝。與「僭竊」、「偏安」相對。「年號當從實書」，這也是顧炎武提出的歷史書寫規則之一。

引古必用原文

凡引前人之言必用原文。《水經注》引盛弘之《荊州記》曰[1]：「江中有九十九洲，楚諺云：『洲不百，故不出王者。』桓玄有問鼎之志，乃增一洲，以充百數。僭號數旬，宗滅身屠。及其傾敗，洲亦消毀。今上在西，忽有一洲自生，沙流回薄，成不淹時。其後未幾，龍飛江漢矣。」[2]注乃北魏酈道元作，而記中所指今上則南宋文帝。以宜都王即帝位之事，古人不以為嫌。

【注釋】

[1] 盛弘之：南朝宋文學家、史學家。曾任臨川王劉義慶侍郎，與鮑照友善。著有《荊州記》三卷，記述荊州地區的郡縣城郭、山水名勝，內容翔實，語言優美，駢散相間，是出色的山水文學作品。原書已佚，曹元忠據《宋書·州郡志》比照《荊州記》，認定成書時間當在宋文帝元嘉十四年。

[2] 盛弘之曰：「縣舊治沮中，後移出百里洲西，去郡百六十里，縣左右有數十洲，盤布江中，其百里洲最為大也。中有桑田甘果，映江依洲，自縣西至上明，東及江津，其中有九十九洲。楚諺云：『洲不百，故不出王者。』桓玄有問鼎之志，乃增一洲以充百數，僭號數旬，宗滅身屠，及其傾敗，洲亦消毀。今上在西，忽有一洲自生，沙流回薄，成不淹時，其後未幾，龍飛江漢矣。」

〔註1〕許蘇民：《日知錄一百句》，復旦大學出版社2011年版，第57頁。

【點評】

學術剽竊行為是當今中國學術腐敗最為典型的表現。從歷史上看,這種現象的出現是始於晉代。顧炎武《日知錄》卷十八《竊書》有云:「漢人好以自作之書而託為古人,張霸《百二尚書》、衛宏《詩序》之類是也。晉以下人則有以他人之書而竊為己作,郭象《莊子注》、何法盛《晉中興書》之類是也。若有明一代之人,其所著書無非竊盜而已。」顧炎武還在《鈔書自序》中指出:「至於今代而著書之人幾滿天下,則有盜前人之書而為自作者矣。故得明人書百卷,不若得宋人書一卷也。」看來,學術剽竊在晉代至宋、元時,還只是屬於個別人的行為,而到了明代則已成為學界的一種普遍現象了。面對這種情況,顧炎武受其嗣祖父的影響,曾提出「著書不如鈔書」之說。

現代學者發現並總結出了「黃宗羲定律」,這是出自後人追溯;而顧炎武當時就是學術規則的制訂者,他提出的許多規則為後學所遵循。「凡引前人之言必用原文」,這是顧炎武規定的一條考據學的學術規則。顧炎武提倡考據學,同時強調學術規範。前人特別是宋明學者不注意學術規範,引用前人之言不用原文,隨意改竄,甚至據為己有,顧炎武大聲斥責為「明人著書無非剽竊」。他倡導的「引古必用原文」規則至今仍然有效,早已成為學界共同遵守的金科玉律。今人徵引前人之成說,往往顛倒省略,隨意改竄,致失其本來面目,殊為可惜。

《日知錄》卷二十一

詩題

《三百篇》之詩人，大率詩成，取其中一字、二字、三四字以名篇，故十五國並無一題，雅頌中間一有之。若《常武》，美宣王也，若《勺》、若《賚》、若《般》，皆廟之樂也。其後人取以名之者一篇，曰《巷伯》。自此而外無有也。五言之興，始自漢魏，而《十九首》並無題，郊祀歌、鐃歌曲各以篇首字為題。又如王、曹皆有《七哀》，而不必同其情；六子皆有《雜詩》，而不必同其義，則亦猶之《十九首》也。唐人以詩取士，始有命題分韻之法，而詩學衰矣。

杜子美詩多取篇中字名之，如「不見李生久」，則以《不見》名篇；「近聞犬戎遠遁逃」，則以《近聞》名篇；「往在西京時」，則以《往在》名篇；「歷歷開元事」，則以《歷歷》名篇；「自平宮中呂太一」，則以《自平》名篇；「客從南溟來」，則以《客從》名篇。皆取首二字為題，全無意義，頗得古人之體。

古人之詩，有詩而後有題 [1]；今人之詩，有題而後有詩 [2]。有詩而後有題者，其詩本乎情；有題而後有詩者，其詩徇乎物 [3]。

【注釋】

[1] 所謂「有詩而後有題」，說的是觸景而生情，因情而作詩，然後再給詩歌起一個題目。

[2] 所謂「有題而後有詩」，是先起一個題目，然後搜索枯腸，勉強成章。

[3] 徇：依從，曲從。

【點評】

從詩歌的「情感—審美」本質出發，顧炎武論述了文學的內容與形式的關係，提出並論證了「詩主性情，不貴奇巧」的深刻命題。〔註1〕

詩體代降

《三百篇》之不能不降而《楚辭》，《楚辭》不能不降而漢、魏，漢、魏之不能不降而六朝，六朝之不能不降而唐也，勢也。用一代之體，則必似一代之文，而後為合格 [1]。

詩文之所以代變，有不得不變者。一代之文，沿襲已久，不容人皆道此語。今且千數百年矣，而猶取古人之陳言一一而摹仿，以是為詩，可乎？故不似，則失其所以為詩；似，則失其所以為我。李、杜之詩所以獨高於唐人者 [2]，以其未嘗不似，而未嘗似也。知此者，可與言詩也已矣。

【注釋】

[1] 合格：符合標準。
[2] 李、杜：李白、杜甫。

【點評】

從《詩經》到《楚辭》，從楚辭到漢賦，從漢魏的五言詩到六朝的駢體文和「徐庾體」，再到唐朝的詩歌和古文復興運動，是一個「詩文代變」的必然的歷史過程，猶如社會發展過程中一定要貫徹下去的必然趨勢一樣。這就決定了一個時代有一個時代的文學，不同時代的文學有不同的體裁和藝術風格。其不得不變的原因就在於，「一代之文沿襲已久，不容人人皆道此語」，而時代的變化則呼喚著新的語言藝術形式。真正的創作必須善於處理繼承與創新的辯證關係，在「似」與「不似」之間保持必要的張力。〔註2〕

這一段講的是文藝的創造性。顧氏把這問題拿到歷代文學衍變史中來說，他說，《三百篇》、《楚辭》、漢魏文學、六朝文學、唐文學，一個時代有一個時代的風格和特點。後代的人，不能單純依靠對它們進行摹擬工作，就可以解決問題。摹擬不能頂替創作。必須於因襲傳統中有所創新，創新中又不拋開傳統，——懂得這個道理，方可

〔註1〕許蘇民：《日知錄一百句》，復旦大學出版社2011年版，第247頁。
〔註2〕許蘇民：《日知錄一百句》，復旦大學出版社2011年版，第253頁。

談論作詩。試看，顧氏把創造和傳統的關係，講的很辯證。他是有所指的，指的是明朝「前七子」和「後七子」。〔註3〕

〔註 3〕趙儷生：《趙儷生文集》第三卷，蘭州大學出版社 2002 年版，第 179 頁。

《日知錄》卷二十二

九州

　　九州之名 [1]，始見於《禹貢》。《祭法》：共工氏之霸九州也 [2]，其子曰后土 [3]，能平九州。此前乎禹而有九州之名。《周禮・職方氏》疏曰：「自神農以上，有大九州：柱州 [4]、迎州 [5]、神州之等；至黃帝以來，德不及遠，惟於神州之內分為九州。」蓋天下有九州，古之帝者皆治之，後世德薄，止治神州。神州者，東南一州也。《河圖括地象》：東南神州，正南卭州，西南戎州，正西拾州，中央冀州，西北柱州，北方玄州，東北咸州，正東揚州。《淮南子・地形訓》同，而以西北為台州，正北為泲州，東北為薄州，正東為陽州。《隋書》北郊之制，有神州、迎州、冀州、戎州、拾州、柱州、營州、咸州、陽州。唐初，房玄齡與禮官議，以為神州者，國之所記，餘八州，則義不相及。遂除迎州等八座，惟祭皇地祇及神州。此荒誕之說，固無足採。然中國之大，亦未有窮其涯域者。尹耕《兩鎮志》引《漢書・地理志》，言黃帝方制萬里，畫野分州，得百里之國萬區，而疑不盡於禹九州之內。且曰：「以今觀之，涿鹿，今保安州。東北之極阪也 [6]，而黃帝以之建都；釜山，在懷來城北。塞上之小山也，而黃帝以之合符。」則當時藩國之在其西北者可知也。《晉載記》：「慕容廆以大棘城即帝顓頊之墟也，乃移居之。」《通典》：「棘城在營州柳城東南一百七十里。」秦、漢以來，匈奴他部，如尒朱、宇文之類，往往祖黃帝，稱昌意後 [7]，亦一證也。按魏、周諸書，惟云魏之先出自黃帝軒轅氏。黃帝子曰昌意，昌意之少子受封北國。而尒朱氏無聞。宇文氏則云：其先出自炎帝神農氏。今捨拓跋而言尒朱、宇文，誤也。《遼史》言：耶律儼稱遼為軒轅後。厥後昌意降居，帝摯遜位 [8]。至於洪水之災，天下分絕，而諸侯之不朝者有矣。以《書》考之，禹別九州，而舜又肇十一州，其分為幽、并、營者，

皆在冀之東北，《書》「十有二州」傳云：「肇，始也。禹治水之後，舜分冀州為幽州、并州，分青州為營州，始置十二州。」高誘注《淮南子》云：「古之幽都，在雁門以北。」必其前閉而後通，前距而後服者也。而此三州以外，則舜不得而有之矣。此後世幅員所以止於禹跡九州之內，而天地之氣亦自西北而趨於東南，日荒日闢，而今猶未已也。蔡仲默《書傳》亦謂 [9]：「當舜之時，冀北之地，未必荒落如後世。」驪子之言雖不盡然，亦豈可謂其無所自哉！

　　幽、并、營三州，在《禹貢》九州之外，先儒謂以冀、青二州地廣而分之，殆非也。孔安國、馬融並云。疏謂堯時青州當越海而有遼東，益無據。幽則今涿、易以北，至塞外之地。《書》：「流共工於幽洲。」《孟子》作「州」。《括地志》云：「在檀州燕樂縣界，今順天府密雲縣。」并則今忻、代以北，至塞外之地。營則今遼東大寧之地。其山川皆不載之《禹貢》，故靡得而詳。凡漢之上谷、漁陽、右北平、遼西、遼東山川皆不載之《禹貢》，惟碣石為右北平驪城縣山，然此但島夷之貢道爾。然而《益稷》之書謂「弼成五服，至於五千」，則冀方之北不應僅數百里而止。《遼史·地理志》言幽州在渤、碣之間，并州北有代、朔、營州，東暨遼海。《營衛志》言：「冀州以南，歷洪水之變，夏后始制城郭。其人土著而居。并、營以北，勁風多寒，隨陽遷徙，歲無寧居，曠土萬里。」或其說之有所本也。劉三吾《書傳》謂 [10]：「孔氏以遼東屬青州，隔越巨海，道里殊遠，非所謂因高山大川以為限之意，蓋幽、并、營三州皆分冀州之地。」又引歐陽忞《輿地廣記》，以遼東、營州屬冀州。今亦未有所考。

　　禹畫九州在前，舜肇十二州在後。肇，始也。昔但有九州，今有十二州，自舜始也。《漢書·地理志》：「堯遭洪水，天下分絕，為十二州，使禹治之，更制九州。」與《書》「肇十有二州」之文不同，蓋漢人之說如此，故王莽據之為奏。陳氏經曰：「《禹貢》之作，乃在堯時。至舜時乃分九州為十二州。至夏之世，又並為九州，故傳言貢金九牧。」《竹書紀年》：「帝舜三十三年，夏后受命於神宗，遂復九州。」然則謂《禹貢》九州為盡虞、夏之疆域者，疏矣。

　　夏、商以後，沿上世九州之名，各就其疆理所及而分之，故每代小有不同。《周書》、《爾雅》，各與《禹貢》不同。《周禮·量人》：「掌建國之法，以分國為九州。」曰「分」，則不循於其舊可知矣。《周禮·職方》：「東北曰幽州，其山曰醫無閭，其澤曰貕養，川曰河泲，浸曰菑時。」醫無閭在今遼東廣寧衛。貕養澤，注云：在長廣，今山陽萊陽縣，已無跡可考。而青之菑時，兗之河泲，雜出於一條之中，殆不可據。

　　州有二名。《舜典》「肇十有二州」，《禹貢》「九州」，大名也。《周禮·大

司徒》:「五黨為州。」《州長》注:「二千五百家為州。」《左傳·僖十五年》「晉作州兵」,《宣十一年》「楚子入陳鄉,取一人焉以歸,謂之夏州」。《昭二十二年》「晉籍談、荀躒帥九州之戎」。注:州,鄉屬也。五州為鄉。《哀四年》「士蔑乃致九州之戎」。《十七年》「衛侯登城以望見戎州」。《國語》:「謝西之九州如何?」並小名也。陳祥道《禮書》[11]:「二百一十國謂之州,五黨亦謂之州;萬二千五百家謂之遂,一夫之間亦謂之遂;王畿謂之縣,五鄙亦謂之縣。」江、淮、河、濟謂之四瀆,而《易》坎為水,為溝瀆。大小之極,不嫌同名。

【注釋】

[1] 九州:古代分中國為九州。《尚書·禹貢》作冀州、兗州、青州、徐州、揚州、荊州、豫州、梁州、雍州;《爾雅·釋地》有幽州、營州而無青州、梁州;《周禮·夏官·職方》有幽州、并州而無徐州、梁州。後以「九州」泛指天下,全中國。

[2] 共工:古代傳說中的天神,與顓頊爭為帝,有頭觸不周山的故事。《淮南子·地形訓》:「共工,景風之所生也。」高誘注:「共工,天神也。人面蛇身,離為景風。」《淮南子·天文訓》:「昔者共工與顓頊爭為帝,怒而觸不周之山,天柱折,地維絕。天傾西北,故日月星辰移焉;地不滿東南,故水潦塵埃歸焉。」

[3] 后土:上古掌管有關土地事務的官。

[4] 柱州:傳說中地名。九州之西北。

[5] 迎州:九州之正南,一曰次州。

[6] 極陬:極遠的邊地。

[7] 昌意:傳說中人名。為黃帝之子。相傳黃帝娶西陵國之女為正妃,生二子:其一曰玄囂,其二曰昌意。見《史記·五帝本紀》。

[8] 帝摯:帝嚳之子,帝堯之兄。史稱,帝嚳,高辛氏,姬姓也,其母不見,生而神異,自言其名,在位七十年而崩。子帝摯立,在位九年。摯立不肖而崩。弟放勳代立,是為帝堯。

[9] 蔡仲默:即蔡沈(1167~1230),字仲默,號九峰,南宋建陽人。少從朱熹遊,後隱居九峰山下,奉朱子之命注《尚書》,撰成《書集傳》,其書融匯眾說,注釋明晰,為元代以後科舉試士必用之教科書。

[10] 劉三吾(1313~1400),初名昆,後改如步,以字行,自號坦坦翁,湖南茶陵人。仕元,為廣西靜江路副提舉。入明後,於洪武十八年(1385)以茹瑺薦授左贊善,累遷翰林學士。刊定三科取士法,為御製《大誥》、《洪范注》作序。

三十年主考會試，以會試多中南人，坐罪戍邊。建文初召還，旋卒。

[11] 陳祥道（1053～1093 年），字用之，一作祐之，福州人。宋英宗治平四年（1067）
　　　進士及第。師從王安石，歷官國子監直講、太學博士。長於三禮之學，著有《禮
　　　書》一百五十卷。《宋史》卷四三二有傳。

【點評】

　　炎黃之世，活動地域偏北，後世逐漸向南發展，所以在文獻中便出現「九州」和
「十二州」的差異。「十二州」比「九州」多出來的地域，多是今河北最北部、內蒙、
遼寧和黑龍江的一些部分。大體在堯以前，炎黃集團在這一帶活動；後來洪水到來，
懷山襄陵。顏師古說，「懷」，包也；「襄」，駕也。言洪水泛溢，包山駕陵，人各就高
陸而居，得十二處，這是「十二州」的來歷。洪水退走，禹平水土，按與後世郡縣劃
分相類似的辦法，定為「九州」。所以不要認為舜在前禹在後，怎麼活動地域沒有擴大
反而縮小了？不是這樣。要留意兩點：一是洪水前和洪水後不同，二是自然民居與行
政區劃不同。這「九州」牢牢傳統下來，成為中華民族的固定生活領域，又曰「神州」。
與「神州」同檔次的據說還有八個，即所謂「大九州」者。後世「國家」概念、「領土」
概念逐漸明確化，不能把「歷史上曾經活動的地域」和「國家領土」混為一談，所以
唐太宗時房玄齡建議在北郊祭禮大典中撤去八座、僅祭神州，這是人們對「國家領土」
與「活動地域」嚴格區別的重要標誌。〔註1〕

　　陳垣《日知錄校注》：「『州』字索引。」歷代政區地理各有不同，若細究之，則
是一部《中國政區地理史》。

郡縣

　　《漢書·地理志》言：「秦併兼四海，以為周制微弱，終為諸侯所喪，故
不立尺土之封，分天下為郡縣，蕩滅前聖之苗裔，靡有孑遺。」後之文人祖述
其說，以為廢封建，立郡縣，皆始皇之所為也。以余觀之，殆不然。《左傳·
僖公三十三年》：「晉襄公以再命命先茅之縣賞胥臣。」《宣公十一年》：「楚子
縣陳。」《十二年》[1]：「鄭伯逆楚下之辭曰：『使改事君夷於九縣。』」《十五
年》：「晉侯賞士伯以瓜衍之縣。」《成公六年》：「韓獻子曰：『成師以出，而敗
楚之二縣。』」《襄公二十六年》：「蔡聲子曰：『晉人將與之縣，以比叔向。』」
《三十年》：「絳縣人或年長矣。」《昭公三年》：「二宣子曰：『晉之別縣，不惟
州。』」《五年》[2]：「蔿啟疆曰：『韓賦七邑，皆成縣也』」注：成縣賦百乘也。又

〔註 1〕趙儷生：《趙儷生文集》第三卷，蘭州大學出版社 2002 年版，第 280 頁。

曰：「因其十家九縣，其餘四十縣。」《十年》：「叔向曰：陳人聽命，而遂縣之。」《二十八年》：「晉分祁氏之田以為七縣，分羊舌氏之田以為三縣。」《哀公十七年》：「子穀曰：『彭仲爽，申俘也。文王以為令尹，實縣申息。』」《晏子春秋》：「昔我先君桓公，予管仲狐與穀其縣十七。」《說苑》：「景公令吏致千家之縣一於晏子。」《戰國策》：「智過言於智伯曰：『破趙則封二子者各萬家之縣一。』」《史記・秦本紀》：「武公十年，伐邽冀戎，初縣之。十一年，初縣杜、鄭。」《吳世家》：「王餘祭三年，予慶封朱方之縣。」則當春秋之世，滅人之國者，固已為縣矣。按：《昭二十九年》傳，蔡墨言劉累遷於魯。則夏后氏已有縣之名。《周禮・小司徒》：「四甸為縣。」《遂人》：「五鄙為縣。」《縣士》注：「距王城三百里以外至四百里曰縣，亦作寰。」《國語》：「管子制齊，三鄉為寰，寰有寰帥，十寰為屬，屬有大夫。」顏師古曰：「古書縣邑字皆作寰，以『縣』為縣掛字。後人轉用為州縣字，其縣掛之『縣』，又加『心』以別之也。」[3]

《史記》：「吳王發九郡兵伐齊。」范蜎對楚王曰：「楚南塞厲門而郡江東。」甘茂謂秦王曰：「宜陽，大縣。」名曰縣，其實郡也。春申君言於楚王曰：「淮北地邊齊，其事急，請以為郡便。」《匈奴傳》言趙武靈王置雲中、雁門、代郡，燕置上谷、漁陽、右北平、遼西、遼東郡，以拒胡。又言魏有河西上郡，以與戎界邊。則當七國之世，而固已有郡矣。《哀公二年傳》：「趙簡子誓曰：『克敵者，上大夫受縣，下大夫受郡。』」杜氏注引《周書・作雒篇》：「千里百縣，縣有四郡。」古時縣大而郡小。《說文》：「周制：天子地方千里，分為百縣，縣有四郡。至秦初置三十六郡，以監其縣。」今按《史記》吳王及春申君之事，則郡之統縣，固不始於秦也。

吳起為西河守，馮亭為上黨守，李伯為代郡守。西門豹為鄴令，荀況為蘭陵令，城渾說楚新城令，衛有蒲守，韓有南陽假守，魏有安邑令。蘇代曰：「請以三萬戶之都封太守，千戶封縣令。」而齊威王朝諸縣令長七十二人，則六國之未入於秦，而固已先為守令長矣。故史言樂毅下齊七十餘城皆為郡縣。而齊愍王遺楚懷王書曰：「四國爭事秦，則楚為郡縣矣。」張儀說燕昭王曰：「今時趙之於秦，猶郡縣也。」[4] 安得謂至始皇而始罷侯置守邪？傳稱禹會諸侯，執玉帛者萬國，至周武王僅千八百國，春秋時見於經傳者百四十餘國，又並而為十二諸侯，又並而為七國，此固其勢之所必至。秦雖欲復古之制，一一而封之，亦有所不能。而謂罷侯置守之始於秦，則儒生不通古今之見也。

秦分天下為三十六郡，其中西河、上郡則因魏之故，雲中、雁門、代郡則趙武靈王所置，上谷、漁陽、右北平、遼西、遼東郡則燕所置。《史記》不志

地理，而見之於匈奴之傳。孟堅《志》皆謂之秦置者，以漢之所承者秦，不言魏、趙、燕爾。

　　秦始皇議封建，實無其本。假使用淳于越之言，而行封建，其所封者不過如穰侯、徑陽、華陽、高陵君之屬而已，豈有建國長世之理。

【注釋】

　　[1] 陳垣《日知錄校注》：「應云『宣十二年』。」

　　[2] 陳垣《日知錄校注》：「應云『昭五年』。」

　　[3] 陳垣《日知錄校注》：「『縣』字索引。」

　　[4] 陳垣《日知錄校注》：「『郡』字索引。」

【點評】

　　傳統的觀點認為，廢封建、立郡縣是從秦始皇開始的。顧炎武以大量的事實證明，早在秦始皇統一中國以前，郡縣制就已經在各諸侯國中普遍存在了。春秋時期那些被滅亡小國，就已經成為縣的建制了；戰國時期，就已經有郡的建制了；六國還沒有被秦國吞併之前，就已經在實行郡縣制度了。從通觀歷史發展進程的觀點立論，顧炎武指出郡縣制的形成乃是中國歷史長期發展的必然結果。〔註 2〕

　　日後兩千多年的中國傳統社會政治所遵循的並非是「秦制」，而是「漢制」，的確，「漢制」也還是承繼了「秦制」的部分遺產，諸如君主制度、郡縣制度、官僚制度等，但是，「秦制」完成的還只是半個國家，因為它實際上還沒有找到一種「長治久安」之道。而「漢制」才是真正奠定了中國傳統社會綿延兩千多年的國家類型。而在某種意義上，「漢制」也可說是「周文」與「秦制」的結合，而且，儒家所代表的「周文」是這種結合的主導和靈魂。〔註 3〕

　　顧炎武根據歷史事實得出結論：「當春秋之世，滅人之國者，固已為縣矣。」封建、郡縣之興廢皆為中國歷史上的重大問題，歷來聚訟。顧炎武以事實批駁儒生不通古今之見。

亭

　　秦制十里一亭，十亭一鄉。《風俗通》曰：「漢家因秦，大率十里一亭。亭，留也。蓋行旅宿會之所。」以今度之，蓋必有居舍，如今之公署。鄭康成《周禮·遺人》

〔註 2〕許蘇民：《日知錄一百句》，復旦大學出版社 2011 年版，第 42 頁。

〔註 3〕何懷宏：《新綱常——探討中國社會的道德根基》，山東人民出版社 2013 年版，第 15～16 頁。

注曰：「若今亭有室矣。」故霸陵尉止李廣宿亭下 [1]。張禹奏請平陵肥牛亭部處，上以賜禹，徙亭它所 [2]。而《漢書》注云：「亭有兩卒：一為亭父，掌開閉掃除；一為求盜，掌逐捕盜賊。」[3] 任安先為求盜、亭父，後為亭長 [4]。是也。晉時有「亭子」。劉卞為縣小吏，功曹銜之，以他事補亭子 [5]。又必有城池，如今之村堡。今福建、廣東，凡巡司皆有城。《韓非子》：「吳起為魏西河守。秦有小亭臨境，起攻亭，一朝而拔之。」《漢書》：「息夫躬歸國，未有第宅，守居丘亭，奸人以為侯家富，常反守之。」《匈奴傳》：「見畜布野而無人牧者，怪之，乃攻亭。」《後漢書·公孫瓚傳》：「卒逢鮮卑數百騎，乃退入空亭。」是也。咸宣怒其吏成信，信亡藏上林中。宣使郿令將吏卒闌入上林中蠶室門，攻亭，格殺信。是上林中亦有亭也。又必有人民，如今之鎮集。漢封功臣有亭侯是也。亦謂之下亭，《風俗通》：「鮑宣州牧行部，多宿下亭。」是也。其都亭 [6]，則如今之關廂。司馬相如往臨邛，捨都亭。《史記·索隱》曰：郭下之亭也。《漢書注》師古曰：「臨邛所治，都之亭。」《後漢書》：「陳寔，嘗為都亭刺佐。」嚴延年母止都亭，不肯入府。何並斬王林卿奴頭，並所剝建鼓，置都亭下。《後漢書》：「陳王寵有強弩數千張，出軍都亭。會稽太守尹興使陸續於都亭賦民饘粥。酒泉龐娥刺殺仇人於都亭。」《吳志》：「魏使邢貞拜權為吳王，權出都亭候貞。」是也。京師亦有都亭。《後漢書》：張綱埋其車輪於洛陽都亭 [7]；竇武召會北軍五校士屯都亭 [8]；何進率左右羽林五營士屯都亭 [9]；王喬為葉令，帝迎取其鼓置都亭下。是也。蔡質《漢儀》：洛陽二十四街，街一亭；十二城門，門一亭，人謂之旗亭。《史記·三代世表》，諸先生言：「與方士考功會旗亭下」是也。後代則但有郵亭、驛亭之名，而失古者居民之義矣。

【注釋】

[1] 見《漢書》卷五四。

[2] 見《漢書》卷八一。

[3] [4] 見《史記·田叔列傳》後「褚（少孫）先生曰」《正義》引「應劭曰」。

[5] 見《晉書·張華傳》附。

[6] 都亭：都邑中的傳舍。秦法，十里一亭。郡縣治所則置都亭。[7] 見《後漢書·張皓傳》附。

[8] [9] 見《後漢書》卷六九。

【點評】

在這一段裏沒有「論」，沒有「上達」，純是「下學」，是一篇典型的考據。什麼

是考據？它是從一個人泛覽群書的基礎上，針對某一件事把有關史料從冗雜的史料堆中剔羅出來，繫在一起，以企對這一事物達成更新一些、更精一些的認識。它純粹使用歸納法，從普遍事實達成要證明的目的。所以又叫考證。在這裡，顧炎武動用 27 條材料，從四個方面對漢、魏時期的「亭」有所說明。第一、他證明「亭」必有居處；略如館舍（近代叫招待所），在這方面他動用了 5 條材料；第二、他證明「亭」，也必有圍牆，略如堡寨，在這方面他動用了 5 條材料；第三、他證明「亭」所在處必有人民，略如宋及其以後之廂瓦，在這方面他動用了 9 條材料；第四、他證明京城也有「亭」，叫「都亭」，在這方面他動用了 7 條材料：外加郵亭 1 條。這是極普通的一段東西，但卻說明問題。〔註 4〕

王鳴盛《十七史商榷》卷三八「都亭」條亦云：《獨行陸續傳》：「續，會稽吳人。仕郡戶曹史。歲荒民饑，太守尹興使續於都亭賦民饘粥。」案：唐陸廣微《吳地記》：「都亭橋，壽夢於此置驛，招四方賢客，基址見存。」宋范成大《吳郡志》橋樑門：「閶門有都亭橋，在吳縣西北。故傳吳王壽夢嘗於此作都亭，以招賢士。今遺址尚存。」范言「遺址尚存」，而今相去又六七百年，橋固尚存，土人仍以故名呼之，仍在閶門內吳縣之北，此即壽夢招客、陸續賦民粥地也。但此特是吾吳之都亭耳。《張晧子綱傳》云：「遷侍御史，埋車輪於洛陽都亭。」《李充傳》云：「充，陳留人，署縣都亭長。」《王喬傳》云：「喬為葉令，每朝門下鼓不擊自鳴，帝迎取其鼓置都亭下。」《列女傳》云：「酒泉龐淯母趙娥，父為同縣人所殺，娥後遇讎於都亭，刺殺之。」然則都亭處處有之，不獨吳。《三國·魏志·太祖紀》「九錫」下注列勸進諸臣名，有都亭侯二人王忠、蔣洪。又列傳魏呂布、公孫瓚、任峻、徐晃、臧霸、龐悳、曹仁，蜀馬超俱嘗封都亭侯，各見其本傳。晉庾亮亦封都亭侯，見《晉書·亮傳》。又沈約《宋書·文帝紀》首上表諸臣名有都亭侯綱。又宋王淮之，梁裴之平、柳偃俱嘗封都亭侯，見《宋書》王弘，《梁書》裴邃、柳惲等傳。又《宋書》沈約自序，其王父林子居建康都亭裏。可知是都邑亭名之通稱。

陳垣《日知錄校注》：「『亭』字索引。」前代考據家囿於檢索條件，往往掛一漏萬。此條如此，他條亦如此。顧炎武如此，王鳴盛亦如此。現在我們擁有各種各樣的古籍數據庫，治學條件遠勝清代考據學家，理應得出更為充分的結論，但當今學人缺少問題意識與目標意識，往往束手無策，無從下手。考據絕非技術活，它是先有預設的。考什麼不考什麼，在考據家心中是有清楚的問題意識與目標意識的。

有人指出，秦漢時的亭究竟是鄉與里之間的一級政治組織，還是僅作郵傳如後世

〔註 4〕趙儷生：《趙儷生文集》第三卷，蘭州大學出版社 2002 年版，第 202 頁。

的驛站？近來我國海峽兩岸的學者引用漢代簡牘材料加以考證，頗有爭論。顧炎武當時自然沒有見到簡牘，但能根據文獻記載作此劄記，為研治亭制開先河，其功力實在令人欽佩。〔註5〕

社 [1]

「社」之名起於古之國社、里社 [2]，故古人以鄉為社。《大戴禮》：「千乘之國，受命於天子，通其四疆，教其書社 [3]。」[4]《管子》：「方六里，名之曰社。」[5] 是也。《左傳·昭公二十五年》：「齊侯唁公曰：『自莒疆以西，請致千社。』」注：「二十五家為社，千社二萬五千家。」《哀公十五年》：「齊與衛地自濟以西、禚媚杏以南書社五百。」《晏子》：「景公予魯君地山陰數百社。」[6] 又曰：「景公祿晏予以平陰與槁邑反市者十一社。」[7] 又曰：「昔吾先君桓公，以書社五百封管仲，不辭而受。」[8]《荀子》：「與之書社三百，而富人莫之敢拒。」[9]《戰國策》：「秦王使公子他謂趙王曰：『大國不義，以告敝邑，而賜之二社之地。』」[10]《商子》：「湯武之戰，士卒坐陳者，裏有書社。」[11]《呂氏春秋》：「武王勝殷，諸大夫賞以書社。」[12] 又曰：「衛公子啟方以書社四十下衛。」[13] 又曰：「越王請以故吳之地，陰江之浦書社三百以封夫子。」[14] 今河南、太原、青州鄉鎮猶以社為稱。古者春秋祭社，一鄉之人無不會集，《三國志》注：「蔣濟為太尉，嘗與桓範會社下。」是也。《漢書·五行志》：「兗州刺史浩賞禁民私所自立社。」臣瓚曰：「舊制二十五家為一社，而民或十家、五家共為田社，是私社。」《隋書·禮儀志》：「百姓二十五家為一社。其舊社及人稀者不限。」後人聚徒結會亦謂之社。萬曆末，士人相會課文，各立名號，亦曰某社某社。崇禎中，有陸文升奏訐張溥等復社一事，至奉旨察勘，在事之官多被降罰。《宋史·薛顏傳》：「耀州豪姓李甲，結客數十人，號沒命社。」《曾鞏傳》：「章丘民聚黨村落間，號霸王社。」《石公弼傳》：「揚州群不逞為俠於閭里，號亡命社。」而隋末譙郡城有黑社、白社之名 [15]。《元史·泰定帝紀》：「禁饑民結扁擔社，傷人者杖一百。」不知今之士人何取而名此也。天啟以後，士子書刺往來，社字猶以為泛，而曰盟，曰社盟，此《遼史》之所謂刺血友也。

今日人情相與，惟年、社、鄉、宗四者而已。除卻四者，便窅然喪其天下焉。

〔註5〕張黼雲、段塔麗：《日知錄選譯》，鳳凰出版社 2011 年版，第 220 頁。

【注釋】

[1] 社：古代地區單位之一。（1）方六里為社。《管子‧乘馬》：「方六里，名之曰社。」（2）二十五家為社。《晏子春秋‧雜下十六》：「景公祿晏子以平陰與槀邑，反市者十一社。」張純一校注：「二十五家為一社。」

[2] 國社：諸侯受封後為百姓所設祭土地神之所。《禮記‧祭法》：「諸侯為百姓立社曰國社，諸侯自為立社曰侯社。」孔穎達疏：「諸侯國社亦在公宮之右。」《史記‧三王世家》：「所謂『受此土』者，諸侯王始封者必受土於天子之社，歸立之以為國社，以歲時祠之。」里社：古代里中祭祀土地神的處所。《史記‧封禪書》：「民里社，各自財以祠。」漢蔡邕《獨斷》卷上：「大夫不得特立社，與民族居，百姓已上則共一社，今之里社是也。」

[3] 教其書社：房注《管子‧小稱》云：「古者群居二十五家，則共置社。書社，謂以社數書於策。」《孔子世家索隱》云：「書社者，書其社之人名於籍。」王聘珍謂：「教其書社者，《郊特牲》曰『簡其車賦，歷其卒伍，而君親誓社，以習軍旅』也。」

[4] 見《大戴禮記‧千乘》。

[5] 見《管子‧乘馬》。

[6] 見《晏子春秋》卷六第十八。

[7] 見《晏子春秋》卷六第十六。

[8] 見《晏子春秋》卷六第十八。

[9] 見《荀子‧仲尼篇》。

[10] 見《戰國策‧秦策二》。

[11] 見《商君書‧賞刑》。

[12] 見《呂氏春秋‧慎大覽》。

[13] 見《呂氏春秋‧先識覽‧知接》。

[14] 見《呂氏春秋‧離俗覽‧高義》。

[15] 黑社、白社：特指隋末農民起義的一個團體。

【點評】

　　顧炎武在這裡，只研究了「社」在歷史衍變中的一個段落——「書社」。這已經是「社」的較晚形式了。這大體是戰國時候。這些時代的「社」已經相當晚了，它正是血緣貴族統治嚴重崩潰、中央集權式的新型國家日新月異、蒸蒸日上的時候。這時候，「社」已經在蛻變之中，從原來管生產、管聚斂、管分配、管水利的民間組織，逐

漸蛻變為新興國家官吏結構中最下層的小人物。從前,「社」的執事者是農村公社的職員;現在,他們的身份已逐漸變為胥吏。生產、聚斂、分配、水利,也許還要管一點,但已沒有農村公社的那種味道了。這樣的「社」,就是「書社」。楊驚《荀子·仲尼篇·注》說,「書社」的涵義是「以社之戶口,書於版圖」,這已偏重於戶口和治安的事情了,慢慢有轄區,就具有了與「鄉」、「邑」類似的版圖意味,成為新興國家領土中的一個小小單位,所以才拿幾個社、幾十個社、一二百個社劃歸別的人和別的國家去。〔註6〕

現在「書社」早已消逝,「社」也不復存在。改革開放以後,中國逐步放開了原有對人口流動的控制,大量農民工流向了城市,同時加快了城市化進程。隨著城市化的不斷深入,自然村落都行將就木,中國將發生巨大的社會轉型。

古代為何禁饑民結扁擔社?企圖防止揭竿而起也。古代中國根本上談不上有結社的自由,只有當奴隸的自由,被剝削、受壓迫的自由。現在時代不同了,憲法明文規定,人民有結社自由。而結社自由是僅次於自己活動自由的最自然的自由,它同個人自由一樣不可轉讓。凡符合中國憲法和法律的規定,並履行一定的法律程序而組成的社會團體,都受到國家的保護。

〔註6〕趙儷生:《趙儷生文集》第三卷,蘭州大學出版社 2002 年版,第 205 頁。

《日知錄》卷二十三

氏族 [1]

《禮記・大傳》正義：「諸侯賜卿大夫以氏 [2]，若同姓，公之子曰公子，公子之子曰公孫 [3]，公孫之子，其親已遠，不得上連於公，故以王父字為氏。若適夫人之子，則以五十字伯仲為氏，若魯之仲孫、季孫是也 [4]。若庶子、妾子，則以二十字為氏 [5]，則展氏、臧氏是也。若異姓 [6]，則以父祖官及所食之邑為氏。以官為氏者，則司馬、司城是也。以邑為氏者，若韓、趙，魏是也。凡賜氏族者，比為卿，乃賜有大功德者。生賜以族，若叔孫得臣是也。是公子之身，若有大功德，則以公子之字賜以為族，若仲遂是也；其無功德，死後乃賜族，若無駭是也。按此論亦多不然，詳見第一卷「卿不書族」條。其子孫若為卿，其君不賜族，子孫自以王父字為族也。氏、族，對文為別，散則通也。故《左傳》云：『問族於眾仲。』[7] 下云：『公命以字為展氏。』是也。其姓與氏，散亦得通，故《春秋》有姜氏、子氏，姜、子皆姓，而云氏是也。」

戰國時人大抵猶稱氏族。《戰國策》：「甘茂曰：昔者曾子處費，費人有與曾子同名族者，而殺人。」[8] 不言姓而言族，可見當時未嘗以氏為姓也。**漢人則通謂之姓**。然氏族之稱猶有存者。《漢書・恩澤侯表》：「褒魯節侯公子寬，以魯頃公玄孫之玄孫奉周祀。元始元年六月丙午，封於相如嗣，更姓公孫氏。《平帝紀》：『封周公後公孫相如為褒魯侯。』[9] 當依表作公子寬。後更為姬氏。」[10] 公子公孫，氏也，姬，姓也。此變氏稱姓之一證。

《水經注》：「漢武帝元鼎四年，幸洛陽，巡省豫州，觀於周室，邈而無祀，詢問耆老，乃得孽子嘉，封為周子南君，以奉周祀。按《汲冢古文》謂：『衛

將軍文子，為子南彌牟，其後有子南勁。」[11]《紀年》：『勁朝於魏，後惠成王如衛，命子南為侯。』[12] 秦並六國，衛最後滅，疑嘉是衛後，故氏子南而稱君也。」[13] 據此，嘉本氏子南，武帝即以其氏命之為爵。而《漢書・恩澤侯表》竟作「姬嘉」，則沒其氏而書其姓矣。與褒魯之封公孫氏，更為姬氏者正同。

　　姓氏之稱，自太史公始混而為一。《本紀》於秦始皇則曰姓趙氏，於漢高祖則曰姓劉氏。

【注釋】

[1] 氏族：指姓。

[2] 氏：上古貴族表明宗族的稱號，為姓的分支。《左傳・隱公八年》：「天子建德，因生以賜姓，胙之土而命之氏。」班固《白虎通・姓名》：「所以有氏者何？所以貴功德，賤伎力……或氏王父字者何？所以別諸侯之後，為興滅國繼絕世也。」朱大韶《實事求是齋經義・以字為諡辨》：「族者，氏之別名；姓者，所以統系百世使不別也；氏者，所以別子孫之所出。然則姓統於上，若大宗然；氏別於下，若小宗然。」漢魏以後，姓與氏合。

[3] 公孫：諸侯之孫。

[4] 仲孫：複姓。春秋齊有仲孫湫。季孫：複姓。春秋時魯有季孫宿。

[5] 陳垣《日知錄校注》：「五十、二十，不明。」

[6] 「異姓」，今本正義作「男女」。

[7] 黃以周《禮書通故・第八宗法通故》：鄭玄駁異義云：「炎帝姓姜，大皥之所賜也。黃帝姓姬，炎帝之所賜也。故堯賜伯夷姓曰姜，賜禹姓曰姒，賜契姓曰子，賜稷姓曰姬，著在書傳。春秋左傳，無駭卒，羽父請諡與族，公問族於眾仲，眾仲對曰：『天子建德，因生以賜姓，胙之土而命之氏。諸侯以字為氏，因以為族。官有世功，則有官族，邑亦如之。』公命以字為展氏。以此言之，天子命氏，諸侯命族，族者，氏之別名也。姓者，所以統系百世，使不別也。氏者，所以別子孫之所出，故世本之篇言姓則在上，言氏則在下也。」以周案：「諸侯以字為氏」之氏，今注疏本作「諡」，誤也。天子胙諸侯土而命之氏，氏謂國氏。諸侯不得專封，即不得命氏，故其大夫身受埰地皆無氏。至子孫有以王父字為氏者，因以為族故也。因以為族者，諸侯得命族故也。其以王父字為氏，此為氏族之氏，與國氏異。或以官氏，或以邑氏，亦惟世祿家有之，其本身未嘗命氏亦同。國氏之氏，天子命之；氏族之氏，諸侯命之。鄭漁仲作通志，詳敘氏

族，於此尚未剖析。且後世之姓，多是古人之氏。四裔不根之氏，尤無當中國之姓。鄭氏牽強傅會，多不可信。

[8] 見《戰國策‧秦策》。

[9] 見《漢書》卷十二。

[10] 見《漢書》卷十八。

[11] [12] 見《史記集解》引瓚曰。

[13] 見《水經注》卷二一汝水條。

【點評】

中國歷史的「先秦段」，其不同於其後諸段之處甚多，但最特徵性的地方在於血緣貴族是整個社會的主宰集團。血緣貴族之外，還有自由民、半自由民、奴隸，這些人統叫「庶民」。庶民，只有本人的名字，不帶「姓」和「氏」。只有血緣貴族才有姓、氏標誌，而「姓」和「氏」二者間還有很大的區別。「姓」，是貴族的血緣標誌，標誌出自「五帝」傳統中的哪個血緣家族。「氏」不是自然傳統而是人為後果的標誌，標誌此人的祖或父曾做何官、封在何邑、死後得了什麼美稱，等等。似乎帶有一種「亮牌子」的含意，所以男子都有「氏」。並且，這種「氏」不是自取的、自命的，而是由分封國家的國君（諸侯級）賜給。「姓」的標誌，只在婦女身上保留，「姓」字之外，習慣還另有一字，未出嫁者以在娘家家中的排行標誌，出嫁給國君的以國名標誌，嫁給大夫的以大夫的「氏」或「諡」標誌。春秋、戰國時候，人們的「姓」、「氏」身份標誌，就是如此複雜。不掌握這些複雜特點，譬如讀《左傳》、《國語》就會有很大困難。自秦漢以後，「姓」、「氏」混合在一起了，這由於血緣貴族集團已經不是社會的主宰。但秦、漢以後，姓氏問題又出現新的複雜化，世家大族自創牒譜，於是偽託、濫冒、攀援諸現象接踵而生；兼以少數民族與漢族間胡冒漢姓、漢冒胡姓現象，亦有發生。這給中古和近古史的姓氏問題，又增添了更大的難度。所以，清末民初的章太炎說，清朝文史學者只在「地理」、「官制」兩個項目底下做出了一點成績，其餘就很不行，如「食貨」、「樂律」、「姓氏」、「刑法」等項目，就需要後人多加努力（見《自述學術次第》）。這個話是很有啟發性的。「姓氏之學」，應該是史學工作者肩負起來的一個分枝。〔註1〕

〔註1〕趙儷生：《趙儷生文集》第三卷，蘭州大學出版社2002年版，第284頁。

《日知錄》卷二十四

君

古時有人臣而隆其稱曰君者，周公若曰「君奭」[1]，是也。篇中言「君奭」者四，但言「君」者六。而成王之書，王若曰「君陳」[2]；穆王之書，王若曰「嗚呼君牙」，皆此例也。猶漢時人主稱丞相為君侯也。《漢書》：「倪寬為御史大夫，奉觴上壽。制曰：敬舉君之觴。」[3]《禮記‧坊記》云：「大夫不稱君，恐民之惑也。」故《春秋》傳中稱君者皆國君。然亦有卿大夫而稱為君者。《莊十一年》：楚鬥廉語屈瑕曰：「君次於郊郢，以御四邑。」《襄二十五年》：鄭子產對晉士莊伯曰：「成公播蕩，又我之自入，君所知也。」《文十年》：楚范巫矞似謂成王與子玉、子西曰：「三君，皆將強死。」並二臣通謂之君。至家臣，則直謂其主曰君。《昭十四年》：「司徒老祁慮癸謂南蒯曰：群臣不忘其君。」《二十八年》：「晉祁盈之臣曰：憖使吾君聞勝與臧之死也，以為快。」《哀十四年》：「宋司馬命其徒攻桓氏，其父兄故臣曰不可。其新臣曰從吾君之命。」是也。猶鄭伯有之臣，稱伯有為吾公。《儀禮‧喪服篇》：「公士大夫之眾臣，為其君布帶繩屨。」傳曰：「君謂有地者也。」鄭氏曰：「天子諸侯及卿大夫有地者皆曰君。」《晉語》：「三世仕家，君之；再世以下，主之。」《喪大記》：「大夫君。」孔氏曰：「大夫之臣，稱大夫為君。」《周禮‧調人》注：「主，大夫君也。」此則上下之通稱，不始於後代矣。

人臣稱君，自三代以前有之。《孟子》：「象曰：謨蓋都君。」[4]

《漢書‧高帝紀》：「爵或人君，上所尊禮。」師古曰：「爵高有國邑者，則自君其人，故曰人君也，上謂天子。」

漢時曹掾皆稱其府主為君，至蒼頭亦得稱其主人為君。《後漢書·李善傳》：「君夫人，善在此。」是也。女亦得稱其父為君。《漢書·王章傳》：「我君素剛，先死者必我君。」是也。婦亦得稱其舅為君。《爾雅》：「姑舅在則曰君舅、君姑，沒則曰先舅、先姑。」[5]《淮南子》：「君公知其盜也，逐而去之。」[6]《列女傳》：「我無樊、衛二姬之行，故君以責我。」[7]是也。

《喪服》：「妾為君。」鄭氏注曰：「妾謂夫為君者，不得體之，加尊之也。雖士亦然。」[8]

【注釋】

[1] 君奭：君，尊稱。奭，召公之名。

[2] 王若曰：史官在記錄王的講話時所作的標記文字，表示王的講話已經開始，下面所記錄都是實錄。（此從張懷通教授說，詳見《王若曰新解》，文載《歷史研究》2008 年第 2 期）

[3] 見《漢書》卷五八。

[4] 見《孟子·萬章上》。

[5] 見《爾雅·釋親》。先舅：稱丈夫的亡父。先姑：稱丈夫的亡母。

[6] 見《淮南子·氾論訓》。

[7] 見《後漢書》卷八四《列女傳》。

[8] 見《儀禮》卷十一。

【點評】

顧炎武政治思想的最富於近代意義的特色，是他關於「君、臣、民」政治平等的論說。在儒家學者中，像他這樣論說君主與臣民的政治平等，是極為罕見的，這反映了中國傳統政治思想近代轉型的新動向。他極力證明，「君」這一稱謂原本不是皇帝的專稱，而是一個幾乎人人可以使用的稱謂。顧炎武還通過對「陛下」與「萬歲」等詞彙的考證，說明這兩個詞之所以會成為只有對皇帝才能使用的至高無上的尊稱，其實是不學無術的無恥文人和姦臣們搞的鬼，皇帝的至高無上的權威是不學無術的無恥文人和姦臣們捧起來的。〔註 1〕

顧炎武以《春秋》、《儀禮》、《禮記》、《周禮》、《孟子》、《爾雅》乃至《漢書》、《後漢書》中的大量史料證明：在中國古代的禮制中，「君」的稱謂乃是「上下之通稱」，不僅帝王可以稱君，諸侯可以稱君，大夫可以稱君，而且女兒可以稱父親為君，

〔註 1〕許蘇民：《日知錄一百句》，復旦大學出版社 2011 年版，第 171 頁。

媳婦可以稱公爹為君,妻妾可以稱丈夫為君等等。「君」本來就是一個普通的稱謂,並不是帝王專有的尊稱。〔註2〕

顧炎武既還原了「君」的本義,也解構了後世「君」的衍生義。此番「原君」,雖然沒有黃宗羲那麼旗幟鮮明,但亦別有深意存焉。

〔註 2〕許蘇民:《顧炎武評傳》,南京大學出版社 2006 年版,第 521 頁。

《日知錄》卷二十五

名以同事而章

《孟子》:「禹、稷當平世,三過其門而不入。」[1] 考之《書》曰:「啟呱呱而泣,予弗子。」[2] 此禹事也,而稷亦因之以受名。「華周、杞梁之妻 [3],善哭其夫而變國俗。」[4] 考之《列女傳》曰:「哭於城下七日,而城為之崩。」此杞梁妻事也,而華周妻亦因之以受名。

【注釋】

[1] 見《孟子・離婁下》。禹:大禹。稷:后稷,周之先祖。相傳姜嫄踐天帝足跡,懷孕生子,因曾棄而不養,故名之為「棄」。虞舜命為農官,教民耕稼,稱為「后稷」。成語「過門不入」源出於此,指經過家門而不回家,形容忠於職守,公而忘私。

[2] 見《尚書・益稷》。

[3] 華周,即華旋,《漢書・古今人表》作「華州」,《說苑》作「華舟」。杞梁,即杞殖。二人之事載《左傳》襄公二十三年:「齊侯還自晉,不入,遂襲莒。門於且於,傷股而退。明日,將復戰,期於壽舒。杞殖、華還載甲,夜入且於之隧,宿於莒郊。明日,先遇莒子於蒲侯氏。莒子重賂之,使無死,曰:『請有盟。』華周對曰:『貪貨棄命,亦君所惡也。昏而受命,日未中而棄之,何以事君?』莒子親鼓之,從而伐之,獲杞梁。莒人行成。齊侯歸,遇杞梁之妻於郊,使弔之。辭曰:『殖之有罪,何辱命焉?若免於罪,猶有先人之敝廬在下,妾不得與郊弔。』」

—331—

[4] 見《孟子・告子下》。

【點評】

「哭夫」情節的增加，是在《禮記・檀弓》裏曾子的話。曾子說：「杞梁死焉，其妻迎其柩於路，而哭之哀。」這里第一次出現了「哭」。到了戰國時期的《孟子》，又引淳于髡的話說：「華周、杞梁之妻，善哭其夫而變國俗。」《韓詩外傳》引淳于髡曰：「杞梁之妻悲哭，而人稱詠。」這樣，就使《左傳》中的史實「杞梁妻拒齊莊公郊外弔唁」變成了「杞梁妻哭夫」，「善哭」，故事的重心發生偏移，突出了其哭的凄怨感人。《古詩十九首・西北有高樓》：「上有絃歌聲，音響一何悲？誰能為此曲？無乃杞梁妻。」由此可見，杞梁妻在當時人們的心目中已成了善哭的典型。

《列女傳》云：「哭於城下七日，而城為之崩。」這是故事的轉折點，將杞梁妻哭夫與城崩嫁接起來。《太平寰宇記》卷二十四引《琴操》亦云：「殖死，妻援琴悲歌曰：『樂莫樂兮新相知，悲莫悲兮生別離！哀哉，皇天！』既而城為之墮。」

這是顧炎武發現的古書通例之一，後來俞樾《古書疑義舉例》據此條例證定為「兩事連類而並稱例」。

《日知錄》卷二十六

史記通鑑兵事

秦楚之際，兵所出入之途，曲折變化，唯太史公序之如指掌。以山川郡國不易明，故曰東曰西曰南曰北，一言之下，而形勢瞭然。以關塞江河為一方界限，故於項羽，則曰「梁乃以八千人渡江而西」[1]，曰「羽乃悉引兵渡河」，曰「羽將諸侯兵三十餘萬，行略地至河南」，曰「羽渡淮」，曰「羽遂引東欲渡烏江」；於高帝則曰「出成皋玉門北渡河」，曰「引兵渡河，復取成皋」。蓋自古史書兵事地形之詳，未有過此者。太史公胸中固有一天下大勢，非後代書生之所能幾也。

司馬溫公《通鑑》承《左氏》而作，其中所載兵法甚詳，凡亡國之臣、盜賊之佐，苟有一策亦具錄之。朱子《綱目》大半削去，似未達溫公之意。

【注釋】

[1]《十七史商榷》卷二「江西江東」條：「所云江西乃指江北言。……以上所言江東，指今之江寧、鎮江、常州、蘇州、松江、嘉興、湖州等府，而言會稽守治，則今之蘇州府治也。而江西則古人西北通稱，非以對東乃得稱之。」

【點評】

朱熹說司馬遷學問「疏略淺陋」，「本意卻只在權謀功利」等等。與朱熹的觀點相對立，顧炎武盛讚司馬遷胸中有天下大勢，還讚揚司馬光的《資治通鑑》「所載兵法甚詳」，對於朱熹的《通鑑綱目》將《資治通鑑》所載用兵之策大半削去的做法，坦率地作了批評。明朝滅亡的時候，假道學們紛紛當了漢奸，而真道學們則是「愧無半

策匡時艱，臨危一死報君恩」。顧炎武對司馬遷的表彰，正是基於對明朝滅亡教訓的總結。〔註1〕

太史公胸中固有一天下大勢，這與他當年親自實地考察密切相關。陳垣先生有感於此，特提出：「敘事必明時與地，故必先有年表，有地圖。」

清儒牛運震《空山堂史記評注校釋》卷二：「項氏起江東，而西向攻秦入關中，其後漢王興西，項王據東，對峙分爭，五載乃定，故一篇之中，往往以『東』、『西』字為眼目。如『將引軍而西』、『數使使趣齊兵，欲與俱西』、『西破秦軍濮陽東』、『西略地至雝丘』、『乃與呂臣軍引兵而東』、『項羽聞漢王皆已並關中且東』、『如約即止，不敢東』、『楚以此故無西意，而北擊齊』、『漢王部五諸侯兵，凡五十六萬人，東伐楚』、『項王乃西從蕭，晨擊漢軍而東，至彭城』、『楚以故不能過滎陽而西』、『請和，割滎陽以西為漢』、『楚遂拔成皋，欲西。漢使兵距之鞏，令其不得西』、『項王乃自東擊彭城』、『項王東擊破之』、『西，與漢俱臨廣武而軍』、『毋令得東而已』、『乃東，行擊陳留、外黃』、『割鴻溝以西者為漢，鴻溝而東者為楚』、『項王已約，乃引兵解而東歸』、『漢欲西歸』、『於是項王乃欲東渡烏江』，此皆篇中關鍵也。中間『楚以此故無西意，而北擊齊』、『楚以故不能過滎陽而西』、『漢使兵距之鞏，令其不得西』，尤楚、漢成敗扼要處。篇末於項羽口中點『籍與江東八千人渡江而西』，回應返顧，更有情致，有章法。」

史記於序事中寓論斷

古人作史，有不待論斷，而於序事之中即見其指者 [1]，惟太史公能之 [2]。《平準書》末載卜式語 [3]，《王翦傳》末載客語，《荊軻傳》末載魯句踐語，《晁錯傳》末載鄧公與景帝語，《武安侯田蚡傳》末載武帝語，皆史家於序事中寓論斷法也。後人知此法者鮮矣，惟班孟堅間一有之。如《霍光傳》載任宣與霍禹語，見光多作威福；《黃霸傳》載張敞奏見祥瑞，多不以實，通傳皆褒，獨此寓貶，可謂得太史公之法者矣。

【注釋】

[1] 指：意旨，用意。

[2] 太史公：指司馬遷。

[3] 卜式，西漢河南郡（今河南洛陽市）人。因出資贊助朝廷拜其為中郎，後拜為齊王太傅，又轉任為丞相。

〔註1〕許蘇民：《日知錄一百句》，復旦大學出版社 2011 年版，第 65 頁。

【點評】

為了使歷史學能夠發揮「鑒往以訓今」的作用，顧炎武十分推崇司馬遷「於序事中寓論斷」的史學方法。這種治史方法，是在據事直書的基礎上，將事實判斷與價值判斷有機地統一起來。〔註2〕

顧炎武治史主張史論結合。在具體實現史論結合的方法上，他極欣賞司馬遷「於序事中寓論斷」的做法。顧炎武所提倡的這種史論結合的方法，亦深深影響到其《日知錄》的撰述。《日知錄》抄錄別人的話佔了十分之七八，他自己的話倒不過占十分之二三而已。《日知錄》所徵引的各類書籍，除十三經、二十一史、明歷朝實錄及各地府州縣志外，就達179種之多。表面看來，這真是「述而不作」地到家了，然而，他卻不是隨意地或機械地抄錄別人的話，而實在是經過了一番「採銅於山」的精心篩選和提煉才錄入其書的。

劉熙載《文概》卷一：「太史公寓主意於客位，允稱微妙。」梁章鉅《制義叢話》卷一引《書香堂筆記》：「予觀《左傳》及《史記》，不惟篇末多斷語，如『諸侯會於申』篇，中幅忽於疏解經旨口氣中插入『君子謂宋左師善守先代，子產善相小國』二句，『會於宋』篇忽於疏解經旨中插入『仲尼使舉是禮也，以為多文辭』，此皆斷語也。《史記·屈原列傳》『人君無智愚賢不肖』一段，《孟荀列傳》『昔武王以仁義伐紂而王』一段，皆突地插入斷語。」顧炎武亦善得太史公此法，喜歡於序事中寓論斷，看似不著一字，實則盡得風流。

這種讓他人（主要是古人）為自己代言的思想表述方式，恰是其「於序事中寓論斷」之史法的具體靈活的運用！若明乎此，便不至於會把他看成只是一位「埋頭於經史考證」而「不談哲理」的考據家了。反之，不明真相者就難免要為其形式所蒙蔽，遂至於不承認其為「著作」，如章學誠《章氏遺書》卷九《與林秀才書》就曾評論說：「為學者計，劄錄之功，必不可少，即顧氏所為《日知》，義本於子夏氏教，然存為功力，而不可以為著作。」後人之否認顧炎武為思想家和哲學家者，蓋皆章氏之類也。〔註3〕

〔註2〕許蘇民：《日知錄一百句》，復旦大學出版社2011年版，第63頁。
〔註3〕周可真：《顧炎武哲學思想研究》，當代中國出版社1999年版，第7頁。

《日知錄》卷二十七

文選注

　　阮嗣宗《詠懷詩》：「西遊咸陽中，趙李相經過。」[1] 顏延年注：「趙，漢成帝後趙飛燕也。李，武帝李夫人也。」按成帝時自有「趙李」。《漢書·谷永傳》言：「趙李從微賤專寵。」[2]《外戚傳》：「班倢伃侍者李平，平得幸，亦為倢伃。」[3]《敘傳》：「班倢伃供養東宮，進侍者李平為倢伃，而趙飛燕為皇后。自大將軍薨後，富平定陵侯張放、淳于長等始受幸，出為微行，行則同輿執轡，入侍禁中，設宴飲之會，及趙李，諸侍中皆引滿舉白，談笑大噱。」[4] 史傳明白如此，而以為武帝之李夫人，何哉！

【注釋】

　　[1] 見《文選》卷二三。

　　[2] 見《漢書》卷八五。

　　[3] 見《漢書》卷九七下。倢伃：宮中女官名。漢武帝時始置，位視上卿，秩比列侯。自魏晉至明多沿設。

　　[4] 見《漢書》卷一〇〇上。

【點評】

　　此條為微考據。顏延年注置史傳於不顧，對「趙李」隨意出注，不足為憑。顧炎武根據《漢書》中的三條材料證明「成帝時自有趙李」，其中的李是指侍者李平，而非漢武帝李夫人。而《漢語大詞典》沒有吸收顧炎武的考據成果，仍然誤釋為：「漢成帝皇后趙飛燕及漢武帝李夫人的並稱。二人都以能歌善舞受到天子寵愛。」清代考據學

取得的巨大成就沒有被現代學者充分吸納，這是令人遺憾的事情。今後在修訂大型語文工具書（如《辭海》、《辭源》、《漢語大詞典》、《漢語大字典》、《故訓匯纂》等）時，務必充量吸收清儒的考據成果，這是提升辭書品質的有效途徑。

陶淵明詩注

《西溪叢語》：「陶淵明詩云：『聞有田子春，節義為士雄。』[1]《漢書‧燕王劉澤傳》云：『高后時，齊人田生遊乏資，以書干澤，澤大悅之，用金二百斤為田生壽。田生如長安求事，幸謁者張卿，諷高后立澤為琅邪王。』晉灼曰：『《楚漢春秋》云：田生字子春。』[2] 非也。此詩上文云：「辭家夙嚴駕，當往至無終。」下文云：「生有高世名，既沒傳無窮。」其為田疇可知矣。《三國志》：「田疇，字子泰，右北平無終人也。」[3]「泰」一作「春」。若田生游說取金之人，何得有高世之名，而為靖節之所慕乎！

「遂盡介然分，終死歸田里。」是用方望《辭隗囂書》：「雖懷介然之節，欲潔去就之分。」[4]

「多謝綺與用，精爽今何如？」多謝者，非一言之所能盡，今人亦有此語。《漢書》：「趙廣漢為京兆尹，常記召湖都亭長西至界上，界上亭長戲曰：『為我多問趙君。』」[5] 注：「多問者，言殷勤，若今人千萬問訊也。」

【注釋】

[1] 見《擬古九首》之二，意謂田子春以節義立身，乃士人之傑出者也。《三國志‧魏書‧田疇傳》：「田疇，字子泰，右北平無終人也。」古《箋》：「《後漢書‧劉虞傳》注引《魏志》曰：『田疇，字子春。』是章懷所見《魏志》尚與靖節同也。」案《田疇傳》載：疇好讀書，善擊劍。董卓遷帝於長安，幽州牧劉虞欲奉使展節，遂屬田疇為從事。疇至長安致命，詔拜騎都尉，固辭不受。後還至鄉里，入徐無山中，營深險平敞地而居，躬耕以養父母。百姓歸之，數年間至五千餘家。疇為約束，興舉學校。眾皆便之，道不拾遺。北邊翕然服其威信。袁紹數遣使招命，皆拒不受。後助曹操平定烏桓，封疇亭侯，邑五百戶。疇自以始為居難，率眾遁此，志義不立，反以為利，非本義也，固讓。曹操知其至心，許而不奪。（魏）文帝踐祚，高疇德義，賜疇從孫續爵關內侯，以奉其嗣。節義：《三國志‧魏書‧田疇傳》裴注引《先賢行狀》載太祖表論疇功曰：「疇文武有效，節義可嘉，誠應寵賞，以旌其美。」

[2] 見姚寬《西溪叢語》卷下。

[3] 見《三國志》卷一一。

[4] 見《後漢書》卷十三。

[5] 見《漢書》卷七六。

【點評】

　　此條亦為微考據。辨田生非字子春，而為田疇。

《日知錄》卷二十八

職官受杖 [1]

撞郎之事 [2]，始於漢明，後代因之，有杖屬官之法。曹公性嚴，掾屬公事，往往加杖。《魏略》：「韓宣以當受杖，豫脫褌纏褌面縛。」[3] 宋劉道錫為廣州刺史，杖治中荀齊文垂死。魏劉仁之監作晉陽城，杖前殷州刺史裴瑗、并州刺史王緯。隋文帝詔諸司，論屬官罪，有律輕情重者，聽於律外斟酌決杖 [4]。燕榮為幽州總管，元弘嗣除長史，懼辱固辭。上知之，敕榮曰：「弘嗣杖十已上罪，皆奏聞。」榮忿曰：「豎子何敢弄我！」乃遣弘嗣監納倉粟，揚得一糠一粃皆罰之。每笞不滿十，然一日中或至三數。[5] 杜子美《送高三十五》詩：「脫身簿尉中，始與捶楚辭。」[6] 唐時自簿尉以上，即不加捶楚，優於南北朝多矣。

《黃氏日鈔》：「讀韓文公《贈張功曹詩》云：『判司卑官不堪說，未免捶楚塵埃間。』《通鑒》注：『唐謂州曹諸司參軍為判司。』然則唐之判司、簿尉類然與？然唐人之待卑官雖嚴，而卑官猶得以自申其法。如劉仁軌為陳倉尉，擅殺折衝都尉魯寧是也。我朝判司、簿尉以待新進士，而管庫監當，不以辱之，視唐重矣。乃近日上官苦役苛責，甚於奴僕。官之辱，法之屈也。此事關係世道。」[7]

唐自兵興以後，杖決之行，即不止於簿尉。張鎬杖殺豪州刺史閭丘曉，嚴武杖殺梓州刺史章彝，韓皋杖殺安吉令孫澥，柳仲郢杖殺南鄭令權奕。劉晏為觀察，自刺史六品以下，得杖而後奏，則著之於令矣。《宋史》：「理宗淳祐二年三月詔：今後州縣官有罪，帥司毋輒加杖責。」[8]

《晉書·王濛傳》：「為司徒左西屬，濛以此職有譴則應受杖，固辭。詔為

停罰，猶不就。」則不獨外吏矣。《南齊書·陸澄傳》：「郎官舊有坐杖，有名無實。澄在官，積前後罰，一日並受千杖。」《南史·蕭琛傳》：「齊明帝用法嚴峻，尚書郎坐杖罰者，皆即科行。琛乃密啟曰：『郎有杖，起自後漢，爾時郎官位卑，親主文案，與令史不異，故郎三十五人，令史二十人，士人多恥為此職。自魏、晉以來，郎官稍重，今方參用高華，吏部又近於通貴，不應官高昔品，而罰遵曩科。所以從來彈舉，止是空文，許以推遷，或逢赦恩，或入春令，便得息停。宋元嘉、大明中有被罰者，別由犯忤主心，非關常準。泰始、建元以來，並未施行。自奉敕之後，已行倉部郎江重欣杖督五十，無不人懷慚懼。乞特賜輸贖，使與令史有異，以彰優緩之澤。』帝納之。自是應受罰者，依舊不行。」此今日公譴擬杖之所自始。

《世說》：「桓公在荊州，恥以威刑肅物。令史受杖，正從朱衣上過。桓式年少，從外來云：『向從閣下過，見令史受杖，上捎雲根，下拂地足。』桓公曰：『我猶患其重。』」[9] 是令史服朱衣而受杖也。《南史·孔覬傳》：「為御史中丞，鞭令史，為有司所糾，原不問。」

《南齊書·張融傳》：「大明五年制：二品清官，行童幹杖，不得出十。」《梁書·江蒨傳》：「弟葺，為吏部郎，坐杖，曹中幹免官。」郎官之杖，虛杖也，故至於千；童幹之杖，實杖也，不得過十。然亦失中之法。

沈統大明中為著作佐郎。「先是，五省官所給幹童，不得雜役。太祖世坐以免官者前後數百人，統役童過差，有司奏免。世祖詔曰：『自頃幹童多不祗給，主可量聽行杖。』得行幹杖，自此始也。」

北朝政令，比之南朝，尤為嚴切。《高允傳》言：「魏初法嚴，朝士多見杖罰。」《孝昭帝紀》言：「尚書郎中，剖斷有失，輒加捶楚。」而及其末世，則有如高陽王雍之以州牧而杖殺職官，《任城王澄傳》。唐邕之以錄尚書而撾撻朝士者矣。

【注釋】

[1] 陳垣《日知錄校注》：「『杖』字索引。」

[2] 撞郎：《後漢書·鍾離意傳》：「（明帝）嘗以事怒郎藥崧，以杖撞之……崧曰：『天子穆穆，諸侯煌煌，未聞人君自起撞郎。』帝赦之。」後以「撞郎」為直臣的典故。盧照鄰《哭金部韋郎中》詩：「書留魏主闕，魂掩漢家床。徒令永平帝，千載罷撞郎。」

[3] 見《魏略》卷十四。

[4] 見《隋書》卷二開皇十七年三月條。

[5] 見《北史》卷八七。

[6]《邵氏聞見後錄》卷十八：杜子美贈高適詩云：「脫身簿尉中，始與捶楚辭。」退之贈張功曹詩云：「判司卑官不堪說，未免捶楚塵埃間。」杜牧之寄侄阿宜詩云：「一語不中治，鞭捶身滿瘡。」蓋唐參軍簿尉，有罪加撻罰，如今之胥吏也。高子勉親見山谷云爾。予初疑其不然，因讀唐史，代宗命劉晏考所部官善惡，刺史有罪者，五品以上劾治，六品以下杖訖奏，參軍簿尉不足道也。

[7] 見《黃氏日鈔》卷五九。

[8] 見《宋史》卷四二。

[9] 見《世說新語》卷上之下《政事篇》。

【點評】

專制政治體制把人不當人。廷杖制度正是專制政治把人不當人的一個重要表現，是一種踐踏人的尊嚴的罪惡的制度。但這種制度並不是明朝的發明，而是古已有之。如在北朝，官員因為一點小小的過失在朝廷上被當眾責打是常有的事，被當眾打死的事也屢見於歷史記載。到了隋朝，隋文帝楊堅又正式下詔，大官可以對下屬官員法外用刑。唐朝的情形總算比南北朝和隋朝要好一些。但唐朝從「安史之亂」以後，用亂棍把人打死的事情就不限於簿尉級別的官員了，州刺史也多有被上司當眾用亂棍打死的。州縣官挨打在宋朝也是家常便飯。至於明朝，顧炎武認為其廷杖制度又比前代嚴厲多了，除了對朝廷中的官員實行廷杖以外，對待新科進士也像唐朝對於簿尉一級的官員一樣施以杖刑。顧炎武還以他親身經歷的晚明歷史講述了「近日上官苦役苛責甚於奴僕」的事實。他認為，這種普遍實行的侮辱人格的制度理應予以廢除。〔註1〕

趙翼《陔餘叢考》卷十七「唐時簿尉受杖」條亦云：「（閻）覆奏云：『古者刑不上大夫。今郡守之貴，以徵租受杖，非所以勵廉隅也。』則元時官吏杖罰之制更烈於前代矣。前明又有廷杖之制。洪武中，杖死永嘉侯朱亮祖，以其父子鞭死工部尚書夏祥也。則太祖已開其端。其後寢不復用。正統中，奄豎擅權，竊以示威，於是殿陛行杖，遂為故事，並有荷校及罰跪之法。黃尊素疏云：『正統、正德中，廷杖乃王振、劉瑾為之。嘉靖、萬曆時，廷杖乃張璁、嚴嵩、張居正為之。』今按《明史》，亦有不盡出於權奸者。……嘉靖中，以爭大禮杖豐熙等百三十四人，死者十六人。其時張璁未當國，則固帝自為之也。張選之被杖，則以諫遣郭勳代享太廟。其時嵩亦尚未柄用，

〔註1〕許蘇民：《顧炎武評傳》，南京大學出版社 2006 年版，第 479～482 頁。

則亦帝自為之也。他如楊爵、楊最之杖死，則以諫服丹藥也。周天佐、浦鋐之被杖，則以救楊爵也。劉魁之被杖，則以諫造雷殿也。烏從謙之杖死，則諫齋醮也。楊允繩、張巽言之被杖，則以胡膏誣其薄修元品物也。何光裕、龔愷之被杖，則以劾史道、仇鸞也。甚至公卿大臣亦多不免。如總督郭宗皋、翟鵬，巡撫陳耀、朱方，皆以邊事被杖。刑部侍郎彭黯、左都御史屠僑、大理卿沈良才，以議丁汝夔獄緩被杖。耀、方斃杖下。黯、僑、良才等杖畢仍趣令治事。……逆瑾擅權，始令去衣，嘉靖時尤多杖斃。自古百僚之受辱，無有過前明者。其始權奸竊柄，創此刑以脅制朝士。其後習為故事，人主逞其一時之怒，用之於殿廷，而以為固然。朝廷既失刑，而被杖者轉因以得名，凡拜杖出國門者，海內士大夫咸希風景慕，不以為辱，而反以為榮，於是國法不足敵公論矣。至大吏之杖僚屬，雖非令甲，然亦間有行之者。正統中，王來為山西左參政，以公事杖死縣令不職者十人，逮下獄。景泰中，趙榮出勘河道，嘗撻辱官吏，三司上章劾之。成化中，李裕為副都御史，欲振臺綱，御史有過，或遭箠撻。雍泰為山西按察使，以太原知府尹珍不避道，召而跪之。珍不服，竟笞珍。後泰撫宣府，又以大杖決參將李稽。嘉靖中，胡纘宗以事笞陽武知縣王聯。蕭鳴鳳為廣東提學，以憤撻肇慶知府鄭章。雖皆以違制被劾，然亦見國法縱弛，外僚恃勢，竟敢有行之者。今武弁猶有杖罰之例，而文職則否，所全士大夫廉恥多矣。」

納女 [1]

漢王商為丞相 [2]，「皇太后嘗詔問商女，欲以備後宮。時女病，商意亦難之，以病對，不入。及商以閨門事見考，自知為王鳳所中，惶怖更欲內女為援。乃因新幸李婕妤家，白見其女。為大中大夫張匡所奏，免相，歐血薨，諡曰戾侯。」[3] 後魏鄭羲「為西兗州刺史，貪鄙，納女為嬪，徵為秘書監。及卒，尚書諡曰宣。詔曰：蓋棺定諡，激濁揚清。羲雖夙有文業，而治闕廉清，尚書何乃情遺至公，愆違明典？依諡法，博文多見曰文，不勤成名曰靈，諡曰文靈。」[4] 古之士大夫以納女後宮為恥，今人則以為榮矣。

古之名士，猶不肯與戚畹同列 [5]。魏夏侯玄為散騎黃門侍郎，嘗進見，與皇后弟毛曾並坐，玄恥之，不悅，形之於色 [6]。宋路太后頗豫政事，弟子瓊之宅，與太常王僧達並門，嘗盛車服衛從造僧達，僧達不為之禮。瓊之以訴太后，太后大怒。告上曰：「我尚在，而皆陵我家，死後乞食矣。」欲罪僧達，上曰：「瓊之年少，自不宜輕造諸王。僧達貴公子，豈可以此事加罪。」[7]

【注釋】

[1] 納女：謂獻女於天子、諸侯等。《禮記·曲禮下》：「納女於天子，曰備百姓；於國君，曰備酒漿；於大夫，曰備掃灑。」

[2] 王商（？～前25年），字子威，涿郡蠡吾人。西漢後期大臣，嗣位樂昌侯。漢元帝時，為右將軍、光祿大夫，保護太子劉驁的儲位。漢成帝劉驁繼位，改任左將軍。前29年三月，王商為丞相。為人敦厚，不滿大將軍王鳳專權，與其不和。前25年，王商被彈劾免相，三日後去世。

[3] 見《漢書》卷八二。

[4] 見《魏書》卷五六。

[5] 戚畹：猶戚里，本指帝王外戚聚居的地方，借指外戚。

[6] 見《三國志》卷九。

[7] 見《南史》卷二一。

【點評】

　　皇宮中聚集著數以千計、萬計的宮女和太監，是中國傳統社會的一大弊政。這一弊政之所以能夠長期存在而且興盛，是因為有以當宮女和太監為榮耀的國民性。是什麼時候開始形成這種國民性的呢？以納女後宮為榮，也許是從「不重生男重生女」的唐玄宗時期開始的吧。顧炎武論納女後宮為恥的意義在於，如果天下人都以納女後宮為恥，那麼儒家倫理所規定的帝王佔有大批婦女的特權也就不可能繼續存在；皇帝既不能佔有大批婦女，也就無須再用太監，由此就可以廢止每年閹割一千多名青年男子為太監的虐政，為圖富貴自宮為太監的風氣亦可從此消失。這一論述在當時的歷史條件下是很有進步意義的。〔註2〕

　　《禮記》裏記載周朝的后妃制度是：「古者天子後立六宮，三夫人，九嬪，二十七侍婦，八十一御妻。」天子有六宮娘娘、三位夫人、九位嬪妃、二十七位侍婦、八十一位妻子，加起來就有一二六個各種級別、各種名稱的老婆。後來又有後宮佳麗三千人之說，甚至成千上萬。帝王往往沉湎於女色，春宵苦短日高起，從此君位不早朝。「北方有佳人，絕世而獨立，一顧傾人城，再顧傾人國。」北方佳人有如此魅力，而南方佳人似乎更勝一籌，走向世界舞臺，更加具有狐魅之力。

　　宋俞文豹《吹劍四錄》：「漢之天下，弊於戚畹。」《宋史·李處耘傳論》：「幸聯戚畹之貴，秉旄繼世。」清洪昇《長生殿·賄權》：「榮誇帝裏，恩連戚畹，兄妹都承

〔註2〕許蘇民：《日知錄一百句》，復旦大學出版社2011年版，第85～86頁。

天眷。」

　　王商已知納女恥，商女恥作後宮花。帝制雖已消滅，帝王思想似乎並沒有消逝。一個皇帝死了，無數的土皇帝冒出來了。「古之士大夫以納女後宮為恥，今人則以為榮矣。」於是「國妖」與「軍中妖姬」開始聯袂登場，紛紛露崢嶸。

《日知錄》卷二十九

海運

　　唐時海運之事不詳於史。蓋柳城陷沒之後，至開元之初，新立治所，《唐書‧地理志》：「營州柳城郡，萬歲通天元年為契丹所陷。聖曆二年，僑治漁陽。開元五年，又還治柳城。」[1] 乃轉東南之粟以餉之耳。及其樹藝已成，則不復資於轉運，非若元時以此為恒制也。《舊唐書‧宋慶禮傳》：「張九齡《駁諡議》曰：『營州鎮彼戎夷，扼喉斷臂，逆則制其死命，順則為其主人，是稱樂都，其來尚矣。往緣趙翽作牧，馭之非才。自經瘝廢 [2]，便長寇孽 [3]。大明臨下，聖謀獨斷，恢祖宗之舊，復大禹之跡，以數千之役徒，無甲兵之強衛，指期遂往，稟命而行。於是量畚築 [4]，執鼙鼓 [5]，親總其役，不愆所慮，俾柳城為金湯之險，林胡生腹心之疾 [6]。尋而罷海運，收歲儲，邊庭晏然，河朔無擾 [7]。與夫興師之費，轉輸之勞，較其優劣，孰為利害？』」[8] 此罷海運之一證。

　　《舊唐書‧懿宗紀》：「咸通三年，南蠻陷交址 [9]，征諸道兵赴嶺南。時湘、漓溯運，功役艱難，軍屯廣州乏食。潤州人陳磻石詣闕上書言：『江西、湖南溯流運浪，不濟軍師，士卒食盡則散，此宜深慮。臣有奇計以餽南軍。』天子召見，磻石因奏：『臣弟聽思曾任雷州刺史，家人隨海船至福建。往來大船一隻，可致千石。自福建裝船，不一月至廣州。得船數十艘，便可臻三萬石至廣府。』又引劉海路進軍破盧循故事。掃政是之，以磻石為鹽鐵巡官，往揚子院專督海運，於是康承訓之軍皆不闕供。」[10]

【注釋】

[1] 見《新唐書》卷三九。柳城郡，相當於遼寧西部。

[2] 隳廢：毀壞；破壞。

[3] 寇孽：指殘匪；匪寇之殘餘。

[4] 畚築：盛土和搗土的工具。

[5] 鼖鼓：大鼓。古代用于役事。《詩·大雅·綿》：「百堵皆興，鼖鼓弗勝。」高亨注：「鼖鼓，一種大鼓。在眾人服力役的時候，要打起鼖鼓來催動工作。」《宋書·樂志一》：「長丈二尺者曰鼖鼓，凡守備及役事則鼓之。」

[6] 林胡：古族名。戰國時分布在今山西朔縣北至內蒙古自治區內。從事畜牧，精騎射。戰國末為趙將李牧擊敗，遂歸附於趙。唐代借指奚、契丹等族。

[7] 河朔：古代泛指黃河以北的地區。

[8] 見《舊唐書》卷一八五下。

[9] 交阯：原為古地區名，泛指五嶺以南。漢武帝時為所置十三刺史部之一，轄境相當今廣東、廣西大部和越南的北部、中部。東漢末改為交州。越南於十世紀三十年代獨立建國後，宋亦稱其國為交阯。

[10] 見《舊唐書》卷一九下。

【點評】

海運，古代特指由海道運糧至京師。《元史·食貨志五》：「海運，元自世祖用伯顏之言，歲漕東南粟，由海道以給京師。」陶宗儀《輟耕錄·海運》：「國朝海運糧儲，自朱清張瑄始，以為古來未嘗有此。按杜工部《出塞》云：『漁陽豪俠地，擊鼓吹笙竽。雲帆轉遼海，粳稻來東吳。』……如此，則唐時已有海運矣。」鄭觀應《盛世危言·鐵路》：「自河運改行海運以來，輪舶往還費省而效捷。」今泛指海上的運輸。參閱明危素《元海運志》、《清續文獻通考·國用十五》。

海上絲綢之路（陶瓷之路）是古代中國與外國交通貿易和文化交往的海上通道，該路主要以南海為中心，起點主要是泉州、廣州，所以又稱南海絲綢之路。海上絲綢之路形成於秦漢時期，發展於三國隋朝時期，繁榮於唐宋時期，轉變於明清時期，是已知的最為古老的海上航線。在陸上絲綢之路之前，已有了海上絲綢之路。它主要有東海起航線和南海起航線。海上絲綢之路是古代海道交通大動脈。自漢朝開始，中國與馬來半島就已有接觸，尤其是唐代之後，來往更加密切，作為往來的途徑，最方便的當然是航海，而中西貿易也利用此航道作交易之道，這就是我們稱為的海上絲綢之路。海上通道在隋唐時運送的主要大宗貨物是絲綢，所以大家都把這條連接東西方的

海道叫作海上絲綢之路。到了宋元時期，瓷器的出口漸漸成為主要貨物，因此，人們也把它叫作「海上陶瓷之路」。同時，還由於輸入的商品歷來主要是香料，因此也把它稱作「海上香料之路」。

唐宋元明清俱往矣，「一帶一路」為新時代的海運帶來了機遇。目前我國的海運還處於「大而不強」的狀況。隨著國運的勃興，我們必將走向深海，加強海上勢力與海運力量。

燒荒 [1]

守邊將士，每至秋月草枯，出塞縱火，謂之燒荒。《唐書》：「契丹每入寇幽、薊，劉仁恭歲燎塞下草，使不得留牧，馬多死，契丹乃乞盟。」[2] 是也，其法自七國時已有之。《戰國策》：「公孫衍謂義渠君曰：『中國無事於秦，則秦且燒焫，獲君之國。』」[3]

《英宗實錄》：「正統七年十一月，錦衣衛指揮僉事王瑛言：『御鹵莫善於燒荒。蓋鹵之恃者馬，馬之所恃者草。近來燒荒，遠者不過百里，近者五六十里，鹵馬來侵，半日可至，乞敕邊將，遇秋深，率兵約日同出，數百里外縱火焚燒，使鹵馬無水草可恃，如此則在我雖有一時之勞，而一冬坐臣可安矣。』」[4] 翰林院編修徐珵亦請每年九月盡敕坐營將官巡邊，分為三路：一出宣府抵赤城、獨石，一出大同抵萬全，一出山海抵遼東。各出塞三五百里燒荒，哨瞭如遇邊寇出沒 [5]，即相機剿殺。此先朝燒荒舊制 [6]，誠守邊之良法也。

【注釋】

[1] 燒荒：我國古代防範北方游牧民族入侵的一種措施。北方守邊將士秋日縱火焚燒野草，使入侵騎兵缺乏水草，無從取得給養。

[2] 見《新唐書》卷二一九。

[3] 見《戰國策‧秦策》。燒焫：焚燒；焚毀。《管子‧霸形》：「楚人攻宋鄭，燒焫熯焚鄭地。」《戰國策‧秦策二》：「中國無事於秦，則秦且燒焫獲君之國。」高誘注：「燒焫，猶滅壞。滅壞君國也。」鮑彪注：「焫，亦燒也。言火其國以得其地。」

[4] 見《英宗實錄》卷九八。前二「鹵」原作「虜」，後二「鹵」原作「胡」。

[5] 「邊寇」原作「虜寇」。

[6] 「先朝」原作「本朝」。

【點評】

燒荒，指墾荒前燒掉荒地上的野草、灌木等。以往燒荒不失為守邊良法，但現在普遍認為這是一種破壞環境、不利環保的行為。現在是「金山銀山不如綠水青山」。焚燒山野，焚林而獵，都是在破壞生態環境。

樓煩 [1]

樓煩乃趙西北邊之國，其人強悍，習騎射。《史記‧趙世家》：「武靈王行新地，遂出代西，遇樓煩王於西河，而致其兵。」[2]「致」云者，致其人而用之也。是以楚漢之際多用樓煩人，別為一軍。《高祖功臣侯年表》：「陽都侯丁復以趙將從起鄴，至霸上為樓煩將。」[3] 而《項羽本紀》：「漢有善騎射者樓煩。」[4] 應劭曰：「樓煩，胡也，今樓煩縣。」按：樓煩地大，不止一縣之人。則漢有樓煩之兵矣。《灌嬰傳》：「擊破柘公王武，斬樓煩將五人。攻龍且，生得樓煩將十人。擊項籍軍陳下，斬樓煩將二人。攻黥布別將於相，斬樓煩將三人。」[5]《功臣表》：「平定侯齊受以驍騎都尉擊項籍，得樓煩將。」則項王及布亦各有樓煩之兵矣。蓋自古用蠻夷攻中國者，始自周武王牧野之師，有庸、蜀、羌、髳、微、盧、彭、濮。而晉襄公敗秦於殽，實用姜戎為犄角之勢。大者王，小者霸。於是武靈王踵此，用以謀秦，而鮮卑、突厥、回紇、沙陀自此不絕於中國矣。

【注釋】

[1] 樓煩：古代北方部族名，精於騎射。因以代指善射的將士。《史記‧樊酈滕灌列傳》：「（灌嬰）軍於燕西，所將卒斬樓煩將五人。」裴駰《史記集解》引李奇曰：「其人善騎射，故以名射士為『樓煩』，取其美稱，未必樓煩人也。」

[2] 見《史記》卷四三。

[3] 見《史記》卷十八。

[4] 見《史記》卷七。

[5] 見《史記》卷九五。

【點評】

與黃宗羲、王夫之一樣，顧炎武的政治思想，亦肇因於對明王朝覆滅之教訓的總結。滿清軍事貴族之所以能夠入主中原，直接的原因是由於明朝的山海關總兵吳三桂引清軍入關來鎮壓農民起義，由此便造成了「三桂借東夷而東夷遂吞我中華」的歷史悲劇。顧炎武發現，這種「寧贈友邦，勿與家奴」的反動政治哲學是由來已久的，它

幾乎成了三千年中國君主專制主義政治史的一大通病。於是，徹底揭露和清算這一反
動政治哲學對於民族的危害，就成為顧炎武著重予以解決的一個重大歷史課題。鑒於
明朝滅亡的慘痛教訓，顧炎武最痛恨歷史上借「夷狄」的軍隊來爭奪天下、屠殺本民
族的同胞、以實現其家天下的一己之私利的統治者。對於歷代統治者的這一罪惡行
徑，顧炎武予以了無情的揭露。他認為，借蠻夷的軍隊來爭奪天下的傳統是從儒家推
崇的聖王周武王開始的。周武王姬發為了奪取商朝的天下，不惜借助當時的蠻夷之兵
來殺中國人。此端一開，後世踵相效法。先是周平王宜臼勾結犬戎殺了自己的父親周
幽王和兄弟太子伯盤，接著又有晉襄公、趙武靈王借助夷狄的力量以攻秦，後來又有
劉邦和項羽分別借助於夷狄的力量來爭奪天下；三千年來夷狄之禍之所以「不絕於中
國」，多次造成中夏亡國之禍，根源就在於歷代那些想當帝王的人，為了實現其「惟辟
作威，惟辟作福，惟辟玉食」的一己之私欲，不惜喪心病狂地借助外族的軍隊來屠殺
華夏民族的人民。周武王是正統儒家推崇的上古三代的聖王之一，是不容批評的大聖
人，顧炎武敢於揭露「自古用蠻夷攻中國者，始自周武王」；這樣的膽識除了直斥周文
王立制「恃一人之耳目以弱天下」的王夫之、大聲疾呼「為天下之大害者，君而已矣」
的黃宗羲以外，在當時幾乎是無人能夠比擬的。……專制統治者把家天下的一己之私
利置於民族利益之上，是造成外敵入侵、喪權辱國的根本原因，是阻礙中國社會發展
的根本因素。〔註1〕

　　顧炎武此條劄記如同匕首投槍，極具殺傷力。果如其言，亂我中華者，始於聖人
周武王牧野之戰之開門揖盜，引狼入室。

〔註1〕許蘇民：《顧炎武評傳》，南京大學出版社2006年版，第446～447頁。又見許
　　蘇民：《日知錄一百句》，復旦大學出版社2011年版，第132～134頁。

《日知錄》卷三十

天文

三代以上，人人皆知天文。「七月流火」[1]，農夫之辭也；「三星在天」[2]，婦人之語也；「月離于畢」[3]，戍卒之作也；「龍尾伏晨」[4]，兒童之謠也。後世文人學士有問之而茫然不知者矣。若曆法，則古人不及近代之密。

樊深《河間府志》曰：「愚初讀律書，見私習天文者有禁。後讀制書，見廟語楊士奇等曰：『此律自為民間設耳，卿等安得有禁？』遂以《天元寶曆祥賦》賜群臣。由律書之言觀之，乃知聖人所憂者深；由制書之言觀之，乃知聖人之所見者大。」

【注釋】

[1] 見《詩經·豳風·七月》。火指大火星（即心宿）。夏曆五月的黃昏，火星在中天，七月的黃昏，星的位置由中天逐漸西降。後多借指農曆七月暑漸退而秋將至之時。

[2] 見《詩經·唐風·綢繆》。

[3] 見《詩經·小雅·漸漸之石》。

[4] 見《左傳》僖公五年。「伏晨」應作「伏辰」。

【點評】

顧炎武為中國古代天文學的發達感到自豪，也為後世文人學士不懂天文而感到悲哀。受晚明西方傳來的天文曆法知識的影響，他對天文學表現出很大的熱情，肯定西方傳入的天文曆法知識的精密，把精通天文學看作是「學究天人」的必由之路。對於

我們現代人來說，雖然不一定每個人都成為天文學專家，但具備一些天文知識，時時仰望星空，對於提升精神境界和陶冶性情，還是有益的。〔註1〕

　　這是顧炎武的天文觀。我們對此持謹慎態度。三代以上，人人皆知天文之常識，未必皆明天文之理。

　　《唐律疏議》卷五：「並私習天文者，並不在自首之例。」疏議曰：「天文玄遠，不得私習。」自唐代至明清，天文被禁止私習，違者重罰。

〔註1〕許蘇民：《日知錄一百句》，復旦大學出版社 2011 年版，第 13 頁。

《日知錄》卷三十一

吳會 [1]

宋施宿《會稽志》曰：「按《三國志》，吳郡會稽為吳、會二郡。張紘謂：『收兵吳、會，則荊、揚可一。』《孫賁傳》云：『策已平吳、會二郡。』《朱桓傳》云：『使部伍吳、會二郡。』《全琮傳》云：『分丹陽、吳、會三郡險地為東安郡。』是也。前輩讀為『都會』之會，殆未是。」[2] 錢康功曰：「今平江府署之南名吳會坊。《漢書・吳王濞傳》：『上患吳會輕悍。』」按今本《史記》、《漢書》並作「上患吳會稽」[3]，不知順帝時始分二郡，漢初安得言「吳會稽」？當是錢所見本未誤，後人妄增之。

魏文帝詩：「吹我東南行，行行至吳會。」[4] 陳思王《求自試表》曰：「撫劍東顧，而心已馳於吳會矣。」[5] 晉文王與孫皓書曰：「惠矜吳會，施及中土。」[6] 魏元帝加晉文王九錫文曰：「掃平區宇，信威吳會。」[7] 阮籍為鄭沖勸晉王箋曰：「朝服濟江，掃除吳會。」[8] 陳壽《上諸葛亮集》曰：「身使孫權求援吳會。」[9] 羊祜上疏曰：「西平巴蜀，南和吳會。」[10] 荀勗《食舉樂東西廂歌》曰：「既禽庸蜀，吳會是賓。」[11] 左思《魏都賦》曰：「覽麥秀與黍離，可作謠於吳會。」[12] 武帝問劉毅曰：「吾平吳會，一同天下。」[13] 石崇奏惠帝曰：「吳會僭逆，幾於百年。」[14] 石勒表王濬曰：「晉祚淪夷，遠播吳會。」[15] 慕容廆謂高瞻曰：「翦鯨豕於二京，迎天子於吳會。」[16] 丁琪諫張祚曰：「先公累執忠節，遠宗吳會。」[17] 此不得以為會稽之會也。蓋漢初元有此名，如曰「吳都」云爾。

若《孫賁》、《朱桓傳》，則後人之文偶合此二字，不可以證《吳王濞傳》也。

-355-

【注釋】

[1] 吳會：秦漢會稽郡治在吳縣，郡縣連稱為吳會。趙翼《陔餘叢考·吳會》：「西漢時會稽郡治本在吳縣，時俗以郡縣連稱，故云吳會。」

[2] 見宋施宿《嘉泰會稽志》卷一注，顧炎武稍有改易，《全琮傳》是亭林所加。

[3] 陳垣《日知錄校注》：「北宋景祐本有『稽』字，鄭樵《通志》七十八引亦有『稽』字。」

[4] 見曹丕《雜詩二首》之二。

[5] 見《昭明文選》卷三七。

[6] 見《漢晉春秋》卷二。

[7] 見《晉書》卷二。

[8] 見《昭明文選》卷四〇。

[9] 見《三國志·蜀志五》。

[10] 見《晉書》卷三四。

[11] 見《樂府》卷十三。

[12] 見《昭明文選》卷六。

[13] 見《晉書》卷四五，原作「混一天下」。

[14] 見《晉書》卷三三。

[15] 見《晉書》卷一〇四。

[16] 見《晉書》卷一〇八。

[17] 見《晉書》卷八六。

【點評】

陳垣《日知錄校注》：「『吳會』索引。」這是極簡版「吳會」歷史。東漢分會稽郡為吳、會稽二郡，並稱吳會。後亦泛稱此兩郡故地為吳會。唐以後，俗亦稱平江府（今江蘇蘇州）為吳會。納蘭性德《淥水亭雜識》卷一：「世多稱平江為吳會，意謂吳為東南一都會也。自唐以來如此，今郡中有吳會亭，府治前有吳會坊。」顧炎武認為吳會是一地，錢大昕認為吳會是二地。

三輔黃圖 [1]

漢西京宮殿甚多，讀史殊不易曉。《三輔黃圖》敘次頗悉，以長樂、未央、建章、北宮、甘泉宮為綱 [2]，而以其中宮室臺殿為目，甚得體要。但其無所附麗者悉入北宮及甘泉宮下，則舛矣。今當以明光宮、太子宮二宮別為一

條 [3]，為長安城內諸宮；永信宮、中安宮、養德宮別為一條 [4]，為長安宮異名；長門宮、鉤弋宮、儲元宮、宣曲宮別為一條 [5]，為長安城外離宮；昭臺宮、大臺宮、扶荔宮、蒲萄宮別為一條 [6]，為上林苑內離宮；宜春宮、五柞宮、集靈宮、鼎湖宮、思子宮、黃山宮，池陽宮、步壽宮、萬歲宮、梁山宮、回中宮、首山宮別為一條，為各郡縣離宮。別有明光宮，不知其地，附列於後。而梁山宮當併入秦梁山宮下。則區分各當矣。

【注釋】

[1]《三輔黃圖》，又名《西京黃圖》，簡稱《黃圖》，不著作者姓名。初本成書的時間，孫星衍序斷為「漢末人撰」；苗昌言題詞定為「漢、魏間人所作」；晁公武《郡齋讀書志》定為「梁、陳間人作」；陳直認為「原書應成於東漢末曹魏初斯」。

[2] 長樂：即長樂宮。西漢高帝時，就秦興樂宮改建而成。為西漢主要宮殿之一。漢初皇帝在此視朝。惠帝後，為太后居地。故址在今陝西省西安市西北郊漢長安故城東南隅。未央：即未央宮。故址在今陝西西安市西北長安故城內西南隅。漢高帝七年建，常為朝見之處。新莽末毀。東漢末董卓復葺未央殿。唐未央宮在禁苑中，至唐末毀。《史記·高祖本紀》：「蕭丞相營作未央宮，立東闕、北闕、前殿、武庫、太倉。」《三輔黃圖·漢宮》：「未央宮，周回二十八里，前殿東西五十丈，深五十丈，高三十五丈。」建章：即建章宮。漢代長安宮殿名。《三輔黃圖·漢宮》：「武帝太初元年，柏梁殿災。粵巫勇之曰：『粵俗，有火災即復大起屋，以厭勝之。』帝於是作建章宮，度為千門萬戶。宮在未央宮西，長安城外。」北宮：漢宮名。在長安。漢高祖時建，後武帝增修之。《漢書·東方朔傳》：「常從遊戲北宮，馳逐平樂，觀雞鞠之會，角狗馬之足，上大歡樂。」《三輔黃圖·漢宮》：「北宮在長安城中，近桂宮，俱在未央宮北，周回十里。高帝時制度草創，孝武增修之。」甘泉宮：故址在今陝西淳化西北甘泉山。本秦宮。漢武帝增築擴建，在此朝諸侯王，饗外國客；夏日亦作避暑之處。《三輔黃圖·甘泉宮》：「一曰雲陽宮……始皇二十七年作甘泉宮及前殿，築甬道自咸陽屬之。漢武帝建元中增廣之。周回一十九里，中有牛首山，望見長安城。」

[3] 明光宮：漢宮名。《三輔黃圖·甘泉宮》：「武帝求仙起明光宮，發燕趙美女二千人充之。」太子宮：漢宮名。

[4] 永信宮、中安宮、養德宮：漢宮名。

[5] 長門宮：漢宮名。漢司馬相如《長門賦》序：「孝武皇帝陳皇后時得幸，頗妒，

別在長門宮，愁悶悲思。聞蜀郡成都司馬相如天下工為文，奉黃金百斤，為相如、文君取酒，因於解悲愁之辭。而相如為文以悟主上，陳皇后復得親幸。」

鉤弋宮：漢宮名。《漢書·外戚傳上·孝武鉤弋趙倢伃》：「拳夫人進為倢伃，居鉤弋宮。」顏師古注：「《黃圖》鉤弋宮在城外，《漢武故事》曰在直門南也。」

儲元宮：漢宮殿名。《漢書·外戚傳下·孝元馮昭儀》：「元帝崩，為信都太后，與王俱居儲元宮。」顏師古注：「《黃圖》：在上林苑中。」《三輔黃圖·甘泉宮》：「儲元宮，在長安城西。」宣曲宮：漢宮名。

[6] 昭臺宮：漢宮名。大臺宮：漢宮名。扶荔宮：漢宮名。蒲萄宮：漢宮名。漢哀帝時單于來朝，住在此宮內。《三輔黃圖·甘泉宮》：「葡萄宮在上林苑西，漢哀帝元壽二年，單于來朝，以太歲厭勝所，舍之此宮也。」

【點評】

此條可視為顧炎武為《三輔黃圖》一書所擬廣告。《三輔黃圖》所載秦漢時期長安城及其周圍的布局、宮殿、館閣、苑囿、池沼、臺榭、府庫、倉庫、橋樑、文化設施、禮制建設等，各項建築，皆指出所在方位。條分縷析，最為詳備。它是研究古代都城，特別是研究漢都長安最重要的歷史文獻，亦為研究關中歷史地理的重要資料。陳直《三輔黃圖校證》、何清谷《三輔黃圖校釋》皆可資參考。

闕里 [1]

《水經注》：「孔廟東南五百步有雙石闕，故名闕里。」[2] 按《春秋·定公二年》：「夏五月壬辰，雉門及兩觀災。冬十月，新作雉門及兩觀。」注：「雉門，公宮之南門。兩觀，闕也。」《禮記》：「昔者仲尼與於蠟賓，事畢，出遊於觀之上。」[3]《史記·魯世家》：「煬公築茅闕門。」蓋闕門之下，其裏即名闕里，而夫子之宅在焉。亦謂之「闕黨」，[4]《魯論》有「闕黨童子」、「荀子、仲尼居於闕黨」是也。後人有以居為氏者。《漢書·儒林傳》：「有鄒人闕門慶忌」注云：「姓闕門，名慶忌。」

【注釋】

[1] 闕里：孔子故里。在今山東曲阜城內闕里街。因有兩石闕，故名。孔子曾在此講學。後建有孔廟，幾占全城之半。後來借指曲阜孔廟；或借指儒學。

[2] 見清趙一清注《水經注釋》卷二十五「西南過魯縣北」條。

[3] 見《禮記·禮運》：「昔者仲尼與於蠟賓。」鄭玄注：「時孔子仕魯，在助祭之中。」蠟賓，年終祭祀的助祭人。

[4] 闕黨：指闕里。

【點評】

闕里第一道石坊曰「金聲玉振坊」，最後有「大成殿」。坊殿之名均取自《孟子》：「孔子之謂集大成。集大成也者，金聲而玉振之也。金聲也者，始條理也；玉振之也者，終條理也。」意思是說，孔子集古聖賢之大成，完美無缺，自始至終、始終而一。

杏壇 [1]

今夫子廟庭中有壇，石刻曰「杏壇」。《闕里志》[2]：「杏壇，在殿前，夫子舊居。」非也。杏壇之名出自《莊子》。莊子曰：「孔子游乎緇帷之林，休坐於杏壇之上。弟子讀書，孔子絃歌鼓琴。奏曲未半，有漁父者下船而來，鬚眉交白，被髮揄袂，行原以上，距陸而止，左手據膝，右手持頤，以聽曲終。」又曰：「孔子乃下求之，至於澤畔，方將杖挐而引其船，顧見孔子還，鄉而立，孔子反走，再拜而進。」又曰：「客乃刺船而去，延緣葦間。顏淵還車，子路授綏，孔子不顧，俟水波定，不聞挐音，而後敢乘。」司馬彪云：「緇帷 [3]，黑林名也。杏壇，澤中高處也。」《莊子》書凡述孔子皆是寓言。漁父不必有其人，杏壇不必有其地，即有之，亦在水上葦間，依破旁渚之地，不在魯國之中也，明矣。

今之杏壇，乃宋乾興間四十五代孫道輔增修，祖廟移大殿，於後因以講堂舊基甃石為壇，環植以杏，取杏壇之名名之耳 [4]。

【注釋】

[1] 《闕里志》二十四卷，明陳鎬撰，孔胤植重纂。陳鎬，會稽人，成化丁未進士，官至右副都御史，巡撫湖廣。孔胤植，孔子六十五世孫，襲封衍聖公。闕里向無志乘，僅有《孔庭纂要》、《祖庭廣記》諸書。弘治甲子，重修闕里孔廟成，李東陽承命致祭。時鎬為提學副使，因屬之編次成志。崇禎中，孔胤植重加訂補，是為今本。以圖像、禮樂、世家、事蹟、祀典、人物、林廟、山川、古蹟、恩典、弟子、撰述、藝文分類排纂。《四庫提要》認為其書「編次冗雜，頗無體例」。

[2] 杏壇：相傳為孔子聚徒授業講學處。

[3] 緇帷：喻林木繁茂之處。

[4] 北宋乾興元年（1022 年），孔子四十五代孫道輔監修曲阜祖廟，將大殿北移，

於其舊基築壇，環植杏樹，即以「杏壇」名之。壇上有石碑，碑篆「杏壇」二字為金翰林學士黨懷英所書。明隆慶間重修，並築方亭。清乾隆於其中立《杏壇贊》御碑。甃石，砌石，壘石為壁。

【點評】

「杏壇」典故最早見於《莊子‧漁父》：「孔子游乎緇帷之林，休坐乎杏壇之上。弟子讀書，孔子絃歌鼓琴。」後人因莊子寓言，在山東省曲阜市孔廟大成殿前，為之築壇、建亭、書碑、植杏。後因以為高人賢士講學之典。顧炎武是正統派考據家，他非常輕視老莊道家之言，其考證法則有一條是「寓言不足為據」。毋庸諱言，這也是他的侷限性。

《日知錄》卷三十二

奈何

「奈何」二字，始於《五子之歌》：「為人上者，奈何不敬！」《左傳》：「河魚腹疾 [1]，奈何。」《曲禮》曰：「國君去其國，止之曰：『奈何去社稷也！』大夫曰：『奈何去宗廟也！』士曰：『奈何去墳墓也！』」《楚辭·九歌·大司命》：「愁人兮奈何！」《九辯》：「君不知兮可奈何！」此「奈何」二字之祖。《左傳》華元之歌曰：「牛則有皮，犀尚多，棄甲則那！」直言之曰「那」，長言之曰「奈何」，一也。又《書》：「如五器 [2]。」鄭康成讀「如」為乃個反。《論語》：「吾末如之何也已矣。」音亦與「奈」同。

六朝人多書「奈」為「那」。《三國志》注文欽《與郭淮書》曰：「所向全勝，要那後無繼何！」《宋書·劉敬宣傳》：「牢之曰：『平元之後，令我那驃騎何！』」

唐人詩多以「無奈」為「無那」[3]。

【注釋】

[1] 河魚腹疾：指腹瀉。魚爛先自腹內始，故有腹疾者，以河魚為喻。亦作「河魚之疾」。亦省作「河魚」。

[2] 五器：五等爵朝聘的禮器。

[3] 無那：無奈，無可奈何。

【點評】

顧炎武從《尚書》、《左傳》、《禮記》、《楚辭》一直到六朝、唐人詩文，考察「奈

何」一詞的演變情況。考據之法一開，影響至於今日。

桑梓 [1]

　　《容齋隨筆》謂：「《小雅》：『維桑與梓，必恭敬止。』並無鄉里之說，而後人文字乃作鄉里事用。愚考之張衡《南都賦》云：『永世克孝，懷桑梓焉。真人南巡，睹舊里焉。』蔡邕作《光武濟陽宮碑》云：『來在濟陽，顧見神宮，追惟桑梓褒述之義。』陳琳為袁紹檄云：『梁孝王先帝母弟墳陵尊顯，松柏桑梓，猶宜肅恭。』漢人之文必有所據。齊、魯、韓三家之《詩》不傳，未可知其說也。以後魏鍾會《與蔣斌書》：『桑梓之敬，古今所敦。』晉左思《魏都賦》：『畢、昂之所應，虞、夏之餘人，先王之桑梓，列聖之遺塵 [2]。』陸機《思親賦》：『悲桑梓之悠曠，愧蒸嘗之弗營 [3]。』《贈弟士龍詩》：『迫彼窀穸 [4]，載驅東路。繼其桑梓，肆力丘墓。』《贈顧彥先詩》：『眷言懷桑梓，無乃將為魚。』《百年歌》：『辭官致祿歸桑梓。』潘尼《贈陸機出為吳王郎中令詩》：『祁祁大邦，惟桑與梓。』《贈滎陽太守吳子仲詩》：『垂覆豈他鄉，回光臨桑梓。』潘岳《為賈謐作贈陸機詩》：『旋反桑梓，帝弟作弼。』陸雲《答張士然詩》：『感念桑梓域，彷彿眼中人。』閭式《復羅尚書》：『人懷桑梓。』劉琨《上愍帝表》：『蒸嘗之敬在心，桑梓之情未克。』袁宏《三國名臣贊》：『子布擅名，遭世方擾。撫翼桑梓 [5]，息肩江表 [6]。』宋武帝《復彭沛下邳三郡租詔》：『彭城桑梓本鄉，加隆攸在。』文帝《復丹徒租詔》：『丹徒桑梓，綢繆攸始。』謝靈運《孝感賦》：『戀丘墳而縈心，憶桑梓而零淚。』《會吟行》：『東方就旅逸 [7]，梁鴻去桑梓。』何承天《饒歌》：『願言桑梓思舊遊。』鮑照《從過舊宮詩》：『嚴恭履桑梓，加敬覽枌榆 [8]。』梁武帝《幸蘭陵詔》：『朕自違桑梓五十餘載。』劉峻《辨命論》：『居先王之桑梓，竊名號於中縣 [9]。』江淹《擬陸平原詩》：『明發眷桑梓，永歎懷密親。』則又從《南都賦》之文而承用之矣。」按：古人桑梓之說，不過敬老之意。《說苑》：「常樅謂老子曰：『過喬木而趨子，知之乎？』老子曰：『過喬木而趨，非謂敬老邪？』常樅曰：『嘻，是已！』」此於《詩》為興體，言桑梓猶當養敬，而況父母為人子之所瞻依 [10]。

【注釋】

　　[1] 桑梓：《詩·小雅·小弁》：「維桑與梓，必恭敬止。」朱熹《詩集傳》：「桑、梓
　　　　二木。古者五畝之宅，樹之牆下，以遺子孫給蠶食、具器用者也⋯⋯桑梓父母

所植。」東漢以來一直以「桑梓」借指故鄉或鄉親父老。漢張衡《南都賦》:「永
世克孝,懷桑梓焉;真人南巡,睹舊里焉。」晉袁宏《後漢紀・明帝紀上》:「中
國者,先王之桑梓也。」唐柳宗元《聞黃鸝》詩:「鄉禽何事亦來此,令我生心
憶桑梓。」元劉塤《隱居通議・文章四》:「某不材,見棄於時,桑梓羞之。」

[2] 遺塵:指前人行動所留的痕跡。

[3] 蒸嘗:本指秋冬二祭。後泛指祭祀。

[4] 窀穸:墓穴。

[5] 撫翼:拍擊翅膀。比喻奮起。

[6] 息肩:卸去負擔。

[7] 旅逸:謂為客而放逸。

[8] 枌榆:漢高祖故鄉的里社名。後來泛指故鄉。

[9] 中縣:指中原。

[10] 瞻依:瞻仰依恃。表示對尊長的敬意。語出《詩・小雅・小弁》:「靡瞻匪父,
靡依匪母。」鄭玄箋:「此言人無不瞻仰其父取法則者,無不依恃其母以長大
者。」

【點評】

　　「桑梓」一詞最初並無鄉里之說,東漢以後乃作鄉里事用,顧炎武徵引《容齋隨
筆》的說法,從張衡、蔡邕的詩賦一直考察到江淹的詩,稍加補充,得出新的結論:
「古人桑梓之說不過敬老之意。」我們現在可以增補更多的例證,但無法改變其結論。
這就是考據學的魔力。

主要參考文獻

一、版本類（含校本、選本）

1. 日知錄集釋：（清）顧炎武著、（清）黃汝成集釋，上海古籍出版社 1985 年版。

2. 日知錄集釋：（清）顧炎武著、（清）黃汝成集釋，嶽麓書社 1994 年版。

3. 日知錄校注：（清）顧炎武著、陳垣校注，安徽大學出版社 2007 年版。

4. 日知錄校釋：（明）顧炎武著、張京華校釋，嶽麓書社 2011 年版。

5. 日知錄導讀：趙儷生著，巴蜀書社 1992 年版。

6. 日知錄一百句：許蘇民解讀、許廣民注譯，復旦大學出版社 2011 年版。

7. 日知錄選譯：張豔雲、段塔麗譯注，鳳凰出版社 2011 年版。

8. 日知錄：鄭若萍注譯，崇文書局 2017 年版。

二、詩文類

1. 顧亭林詩箋注：徐嘉箋注，清光緒丁酉山陽徐賓華味靜齋本。

2. 顧亭林詩集匯注：王蘧常匯注，上海古籍出版社 1983 年版。

3. 顧亭林詩文集：（清）顧炎武撰、華忱之點校，中華書局 1983 年第 2 版。

4. 顧亭林詩箋釋：王冀民箋釋，中華書局 1998 年版。

5. 顧炎武文選：（清）顧炎武著、張兵選注，蘇州大學出版社 2001 年版。

6. 吳宓評注顧亭林詩集：（明）顧炎武著、吳宓評注，人民文學出版社 2010 年版。

7. 顧炎武詩文選譯：李永祜、郭成韜譯注，鳳凰出版社 2011 年版。

8. 顧炎武全集：（清）顧炎武著，上海古籍出版社 2012 年版。

9. 顧炎武文：唐敬杲選注、司馬朝軍校訂，崇文書局 2014 年版。

三、年譜類

1. 顧亭林先生年譜：（清）張穆著，道光二十四年刊本。

2. 顧亭林先生年譜：（清）顧衍生原編、吳映奎重輯、車持謙增撰，北京圖書館出版社 1997 年版。

3. 顧亭林學譜：謝國楨著，商務印書館 1957 年版。

4. 顧炎武年譜：周可真著，蘇州大學出版社 1998 年版。

四、傳記類

1. 顧炎武傳略：趙儷生著，上海人民出版社 1955 年版。

2. 顧亭林學記：張舜徽著，中華書局 1963 年版。

3. 顧炎武：張豈之著，中華書局 1982 年版。

4. 顧炎武：陳祖武著，中華書局 1984 年版。

5. 顧炎武：盧興基著，上海古籍出版社 1985 年版。

6. 顧亭林與王山史：趙儷生著，齊魯書社 1986 年版。

7. 一代儒宗顧亭林：葛榮晉、魏長寶著，臺灣文津出版社 2000 年版。

8. 曠世大儒——顧炎武：陳祖武、朱彤窗著，河北人民出版社 2000 年版。

9. 顧炎武評傳：許蘇民著，南京大學出版社 2006 年版。

10. 江蘇歷代名人傳記叢書·顧炎武：陸月宏著，江蘇人民出版社 2013 年版。

11. 心同山河——顧炎武傳：陳益著，作家出版社 2014 年版。

12. 顧炎武：孫長來著，遼海出版社 2016 年版。

13. 大家精要·顧炎武：許蘇民著，陝西師範大學出版總社 2017 年版。

五、研究類

1. 顧炎武學術思想研究彙編：存萃學社編集，周康燮主編，大東圖書公司 1980 年版。

2. 趙儷生文集：趙儷生著，蘭州大學出版社 2002 年版。

3. 顧炎武論考：沈嘉榮著，江蘇古籍出版社 1994 年版。

4. 顧炎武哲學思想研究：周可真著，當代中國出版社 1999 年版。

5. 考據話語及其效應：顧亭林與清代哲學的方向：魏長寶著，中國人民大

學博士學位論文 2000 年。

6. 明清之際新仁學：顧炎武思想研究：周可真著，中國百科全書出版社 2006 年版。

7. 顧炎武與中國文化：周可真著，黃山書社 2009 年版。

8. 顧祠——顧炎武與晚清士人政治人格的重塑：段志強著，復旦大學出版社 2015 年版。

六、學術史文化史類

1. 中國近三百年學術史：錢穆著，中華書局 1986 年版。

2. 清儒學案新編：楊向奎主編，齊魯書社 1985 年版。

3. 明清啟蒙學術流變：蕭箑父、許蘇民著，遼寧教育出版社 1995 年版。

4. 清初學術思辨錄：陳祖武著，中國社會科學出版社 1992 年版。

5. 清儒學術拾零：陳祖武著，湖南人民出版社 2002 年版。

6. 清代學術探研錄：王俊義著，中國社會科學出版社 2002 年版。

7. 中國學術史研究：胡楚生著，臺灣學生書局 2009 年版。

8. 明清之際士大夫研究：趙園著，北京大學出版社 2014 年版。

9. 制度・言論・心態——明清之際士大夫研究續編：趙園著，北京大學出版社 2006 年版。

七、社會史思想史類

1. 孟和文存：陶孟和著，上海書店出版社 2011 年版。

2. 晚明思想史論：嵇文甫著，東方出版社 1996 年版。

3. 中國早期啟蒙思想史：侯外廬著，人民出版社 1956 年版。

4. 新綱常：中國社會的道德根基：何懷宏著，四川人民出版社 2013 年版。

5. 良心論：何懷宏著，北京大學出版社 2017 年版。

6. 世襲社會：西周至春秋社會形態研究：何懷宏著，北京大學出版社 2017 年版。

7. 選舉社會：秦漢至晚清社會形態研究：何懷宏著，北京大學出版社 2017 年版。

後 記

顧炎武在《日知錄》初刻自序中說：

> 蓋天下之理無窮，而君子之志於道也，不成章不達，故昔日之得不足以為矜，後日之成不容以自限。若其所欲明學術，正人心，撥亂世，以興太平之事，則有不盡於是刻者，須絕筆之後，藏之名山，以待撫世宰物者之求。

許蘇民先生對此有一段相當精彩的點評：

> 顧炎武學問堂廡寬廣、博大精深，但他絕沒有天下第一的驕矜，更沒有絲毫文人相輕的陋習。他總是看到自己學問的不足，對同時代其他學者的長處予以高度推崇。當時有一位叫汪苕文的人，說當今天下有兩位大師，第一位就是顧炎武，另一位是李天生。為此，顧炎武專門寫了一篇《廣師》，說汪苕文的話是過情之譽，自己在學究天人方面不如王寅旭，在精通三禮方面不如張稷若，在蕭然物外、自得天機方面不如傅山；在精心六書方面不如張力臣，如此等等。科學精神首先是謙虛的精神。並不見得學了一點科學知識或從事科學研究的人，就一定具有科學精神了。具有科學精神的人深知個人的能力和知識有限，所以很謙虛；深知真知難求，自己可能是錯的，別人可能是對的，所以有寬容精神；深知真理只有在自由討論中才能確立，所以有自由的精神。而容忍和自由都是建立在謙虛基礎上的。

許蘇民先生是一位真正的謙謙君子，早年師從珞珈哲學學派的開創者蕭箑父先生，是郭齊勇教授的師弟、吳根友教授的師兄，與郭、吳等人並為蕭門翹

楚。我因根友兄之介，十餘年前得以結識蘇民先生。我差不多通讀過他已經出版的所有著作，對其道德文章特別推服，曾經撰文倡導弘揚「許蘇民精神」。近年有無良之人在網上大肆造謠污蔑，對他發起瘋狂攻擊，蘇民先生顧及百年名校的面子，對此狂徒未予理睬。換上他人，可能早已對簿公堂。蘇民先生在明清哲學史、文化史方面卓有建樹，他的顧炎武研究也是不可忽視的存在，他人根本無法繞開。我在編寫此書過程中，發現許多地方竟然與蘇民先生息息相通，於是特地登門拜謁，希望得到他的一臂之力。蘇民先生古道熱腸，欣然同意。解讀部分大量採用他的評論文字，使本書大為增色。他日若摹擬顧炎武寫《廣師》，肯定少不了一句「讀書為己，探賾洞微，吾不如許蘇民」。本書本來要署上他的大名，卻被他婉言謝絕了。

我在三十年前即與《日知錄》結緣。弱冠負笈珞珈，研習章黃之學。章太炎、黃季剛為近三百年學術之殿軍，而顧炎武為開山祖師。章黃皆推戴亭林，太炎亦步亦趨，黃侃也刻意繼承，特撰《日知錄校記》。我問學之初即選擇中國近三百年學術史為主攻方向，自署「顧黃傳人」，本科階段以章黃學派為主，特別是以黃侃的生平與學術為主，編纂《黃侃年譜》，後來又撰寫《黃侃評傳》，至今還在編輯《黃侃文集》與《黃侃全集》。博士階段以乾嘉學術為主，自《四庫提要》入手，梳理乾嘉時期的皇家學派，旨在打開一條新路。近十年來，又推進到明清之際，以顧炎武為研究中心，特別是以《日知錄》為重點，先後在武漢大學、上海社科院舉辦《日知錄》研讀班，帶領研究生一道研習《日知錄》，指導學生撰寫相關研究論文。今後擬在完成本書之後，繼續完成《子海》本《日知錄》的整理工作，進而擴大研究範圍，展開更高層次的考索。從顧（炎武）、黃（宗羲）到章（太炎）、黃（侃），這業已成為我研究生涯的一條主幹線。守先待後，不忘使命，為先儒繼絕學，為後學開新徑。

司馬朝軍

2018 年 3 月 29 日記於海上文淙閣